U0529593

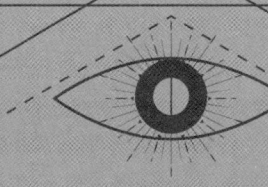

现代技术下的
日常生活透视

Perspective of Daily Life
under Modern Technology

郑雨 著

中国社会科学出版社

图书在版编目（CIP）数据

现代技术下的日常生活透视 / 郑雨著 . —北京：中国社会科学出版社，2022.6
ISBN 978 – 7 – 5227 – 0355 – 8

Ⅰ. ①现… Ⅱ. ①郑… Ⅲ. ①日常生活社会学—研究 Ⅳ. ①C913.3

中国版本图书馆 CIP 数据核字（2022）第 106484 号

出 版 人	赵剑英	
责任编辑	刘 洋	
责任校对	夏慧萍	
责任印制	王 超	

出　版	中国社会科学出版社
社　址	北京鼓楼西大街甲 158 号
邮　编	100720
网　址	http：//www.csspw.cn
发 行 部	010 – 84083685
门 市 部	010 – 84029450
经　销	新华书店及其他书店

印　刷	北京明恒达印务有限公司
装　订	廊坊市广阳区广增装订厂
版　次	2022 年 6 月第 1 版
印　次	2022 年 6 月第 1 次印刷

开　本	710×1000　1/16
印　张	15.25
字　数	235 千字
定　价	79.00 元

凡购买中国社会科学出版社图书，如有质量问题请与本社营销中心联系调换
电话：010 – 84083683
版权所有　侵权必究

目　　录

绪　言 …………………………………………………………………（1）

第一章　日常生活与技术 ……………………………………………（5）
　第一节　日常生活世界 ………………………………………………（5）
　　一　马克思对日常生活世界的批判 ………………………………（5）
　　二　赫勒的生活世界 ………………………………………………（7）
　　三　胡塞尔的现象学世界 …………………………………………（10）
　第二节　对技术及其本质的追问 ……………………………………（18）
　　一　技术的内涵 ……………………………………………………（19）
　　二　技术的本质——亚里士多德对技术本质的追问 ……………（21）
　　三　对现代技术本质的追问——解蔽与座架 ……………………（26）
　　四　现代技术本质的另一种诠释 …………………………………（35）
　第三节　技术—人—生活世界 ………………………………………（37）
　　一　希腊神话的隐喻 ………………………………………………（37）
　　二　技术进化谱系与人的进化 ……………………………………（39）

第二章　日常生活的空间 ……………………………………………（44）
　第一节　空间作为日常生活的一种存在 ……………………………（46）
　　一　空间与时间 ……………………………………………………（46）
　　二　空间内涵中的场所 ……………………………………………（48）
　　三　空间的几个特征 ………………………………………………（50）

四　日常生活空间的主观性…………………………………（58）
　　五　现代技术对三种空间关系的重构………………………（63）
第二节　现代技术视角下的空间性…………………………………（67）
　　一　现代技术视角下的空间性内涵…………………………（67）
　　二　虚拟的功能化空间………………………………………（71）
　　三　去身体化空间……………………………………………（75）
　　四　有机的个体化空间与无机的整体化空间………………（79）
第三节　虚拟空间……………………………………………………（84）
　　一　虚拟现实空间……………………………………………（85）
　　二　技术与虚拟空间…………………………………………（87）
　　三　虚拟空间的广阔性………………………………………（90）
　　四　虚拟空间（网络空间）的社会关系……………………（92）
　　五　虚拟空间的美感与沉浸…………………………………（96）
第四节　城市空间……………………………………………………（99）
　　一　机器内涵的延伸——巨机器和城市……………………（99）
　　二　城市的机器特征——容器与磁场………………………（101）

第三章　日常生活中的时间……………………………………………（106）
　第一节　线性时间…………………………………………………（108）
　　一　线性时间与循环时间……………………………………（109）
　　二　技术与线性时间…………………………………………（110）
　　三　线性时间案例……………………………………………（112）
　　四　线性时间的产生…………………………………………（114）
　　五　线性时间与生理时间的文化比较………………………（115）
　　六　线性时间里的时间悖谬…………………………………（117）
　第二节　机器时间的嬗变…………………………………………（118）
　　一　机器时间是什么…………………………………………（119）
　　二　机器时间的介入机理……………………………………（121）
　　三　机器的时间节奏…………………………………………（122）
　　四　机器时间的节律…………………………………………（126）

五　马克思的时间观点 …………………………………… (127)
　　六　机器分工与同时性 …………………………………… (128)
　　七　机器时间在日常生活中的确立 ……………………… (134)
　第三节　现代技术视域下的社会时间同时性 …………………… (136)
　　一　不在场的在场 ………………………………………… (137)
　　二　社会时间同时性与社会关系的脱域 ………………… (140)
　　三　社会时间同时性与个体化碎片时间 ………………… (144)

第四章　作为消费的时代 ……………………………………………… (150)
　第一节　现代消费品的特征 ……………………………………… (150)
　　一　现代的消费品是单向度的极致追求 ………………… (151)
　　二　消费品的流动性 ……………………………………… (156)
　　三　被控制的消费者 ……………………………………… (158)
　　四　消费品的象征意义 …………………………………… (159)
　第二节　消费品及其进化原因 …………………………………… (161)
　　一　消费品的本质 ………………………………………… (161)
　　二　需求与技术的矛盾 …………………………………… (164)
　　三　需求影响的式微 ……………………………………… (168)
　　四　物的诱惑和技术之诱惑 ……………………………… (169)
　第三节　消费者的在场与不在场 ………………………………… (172)
　　一　消费的不自由 ………………………………………… (173)
　　二　消费者、身体、在场 ………………………………… (174)
　　三　在场之不在场例证 …………………………………… (177)
　第四节　消费梦境 ………………………………………………… (180)
　　一　一个比真实还真的梦境 ……………………………… (180)
　　二　梦境形成与资本帮凶 ………………………………… (183)
　　三　群体结构对于技术展示的便捷 ……………………… (186)
　　四　消费个体理性的丧失 ………………………………… (186)
　第五节　消费群体的斜坡 ………………………………………… (190)
　　一　消费的斜坡 …………………………………………… (190)

二　消费速度的加速 …………………………………………（195）
　　三　消费者的消费体验和经验 ………………………………（197）
　　四　消费的错乱 ………………………………………………（198）

第五章　日常生活中的技术人工物 ………………………………（200）
第一节　技术现象学分析方法 ……………………………………（200）
　　一　设备范式（device paradigm）…………………………（200）
　　二　焦点物和面对事物本身 …………………………………（203）
第二节　手机与日常生活 …………………………………………（206）
　　一　从文本类叙事过渡到电子图像类叙事 …………………（207）
　　二　手机是一种速度的安慰剂 ………………………………（209）
　　三　时间的分配与心理依赖 …………………………………（211）
　　四　手机如何能够造成心理依赖？ …………………………（214）
　　五　手机、母体与家的空间延伸 ……………………………（215）
　　六　手机的病垢 ………………………………………………（221）
　　七　手机的前身——电视机与家庭生活 ……………………（222）
第三节　铁路与日常生活 …………………………………………（224）
　　一　铁路与时间消灭空间 ……………………………………（224）
　　二　铁路的本质与日常生活 …………………………………（226）
　　三　铁路网与空间的发展 ……………………………………（228）
　　四　铁路与时空收缩 …………………………………………（229）

结　论 ………………………………………………………………（232）

参考文献 ……………………………………………………………（234）

后　记 ………………………………………………………………（237）

绪　　言

日常生活是一个口语化的词汇，意指属于平时的生活，具有同质化、重复化和碎片化特征。衣俊卿通过内涵与外延、时间与空间、结构与图式三个层面的界定，对日常生活作了如下定义："日常生活是以个人的家庭和天然共同体直接环境为基本寓所，旨在维持个体生存和再生产的日常消费活动、日常交往活动和日常观念活动的总称，它是一个以重复性思维和重复性实践为基础存在方式，凭借传统、习惯、经验以及血缘和天然情感等文化因素而加以维系的自在的类本质对象化领域。"[①] 也就是说，日常生活包含日常生产、消费活动，以经验思维、直觉思维为主的日常观念活动和以血缘、地缘联系、天然情感为纽带的日常交往活动。而日常生活批判则旨在建立日常生活世界和非日常生活世界的和谐、个体感性活动和理性活动的和谐，使所有的人都把自己的日常生活变成"为他们自己存在"，并且把我们生活的世界变成所有人的真正家园。

为什么必须通过现代技术透视日常生活世界的内涵呢？其实道理很简单。我们可以通过一个类比的方式来说明为什么在分析日常生活时要研究技术人工物与生活世界的关系。以小说为例，小说是依赖现实生活虚构情节的，但是小说如果仅仅虚构，而不能分析和批判日常生活，那么就无法显现其本质。同样的，对于人工物的本质揭示，就必须考察人工物面向现实日常生活的内容，以及把人工物与现实生活结合起来的内容。

---

① 衣俊卿：《现代化与日常生活批判》，人民出版社2005年版，第31页。

这里，打一个比方来说明技术工具与日常生活批判的关系。木匠活儿包括作为劳动材料的木头和把木头所能提供的功用转化为日常生活工具的技术。用现象学的语言来说，世界将自身向木匠展示为一种资源和一些功用。没有木头这种初级材料，就不会有人想到要使用一把锯子和一副刨子的技术，也就是说，木匠这一手工技术是指向自然的木头的。但同时，木匠活儿是在一个特定的社会中按照一种社会逻辑进行制造的一个具体的技术。这种技术的生成与日常生活的需求有关，要理解木匠这一社会角色，我们需要的就不仅仅是木匠技术的内容分析，因为技术内在理论的分析，将不会告诉我们木匠所处的社会状态。也不会告诉我们，一个终身与木头打交道的人会变成什么样子，以及这种活动是如何塑造他们的手、他们的习惯性思维方式、他们的语言和个体的，而正是这些方面使得我们能够称一个人为木匠。这些方面属于工具的第二层次①，这是与技术的本质密不可分的，也就是说是属于工具构成的个体化生活世界的内涵。

当然，之所以要通过技术人工物进行日常生活维度的批判，是因为现代技术人工物已经实现了对日常生活的普遍控制，日常生活已经成为技术活动的控制对象。建立日常生活的批判维度，可以像马克思描述的工具决定的劳动生产方式一样，真正揭示日常生活中个体性与整体性之间的关系。

在这里，对工具的分析也必须回到日常生活中来。如果在分析技术存在的形态时，不分析人的日常生活内容，那么他所使用的工具就是抽象的，工具就会如人的个体一样，处于片面的、不完整的状态，这种个体是一种未展开的个体，它是内在地隐藏着整体内涵的个体，即内在的

---

① 技术的第二层次，即由技术工具构成的社会关系，在芬伯格那里叫技术编码。例如，他分析了资本主义社会中的"技术合理性"或"真理的政权"，使技术体系的构造和解释适应统治体系的需求，称这种现象为技术的社会关系，认为这一编码代表的社会关系就是"资本主义的社会需求和技术需要被聚合在一种'技术合理性'或'真理的政权'中，而这种'技术合理性'编码，可更简单地称为资本主义的技术编码（technical code），在这种情况下，资本主义的霸权是这种编码的一个结果"。[美]安德鲁·芬伯格：《技术批判理论》，韩连庆、曹观法译，北京大学出版社2005年版，第92页。

合目的性。正是日常生活把人与工具等的这种未展开的个性化展现开来，使其成为自为的合目的性。因为正是在日常生活中，人的个性，人工物的个性化作为一种显现状态而展开，成为一种真正的整体化的合目的性。

所以，对技术人工物进行技术哲学的思考，在日常生活中重建批判的维度，实际上应该构成哲学思维和方法的一种转向，即技术哲学不应该远离日常生活，在日常生活背后，可以用一种直接的经验性的技术的东西接触到它。对技术工具构建的生活世界的关注，实际上就是对技术形成的事件的重视。技术的日常生活叙事，常常被认为是"小叙事"，因为它以个体的日常生活为表现对象，往往同个体生活中的琐屑、平淡乃至平庸联系在一起，在重视集体的宏大的、彼岸的大叙事看来，是渺小和微不足道的。把日常生活叙事指称为小叙事的观点的错误在于，在叙事的标准中设置了等级，它比较重视群体性事件，而轻视个体的日常生活叙事，认为描述一个卖豆腐的店小二的日常生活是没有意义的，是不能揭示日常生活的本质的。张爱玲曾对这种现象表示过不满："文学史上素朴地歌咏人生的安稳的作品很少，倒是强调人生的飞扬的作品多。"其实，小叙事的优势在于它不会脱情境化，它使得我们对日常生活的认识更具体，而不至于在抽象中把生活世界的意义悬置起来。海德格尔在追问技术本质时，就是通过对银盘这一具体技术物的追问，通达对技术本质的揭示。[①] 他在《物》一文中，通过对壶这一技术人工物的追问，揭示了物所居留的四重整体，即大地、天空、诸神和死。[②] 在日常生活中发现意义和价值，使得打开新的叙事空间成为可能。个体是构成社会总体的分子，个体的日常生活是个体通向社会外界的通道，个体的命运常常能折射出时代的变迁和历史的风云，因为接近常态的个体的日常生活和人生，更能反映出现实生活的真实状况，更具有普遍性和真实性。

今天，我们可以认为，生活世界的每一个部分，如日常生活的习惯、交往行为的风格以及在某一区域、某一气候下的个性特征等，是贯穿在

[①] 吴国盛：《技术哲学经典读本》，上海交通大学出版社2008年版，第301—305页。

[②] ［德］海德格尔：《海德格尔选集》下卷，孙周兴选编，上海三联书店1996年版，第1179页。

现代技术活动当中的理解过程、协调过程以及社会化过程的浓缩和积淀。在日常生活世界当中，许多技术形成的内容进入了我们的日常交流行为之中，使得人们在一种全新的语境中生活。技术文化构成了日常交往行为的主干部分。这些技术文化以及技术决定的风格，逐渐凝聚下来，成为一种固定的解释模式，并在社会群体的互动网络中凝固成为价值和规范，又经过客观的社会化过程成为日常生活中处理、理解事件的模式。这些技术知识是产生并维持日常生活世界各种成分的稳定器，同时又是促进日常生活世界各种成分变化的创新源。

哈贝马斯认为，我们的生活世界最为主要的活动特征是交往行为，"如果我们从宽泛意义上把社会看作是由符号建构起来的生活世界，那么，社会的形成和再生也就的确只能依靠交往行为"①，而行为的原则就是要符合合理性。其实，生活世界里已经储存着前代人的合理性解释，但在进一步的交往行动中却存在异议，相对而言，生活世界则构成了保守的均衡力量。那么在现代技术社会，合理性的本质又是什么呢？"一个判断的客观依据是超越主体的有效性要求，这种要求对于任何一个观察者或接受者，和对你永远都具有行为能力的主体本身具有同样重要的意义。真实性和有效性就是这样的要求。所以，对于断言和目的行为而言，他们所提出的命题的真实性要求或有效性要求越是能够更好地得到证明，它们就越是具有合理性。"② 也就是说，所谓日常生活的合理性、有效性，其实就是它能够对主体带来客观的效用，而在这一点上，它与技术追求的效用性是同一个含义。对于现代技术来说，它的进化的方向性非常明确，就是用最低的成本带来最优的功能，只不过它更为精致、精巧而已。

---

① ［德］于尔根·哈贝马斯：《后形而上学思想》，曹卫东、付德根译，译林出版社2012年版，第83页。
② ［德］尤尔根·哈贝马斯：《交往行为理论》第一卷，曹卫东译，上海人民出版社2018年版，第26页。

第一章

日常生活与技术

当我在写作时，我敲击着键盘，把我的思考刻画在屏幕上；当我在吃饭的时候，我用手夹着筷子以获取食物；当我要去远方，我借助于现代的交通工具，汽车、地铁和飞机，几乎能够到达任何我想去的地方。今天，我们不再与自然直接地接触，尽管我们常常想去赤裸裸地拥抱自然，但是我们已经无能为力。技术对人类生活所有方面的影响越来越大，但哲学家们开始理解，技术对我们日常生活的影响是一个十分复杂的现象，这涉及技术的本质和人的生活本质之间的关系，它不像技术工具论那样可以对此进行简单的解释，或许，技术在对人类文明产生影响的同时，人类又是其发展的深层次的渊源。

第一节 日常生活世界

人的最为基本的任务是人的自身的生产，即保持种族的繁衍，为了保持种族的繁衍，就必须从事另外一个生产，即为了生存而从事的物质劳动的生产。家庭生活构成了个体日常生活的主要微观方面，社会性劳动生产构成了人的主要社会关系。所以，在唯物主义者看来，日常生活的本质是自然的、历史的和物质的。

一 马克思对日常生活世界的批判

事实上，马克思在早期就已经注意到对日常生活世界进行批判的重要性，马克思对实践的指向，就带有从本体论的追问转向对生活世界的追问的趋势。他看到了纯粹的本体论反思和费尔巴哈的抽象人性论在内容上都是匮乏的。

尽管在马克思的论述中的确没有纯粹立足于"生活世界"的分析，他对"历史""世界""人"的分析和批判在很大程度上也不是有意识地对生活世界进行描述。但马克思立足于实践与感性活动的思考和对日常生活世界的思考是相通的。马克思认为，只有建立在对感性世界的本体论描述之上的经济学、唯物史观才是可以理解的。很多学者把生活世界当作与理论、观念世界相对立的现实世界，说马克思在理论与实践的关系上把实践放在基础的地位，这种说法是正确的，但并不到位。实际上，实践的世界就是对日常生活的最密切的关怀，实践也揭示了现象的世界对一些本体论概念的深刻透视。

首先，马克思认为感性是一切科学的基础，而感性是个性的，是一个个个体直接可理解的世界，必须透过繁芜复杂的意识形态直达个体人性的经验。马克思说国民经济学家用经济学上的富有和贫困代替了富有的人能够满足的需要和贫困的人不能得到满足的需要，因为经济学上的富有和贫困是抽象的，而每一个人感到的生活的充裕和贫乏才是真实的，所以经济学并不关心人的直接的经验、人的真切的感受。同样，费尔巴哈只把人看作"感性的对象"，看作理论的对象，而不是把人理解为"感性的活动"，理解为每一个人直接的体验，所以费尔巴哈总是抽象地谈论人，从来没有看到真实存在的、活动的人，"因为他从来没有把感性世界理解为构成这一世界的个人的共同的、活生生的、感性的活动"。马克思在《关于费尔巴哈的提纲》中要求从感性的、主观的方面理解世界、理解对象，无非就是从直接的感性来理解人的生活。

其次，感性世界或生活世界对马克思来说是处境性的现在，而且只有当前世界是理解过去的世界和可能的未来世界的基础，生活世界的辩证法意味着在我的有限的当前处境中能很好地理解任何未来日常生活的秩序、规律。人的历史性的存在因而被理解为一个生命的有机体的展开过程，历史不仅作为我所承受的物质条件，而且作为意向性的经验构成了我们自己的生命。马克思对近代大工业以来的人类实践的理解是他理解以往的历史和人的可能的未来世界的基础，而感性实践所具有的明证条件不是像胡塞尔那样是通过主观意向的保持而获得的。大工业的实践已经将人的可以感觉到的需要对象化到自然之中,我们可以在自然的对象上直观到人的感性需要的他在,我们在对象中辨别自身,并在活动中体验到自己在异化劳动中的丧失(在感性中直接呈现的我与他人、世界的对立,我的被隔绝的状况),也就是自身明证地感到的不满足的状况。而且,正因为感性活动的自由自觉性,异化的感觉才能被指认,所以,感性追求自由的本质是我们指认异化之为异化的根据。

从生活世界出发,就是要严格地描述生活世界本身的结构,从感性活动本身来说明感性世界、感性现象,而不是从哲学家预先设定的前提出发,不是从意识形态的某项原则出发,做到真正的"面对事实本身"。当然,感性世界是丰富的,我们的描述决不能陷入琐碎的细枝末节之中,不是为了描述而描述,而是为了提示真理,真理是过程,是全体,必须在其自身中揭示各种现象之间的本质关联,在描述中建立人所在的世界的本质结构——在客观的维度上,就是指感性的社会联系、周围世界的结构;在主观的维度上,就是生存论意义上的体验、心态结构。就此而言,今天对马克思哲学的生存论诠释如果离开了对我们所处的世界的感性结构——资本所支配的交往关系扩张和它所面临的深刻的矛盾——的描述,就会陷入独白式的梦呓。

因此将人们习以为常、琐碎细屑,乃至杂乱无章的日常生活,高度地抽象化和理论化之后,的确会使人耳目一新,原本漫不经心的日常行为,好像完全更换了一幅新的形象和感觉。日常生活,经过富有实践性的概括,被完全改造成主体的对象化和客观化过程,变成个体和社会的异质化与同质化作用,以及开明的自我主义的生存活动。这种活动不只是在相互依存的家庭结构中,更多的是在密集交织着的"地方世界"或社会共同体中展示和进行,而且正是在这类日常活动中,更真切地反映了一切生命都内含着一种无限上进的冲动。

二 赫勒的生活世界

东欧马克思主义学者赫勒认为,日常生活应该主要关注个体与社会的关系,而正如马克思的历史唯物主义所强调的,一个社会作为客观的存在，就必须进行生产，但任何社会的再生产都离不开个体的再生产，所以赫勒界定日常生活为"那些同时使社会再生产成为可能的个体再生产要素的集合"[①]。赫勒认为，日常生活是总体的人在其中得以形成的活动。而日常生活从动态的过程论角度讲，就是主体的客体化过程。在主体的客体化过程中，人的潜能开始脱离人的主体，并在对象世界中不断发挥作用，这些潜能像波浪一样，在其日常生活中和他人的日常生活中起伏前进，以至于相互影响相互作用，润物无声地融合进社会关系之中，并由此而形成具有客观性的社会价值内涵。

应该看到，在日常生活中，主体的客体化过程是具有双重意义的。这个过程也同时意味着生活在日常世界中的人，即作为社会的个体持续地被塑形。当个体的日常生活行为与他所渗透的日常社会生活内在一致时，个体在其中得到了进一步的发展，并且参与强化了这一日常社会生活的内涵。而当他参与的对象是异质性的时候，个体就会对自身进行调整、改造与变化、创新与适应，这样客体化的日常生活就被主体所内化，日常生活改造的对象就是主体。因而对象化作为持续的客体化和个体作为对象化是一对持久联结的、互为条件和互为借鉴的孪生过程。

在日常生活的空间方面，赫勒认为，日常的空间概念是从科学思维引入日常思维中的。在今天，我们大多数人都受到过一些基础性的空间教育。我们都了解国家、城市、乡村的分布，同时也了解它们之间的相对距离，而问题是，这些空间我们并没有身体力行地去体验过，我们是先有教科书中的抽象的科学的空间概念，然后在日常的生活实践中，再用各种现代的技术工具加以体验的。

一般来说，日常生活的空间，都是人的交往与发生联系的空间。也就是说，在赫勒看来，空间是以人类活动的实践为中心的，即空间必须有人的日常活动，所以对空间的体验与对空间的感觉不可分地融合在一起。而作为实践个体的人，必须把科学空间与日常生活的空间概念区分开来。空间体验和空间感觉离不开人的身体，而身体在空间中主要是对

[①] [匈牙利]阿格妮丝·赫勒：《日常生活》，衣俊卿译，黑龙江大学出版社2010年版，第3页。

位置的体验。人通过把地方化的和表示定位的"左"与"右"的范畴加诸自己的空间范围之上，从表面上将之分割，① 但这一空间体验和定位很少有客观基础。它仅仅表现为人类的中心价值，它可以追溯到我们的两只手和两只脚在技巧和体力上的不同这一生物学事实。

所以对赫勒来说，空间是主体的体验，因而"身体—行动—边界"就构成了日常生活的空间观念。我们日常生活的边界，其实就是我们行为和运动的有效辐射的极限。例如对于一个从来没有走出过大山的人来说，山的背景轮廓就是他的边界。也就是说，空间边界指明他们从事的日常生活活动一般都在这一边界内进行，绝大部分的叙事也在其中发生，他们所进行的活动很少能够延伸到这一边界之外。而在现代科技下，很显然，这一边界早已不能确定，在过去相当长的人类工具技术文明时期，一般的边界定义都是以物理空间来加以定义的，这种定义具有单义性和纯粹性，而今天我们整个边界的含义被极大地拓宽了，即使一个住在深山老林中的人，也可以通过电视机、手机与外界的任何地方的一个点发生联系，以往那种确定的边界变得非常的模糊，遥远的可能就在咫尺，遥远的空间都可以用我们的身体进行虚拟的感受。当然，赫勒认为，即使在今天，我们的传统的边界依然是存在的，因为身体体验的世界仍然是主体立足于日常生活空间的基础，而我们绝大部分的经验空间仍然是物理的客观的边界空间。无论其空间版图在今天的世界是如何变化的，从事日常生活的人的有效边界仍是有限度的。只有向上跃迁到"自为"的类本质对象化领域，才可能超越世俗的边界。例如在纯粹的虚拟空间中，我们对边界的认识已经转化为一种心理感受的边界，这种边界纯粹是通过意识的活动而赋予的，这一边界的确定仅仅是因为我们受到传统边界空间的影响，而不得不赋予这一空间以边界，来对虚拟空间中的各种事物进行有效的排序。

在日常生活的时间方面，赫勒认为时间也是以人类为中心的。就如"现在"这一概念，它与人的日常生活构成一个整体，它是一个民族或人

---

① ［匈牙利］阿格妮丝·赫勒：《日常生活》，衣俊卿译，黑龙江大学出版社 2010 年版，第 229 页。

类的"现在",在日常生活中,它是一个人和他的环境的现在。在科学的时间概念中,时间是一件不可逆的事件,但赫勒认为,不可逆性在日常思维中不起作用,尽管不可逆转的事件在人们的生活中是普遍的,但我们在日常生活中总是对不可逆的事件进行沉思。这反映了人们对生命本身的抗争态度。

　　赫勒认为,时间的划分是自然特征的划分,这也反映了他把日常生活理解为是自然的。例如在许多远离现代技术文明的地区,人们习惯于用某些自然的事件所发生的时间来表达两地间的距离。但到了现代技术文明时期,时间已经变得单调无味,时间开始让人体验到厌烦,因为时间已经变成一种极其短缺和珍贵的资源。"厌烦并非简单地是不活动的产物,同时也是日常活动'钟表似的'的狂热运转的单调本性的产物。"①他认为,现代技术带来的生活节奏的加快,使人的生活在一代人的间隔中也常常会被改变:"在人的一生中他发现自己被召唤并应付一系列新的和前所未闻的事情。相应地,生活必须被反复地重组,这一重组主要关系到生活的内涵,但它也常常影响生活的速度。"② 而正是日常生活节奏的不断变化,使得我们无法在生理上和神经上承受住,人们被这持续的混乱生活弄得精疲力竭,从而无法做一些想做的事,反过来,人们又要受迫式地寻找松弛和娱乐,以解决这种紧张的状态,但这种松弛实际上也带有强制性节奏下的松弛,因而这种休闲本身也是异化的,它不是人的类本质水平上的松弛。所以从这一论点可以看到,赫勒对现代社会的日常生活基本上是持否定态度的。

三　胡塞尔的现象学世界

　　在胡塞尔看来,近代科学的革命实际上是技术方法的革命,科学的本质实际上是技术方法的显现。在胡塞尔针对近代科学危机的分析中,实际上更深刻地揭示了我们生活世界的危机的本质,即这种危机绝不仅

---

　　① ［匈牙利］阿格妮丝·赫勒:《日常生活》,衣俊卿译,黑龙江大学出版社2010年版,第235页。

　　② ［匈牙利］阿格妮丝·赫勒:《日常生活》,衣俊卿译,黑龙江大学出版社2010年版,第235页。

仅发生在科学世界,而是发生在与日常生活联系最为密切的技术世界的新危机。因而在胡塞尔的世界分析中,最需要了解的是他的两个理论观点:一个是新科学的方法,即近代科学与技术的数学化改造;另一个就是胡塞尔的生活世界理论。

(一)技术的数学化改造

胡塞尔认为,古代的几何学中已经包含着近代自然科学的方法论启示,但最为主要的是伽利略将自然数学化。实际上,这场数学化运动应该从笛卡尔开始,它一直在支配着当今的科学与技术的整体思维运动。

数学化的特点在胡塞尔看来,是数学,特别是几何学,把经验性的(在日常生活世界中得到的)点、线、面、体加以理念化和普通化,从而在欧氏几何中得到一整套普遍的理念演绎的世界。这个世界被抽象化为普通的世界,而不在经验性的世界中,是一种观念性的世界。"这种理性的无限的存在统一体的观念的构想是前所未闻的。一个无限的世界,在这里一个观念存有的世界,被设想为这样的一个世界,在这个世界中的对象不是单个地、不完全地、仿佛偶然被我们获知的,而是通过一种理性的、连贯统一的方法被我们认识的。"[1] 应该看到,在古代科学或古代技术发展史中,科学的发展和技术的发明是通过具体的事件而表现的,科学和技术都是具体化的。例如,生活在我国西部地区的少数民族,他们在测量土地的面积时,常以可以播种多少麦子为标准加以衡量。因为在这里,麦子与土地的面积,在技术实践上是直接对应的,但到了欧氏几何这里,则产生了一种新的诠释世界和改造世界的方法。

虽然在胡塞尔看来,伽利略是这场数学化运动的开拓者,但并不是说伽利略已经达到了今天的数学家和科学家的符号化阶段,而只是说伽利略偷偷地引进了这些今天我们所普遍使用的东西。实际上,几何学空间是一个观念的空间,但这一观念的空间,与我们在日常生活中的想象的空间并不等同。这一几何空间是一个不具有其他背景的简化的空间,是抽象的空间,圆仅为圆,直线仅为直线,别无其他事件在其中,而想

---

[1] [德]埃德蒙德·胡塞尔:《欧洲科学危机和超验现象学》,张庆熊译,上海译文出版社1988年版,第26页。

象的空间却是对现实的感性空间的另一种感性的认识，仅仅是从一种感觉系统达到了另一种感觉系统，是感觉的翻译问题，所以它和几何学的翻译空间并不一样。

几何学的空间实际上是感性世界的一种极限空间，例如对圆的塑造就是对现实世界的完美追求，即几何学的空间是一种解释生活世界的极限观念世界。

那么这一纯粹的数学化的技术极限世界有什么特点呢，在胡塞尔看来，它有高度的精确性特点。生活世界中的圆是粗糙的，特别是作为古代技术之下的人工物，它的手工性、身体感觉的不精确性是相当明显的，并且这种不精确性也十分明显地成为手工匠的艺术制作追求，因而几何学的精确性必须建立在另一个特征的基础之上，即非客观性的基础上。因为客观性的技术设定带有很强的事件性，事件性的感性活动又破坏了运动精确性，而精确性追求一种极限形式，也让它从具体的事件中脱离出来，从而走出客观性的世界。另外，由于世界面对的依然是客观世界，而客观世界本身的特点更利于感觉世界的描述，它与感觉世界常常是一一对应的关系，而观念世界中的高山、河流的形状永远不可能在那里找到一致的对应关系，所以几何学仅仅是作为一种新技术工具在描述着世界。

这种几何学的新工具首先在测量的技术实践中发展起来，"测量的技艺在实践中发现把某些在实际中普遍被使用的，具体地固定在经验上不变的物体上的经验的基本形状选择出来作为标准的可能性。测量的技艺还发现借助于这些基本的形状和其他形状之间所存在的（或所能被发现的）关系，主观际地和在实践上一义性地确定后者的可能性"[①]。由此我们可以理解，经验性的测量技术和它在经验实践方面的客观化的功能，是如何作为一种自觉地寻求规定的"真的"东西，即规定世界的客观的存有的知识，也即"哲学的"知识的努力的后果，经过从实践的兴趣到理论的兴趣的转化，而被观念化的，并成为一种纯粹几何的思想方法。

---

① ［德］埃德蒙德·胡塞尔：《欧洲科学危机和超验现象学》，张庆熊译，上海译文出版社1988年版，第33页。

所以这样就形成了两个世界之间的对立：人的感觉世界和人的抽象世界的对立。

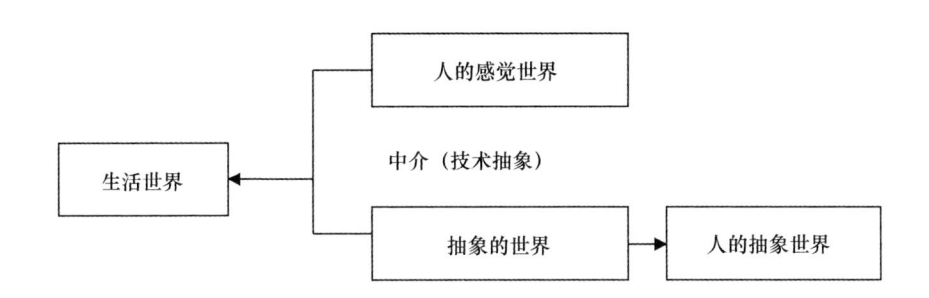

```
                    ┌──── 人的感觉世界
生活世界 ───────────┤      中介（技术抽象）
                    └──── 抽象的世界 ────→ 人的抽象世界
```

在这里有必要说明的是，这种运用现代科学手段特别是数学化抽象方法得到的世界，是否具有真实的现实的客观世界意义呢？应该说，回答是肯定的。实际上数学化的抽象世界只不过是客观世界化的主观表现方式，抽象世界尽管与现实生活世界没有绝对的一致性，但在产生的逻辑上仍然是一一对应的，即在生活世界中发生的事件，在数学的抽象世界中必然会发生相应的变化，这种变化是具有伺服性跟踪性的，所以就这一点来说，抽象世界受到客观世界的反映性作用，仍然不是一种纯粹观念中的虚拟世界。即可以把它看成一种虚拟性的真实（virtual）世界。所以胡塞尔在评价伽利略的思想时是这样说的：凡在这样的一种方法论被建立的地方，我们就克服了对于经验地可直观的世界本质地具有那种主观解释的相对性。因为通过这种方式我们获得一种前后一致的、非相对的真理，凡能理解和应用这种方法的人都能使自己信服这种真理。因而在这里我们认识到一种真正的本身存有的东西，尽管只是从一种经验上被给予的东西，经过几何学的观念抽象，进而一一对应于我们日常生活世界。

然而，整个纯数学只是在一种纯粹的抽象中才与形体的世界相关，也就是说，纯数学只与时空中的抽象的形状相关，进而只与那些作为纯粹"观念的"极限形状相关。在具体的实际中，对于我们来说，真实的和可能的经验形状，首先只是在经验的感性的直觉中，完全作为"质料"的"形式"，即作为能被感性地充实的东西的形式而被给予的。因此，它们是同在所谓"特殊的"感性性质：颜色、声音、气味等中，和它自身显现的东西一起被给予的。

实际上，近代科学和技术所面对的世界，已经转化为客观的功能性世界，这一功能世界在主体心里是明确地对应着客观世界的，即感性的客观世界，因而正如列宁所说，科学家是作为一种直观的唯物主义者而相信它的世界，是在研究着客观世界，然而它所面对的世界实际上已经是经过主观世界处理过的抽象的虚拟世界。

不论怎么说，作为日常的主体化的感性世界，在数学化中，也就是在近代科学中，被虚拟化了，数学带来的空间形状的新的变化，使这一空间是可以在观念中无限递推的，并且很少有数学家怀疑，当他们在进行诸如复数、群论的推演时，现实世界会找不到它，即观念空间回到经验性直观空间是绝对可能的，也是必然的，而科学史的事实也无数次证明这是正确的信念。因而在观念的世界中，科学家们确实相信在实在的空间中，有一个对应的空间。

然而，这可能是一个感觉性推理，当然从实践的功能性和功用性讲，这种推论在实践中是已经被证实了的。但抽象的观念的东西就直接对应自然的本质吗？这不一定！胡塞尔也看到，"纯粹建筑在这些东西上的质的构型是不能跟时空的形状相类比的，是不能合并到专属于它们的世界形式中去的"。也就是说，客观的世界是不可能在这种抽象化的数学世界被我们感官到的，因为，这些性质的极限形状是不能在相类似的意义上被观念化的，对它们的认识不能跟已经客观化为观念的存有的世界中相应的存有相联系。所以，这里对客观世界的描述，可以说是一种靠近，但是这种靠近并不是对客观世界的客观化的靠近，因为从一开始这种靠近的方式就是主观抽象化的，所以数学的观念和意义不是客观化的结果。

在胡塞尔看来，在现实世界中，有许多东西作为一种客观的存在物在数学化的观念世界面前并不能够被认识，而唯有感觉世界可以达到。事实上，也就是作为经验性的事实或者技术物体的事件性空间在抽象化空间中被忽略了，成为另一个被"冗余"性忽略的观念世界之外的东西，而这个东西是作为生活世界中背景性的世界而存在的，但在抽象的观念世界中，这一世界实际上在进入观念世界时已经被预先忽视了。因而观念世界中的客观世界最多也仅是一部分的生活世界。因为"事实的形状就要求事实的充实,以及反过来,事实的充实要求事实的形状"①。仅当能在可直观的物体中被经验到的特殊的感性性质,以特定的和有规律的方式跟本质属于它们的形状密切联系时才有意义。

(二)日常生活与胡塞尔的生活世界

当然,这里的日常生活还应该与胡塞尔的生活世界相比较。胡塞尔的生活世界经常被有的学者混用在世俗的日常生活世界中,其实这是两个不同但存在关联的概念。胡塞尔的生活世界的一个最为主要的特征就是发生在前科学时期②(工具时代),即作为现代技术(大机器)此前基础的生活世界,它是具体的、直观的。由于生活世界是一个直观的世界,因而从人的感觉性角度出发,这个世界是身体性的世界。

面对身体体验,意味着这个生活世界是直观地回归现象性世界。而直观的具体的生活世界的本质是客观性的,即作为一种客体而存在,不论它是一种物理的客体,还是作为一种精神客体,它必须可以用感觉方式直接加以感觉到。那么身体性的世界意味着什么呢?身体使得生活世界富有感性,即主体使身体或身体器官能动地发挥它的功能,这从本质上说属于身体对一切物体的经验。当然,对物体的经验并不单纯是指客体的本质在意识中展示的过程,相反它在意识中成为物体的显现,只是由于与作为运动感觉器官而起作用的身体性相结合,或者说,与在这里以一种固有的活动性和习惯性起作用的自我相结合,才构成了我们所说的身体性世界。例如,我们在一块羽毛球场地上,这场地的意义在哪里?这只有靠我们的身体去运动,在运动的过程中,羽毛球场地的意义逐步地向我们展开,但这个展开的意义是向羽毛球运动员展开的,它的意义是向其他人遮蔽的。

身体以唯一的方式,完全直接地处于知觉领域之中,处于一种完全唯一的存在意义中,即正是处于用"器官"(在这里是在它的原初的意义

---

① [德]埃德蒙德·胡塞尔:《欧洲科学危机和超验现象学》,张庆熊译,上海译文出版社1988年版,第42页。
② 在胡塞尔看来,近代自然科学实际上是技术的进化形成的,因为近代自然科学的本质是科学实验,而科学实验本质是技术新工具的使用,所以我们这里所说的科学构成的世界,就是指近代新技术构成的世界。

上使用的)这个词表示的存在意义之中的,因为在这里我作为有感受和有行动的我,以一种独一无二的方式完全直接地存在,在其中我完全直接地通过运动感觉进行支配——我被分解为一些特殊的器官,在其中我以与它们相对应的运动感觉进行支配,或可能支配。这种运动感觉的支配(它在这里显示为对于物体的一切知觉中发挥功能的活动,即可以有意识地自由处理的人们熟悉的整个运动感觉的系统)在当时的运动感觉状态中实现,总是与物体的显现状态,即知觉领域的状态结合在一起的。

从这里我们可以看出,在海德格尔的"三个因"的日常生活世界中,目的因在开始的介入中,绝不仅仅是一种价值意向的介入,它更为主要的是一种身体感觉的介入。从而使得第一、第二两个因进入到人的身体之内,组成了生活世界,在生活世界中,除了作为身体构造而形成的生活世界复合体,意向性的另一个因素是作为存在的存在者,是在精神上包含有意义和有效性的,即第一、第二两个因已经为第三因所建构,而同时第三因也反被第一、第二两个因所构建。

首先,在生活世界中作为不言而喻的东西的存在而给定的现象本身,已经包含有意义的内涵和有效性的内涵,对它们的解释又导致新的现象等。这些现象完全是纯粹主观的现象,但绝不是感觉材料的心理和物理过程这样单纯的事实,相反它们是精神过程,作为这样一种过程,它们以本质的必然性行使构造意义的形态的功能。但它们总是用精神的"材料"构造意义形态的,而这些精神材料本身又总是一再地以本质必然性表明是精神形态,是被构造的,就如一切新形成的形态都能变成材料,即能为形态的形成而起作用一样。也就是说,它的第二个特征就是匿名的主观现象之领域。

所以,从这里我们明显地看到,必须对生活世界进行彻底的追问,才能真正理解我们要回答的关键的问题。

那么胡塞尔对待生活世界的这种态度与从事具体研究的自然科学家有什么本质区别呢?首先,胡塞尔认为,在科学研究中,生活世界的主观性——相对的经验性是不可以从科学研究的理论中加以清除的,相反,主观建立是一种新的科学,这种科学应该以直接的经验世界为基础,即新科学不应该像现代科学一样从科学化的抽象开始,找不到一个真实世界的对立物。相反，物理学家，例如普朗克，并不认为这是科学研究的任务，普朗克也认为，在科学家中确实存在着一个感性的世界，即有丰富的依靠身体来加以解读的感觉世界，他也认为这一感觉世界是科学研究的基础，但普朗克的感觉世界和胡塞尔的感觉世界仍然是不同的。胡塞尔的生活世界是科学努力要在其中进入和发展的，这就是科学认识的还原，而普朗克认为，在感觉世界之前，还存在一个真实的绝对的客观世界，科学研究的任务是从这一感觉世界中不断地清除人的感觉经验性的东西，以达到在科学的世界中与纯粹的客观世界的沟通。而胡塞尔却认为，今天的科学世界中尽管已经存在直接来自生活世界的主观的东西，但它的主体是抽象的精神的，它使世界失去意义，科学应该回到真正的直接的从生活世界中产生的科学之中去。所以从这一点看，两者之间最终发展的目的并不一样，胡塞尔要发展的正是普朗克要努力加以清除的，胡塞尔所反对的，正是普朗克要做的。所以从这一点上，胡塞尔对近代科学的本质的认识在普朗克的科学思想中得到了充分的反面性验证。

其次，生活世界与感性世界也并不完全相同。尽管胡塞尔在对生活世界的分析中，也说明了身体感觉在其中的作用，即生活世界是体验的世界，但胡塞尔认为生活世界是亚里士多德的质料因和形式因的复合，以及与目的因的结合。也就是说，胡塞尔更多地看到了人的目的在其中的介入，他要说明的是，科学研究在之前已经介入了主体性意向，科学是从已经介入了主体性生活世界开始的。胡塞尔在这点上的认识，是与自然科学家很不一样的，普朗克则把这一世界看成是感觉的世界，它和另外一个客观的世界之间是翻译的关系，两者并不像生活世界那样重合在一起，所以胡塞尔认为科学研究的起点是同时面对客观和目的因复合的世界，而普朗克则认为是面对感觉世界的开始。所以，普朗克这一类科学家更容易认为作为客观世界中的主观的东西，是一种心理学的东西，而胡塞尔则认为，它就是作为一种客观存在的主观性的生活世界。

这种客观性的理念支配着近代实证科学的整个领域，并且一般来说，支配着"科学"这个意义的语言用法，就这个概念是从伽利略的自然科学取来的这一点而言，这里已经预先包含有自然主义，以至于科学上"真的"世界，客观的世界，总被预先认为就是被扩展了的语义上的自然。生活世界的这种主观的东西与"客观的"世界之间的对比所显示出来的差别就在于，后者是一种理论的——逻辑的构成物，是原则上不能知觉的东西，就其固有的自身存在而言是原则上不能经验的东西的构成物，而生活世界中的主观的东西，整体来说，正是以其现实的可被经验到为特征的。

所以从这里我们可以看出，胡塞尔的生活世界内涵比较狭义，是科学和技术思维单向度的抽象世界，这一世界是由技术的思想决定的，是思维观念的世界。而我们这里的日常生活，指的是技术下的日常生活，不包括胡塞尔的生活世界，而意指技术人工物建构的经验性世界。胡塞尔并没有在思想之上找到经验性的日常生活世界之门，他的生活世界与技术下的经验性日常生活世界是隔离的，因而在那里的反思是抽象的，无具体意义的"沉思"，这种"沉思"最终的结果，正如海德格尔的"沉思"走向诗一样的栖居一样，无法通向真正的技术的现实世界。

当然，哈贝马斯已经注意到这一点，因而指出了主观世界、客观世界和社会世界"三位一体"的新的生活世界的构型，哈贝马斯试图将胡塞尔和海德格尔在生活世界中的抽象的工具嵌入到世俗的生活世界之中。

第二节　对技术及其本质的追问

技术，或者说技术工具的实践，在某种程度上是不需要对其进行反思的活动。因为技术活动源自我们日常生活世界最为平常的一种活动，对它的反思就相当于对电视机、住宅、汽车进行的反思。但随着我们逐步地走进现代技术社会，我们对技术的反思就显得越来越为重要。

最早对技术进行反思的是一批 19 世纪的哲学家。卡普（Kapp，1808—1896）在其《技术哲学纲要》中，把工具和器官之间显现出来的本质联系看成是器官投影；[1] 恩格迈尔（Engelmeier，1855）从工程师的视角，考察了技术的人类学价值，认为技术是一切有目的的内在动机的行动，技术源于功利方面的推动，"技术是利用自然法则有意识地引起某

---

[1] 吴国盛：《技术哲学经典读本》，上海交通大学出版社 2008 年版，第 453 页。

种现象出现的人造物"①；德绍尔（dessauer，1881—1927）在康德的三大批判基础上，提出了第四批判，即技术的制造批判，② 他认为技术的本质不是在技术物中表现出来，也不是在生产中表现出来，而是在发明创造中表现出来，而技术的发明源自自然本质的存在。

当下，由于人们在使用技术的过程中，普遍地感到一种不安，认为在技术中隐含着一种道德伦理和对人的功利性的缺失的不透明性，因而对技术的价值评价就成为当今技术哲学的重要话题。马克思最早看到机器的资本主义应用是引起资本主义生产方式的一切矛盾尖锐化的根源。而近代的一批哲学家，如海德格尔、埃吕尔、芒福德等都对技术的使用持一种怀疑主义的态度。他们都认为技术已经发展成为他异性物体，带有很强的自主性和自增长性，因而它在威胁着人类的安全。

所有这些有待反思的技术问题，都已经成为我们当下日常生活的基本问题。那么技术到底是什么呢？

一 技术的内涵

约翰·齐曼在《元科学导论》一书中指出，一门学科如果不能建立在元范式基础之上，那么这门学科就有走向肢解甚至灭亡的危险。因为唯有确定学科的一些基本概念和分析方法才能对学科中存在的问题加以明确地表达，同时也才能把学科内的共同体成员紧紧地凝聚在一起，并为后来者进入这一学科提供方便的捷径。

对于技术哲学来说，确定学科的元范式必须完成一个任务，即回答技术是什么。对于这个问题的追问，可以为技术哲学划定一个界限和范围。可以为技术哲学的理论体系的完备性提供可靠的保证。技术是伴随着人类文化生活的发展而出现的，从历史发展的过程论讲，不同的文化历史时期会有不同的技术存在形态，因此为技术下一个准确的统一的语义学定义的难点就在于此。随着近代技术的日益发展，技术的复杂化和

---

① ［俄］B·M·罗津：《技术哲学：从埃及金字塔到虚拟现实》，张艺芳译，上海科技教育出版社2018年版，第42页。

② 王飞：《德绍尔的技术王国》，人民出版社2007年版，第61—70页。

多样化也使得技术的内涵很难在传统的语义学上得到准确的定义。

对技术进行定义的难点还在于，技术的语义是意指动态的技术还是静态的技术。如果我们从静态上考察技术，那么技术对应的就是具体的人工物，例如，电视机、手表、房屋等，但在这些静态的技术人工物中，我们又能直接地看到技术的本质在显现什么呢？如果我们从动态上考察技术，那么技术就是人类活动过程的流变，就是处于不断变化中显现的东西。所以技术就不再意指具体的实物，而是一种抽象的物表现出来的具体实体的逻辑。

不仅如此，对技术的定义，还涉及应该把技术一词看成动词还是名词。如果是名词，技术就是具体技术人工物所导致的技术事件。但如果把技术看成是动词，即绝大多数技术史家所认为的观点，那么技术就是制作。例如，技术史家辛格认为"技术是指通常事物是如何被制作的，以及制作出了说明事物"。把技术看成是制作，实际上就是认为技术是与境的，即技术的内涵是与具体的技术生成环境相一致的，在不同的技术环境中，相同技术或者类似的技术，都有不同的内涵。例如，一把斧头在伐木工人手中和在一个木匠手中是不一样的，当它被换到一个战士手中时，它的内涵也发生了变换。当然，这种定义也有一些缺点，因为在现代的技术物体中，技术的高度专门化，使得技术仅仅会有一个具体的使用环境，也就是说，技术开始变为单一化的技术环境，例如，一个汽车轮子，它只能单一地对应某一型号或者某一类型的汽车，它不能像斧头那样，有多种功能的应用。

在技术的定义中，特别要区分 Techne 和 Technology 的具体含义，在许多技术哲学的文献中，Techne 和 Technology 这两个词是混用的，而在一般的非技术哲学的文献中，Technology 这个词使用的频率要高。按照技术哲学家米切姆的看法，今天我们所指称的技术实际上是 Technology，即是一个很广义的技术定义。它既包含今天的现代技术，也包含人类的早期技术，也就是说，它并没有对技术制作的水平和性质作一严格的区分，同时它还把一些属于传统的人文社科类的知识看成了技术。例如，为了保持社会的平衡和稳定，人们通过有关道德的约束，获得了人与人之间和谐相处的知识。很显然，如果把这一知识看成技术，那么就会感到对于机器的技术和人文的技术的区分太为广泛。在技术哲学中，也许用 Techne 更为准确，Techne 在希腊词源中有两个含义，它可以翻译为技艺、手艺和技巧。也就是说它至少把两方面的人员包含在其中，一种是传统的手工艺匠，例如，木工是属于技术的；另一种属于思想领域，例如，艺术家是属于技术的。

很显然，Techne 对技术的描述把技术与人类活动中的一般的知识相区别开来，同时也指出了技术的两个最为基本的内涵，即艺术的和功用的。艺术的，指出了技术不是一般的劳动，它更多地带有脑力劳动的元素，它是人的一种创造活动，是人的精神活动的集中表现。例如，一个木匠在制作一套家具时，他要把自己对这个世界的审美态度放置在木料之中，所以每一套家具也是一套艺术品。功用的，指出了技术对人的物质需要的满足性。例如，家具是用来放置物品的，它对人的功用性的大小也就是物品的价值。

二 技术的本质——亚里士多德对技术本质的追问

何为技术？这个问题是技术哲学研究和发展的基石。对技术的本质和内涵的追问存在两种方式，一种方式是追问技术的内在的逻辑（logos），即追问技术的一般性本体是什么。另一种方式是目前技术哲学界颇为认同的方式，即将技术本体论问题悬置，通过追问技术在何处发生并怎样发生的实践事实，把技术的现象学问题当成技术追问的首要问题。例如伊德和伯格尔曼都从胡塞尔甚至从传统的本体论者海德格尔那里得到启发，转而追求技术的现象学问题。所以对技术追问的方法论差别，会使得对技术的本质有不同的诠释。

（一）技术是物的生成

最早对技术的本体进行追问的是亚里士多德。在亚里士多德看来，技术问题实际上是物的生成问题，而物的生成具有三种情形，一是偶然的生成，偶然的生成和物的自发生成不一样，偶然的生成的结果出乎人的意料之外，所以可以把它看成是没有逻辑（logos）的，因而并不成为人们的关注焦点；二是物自身生成，也叫物的自发行为，自生成是物的内在必然性展开的结果，例如一棵树是靠种子自身的力量生长出来的，它是靠种子自身的内在根据发展的，它的动力来自种子的内部，是种子的内在基因作用的结果，这一类问题在亚里士多德看来是与技术生成物无关的，但事实上，亚里士多德的这一说法值得怀疑，因为物自身的生成尽管与技术之物无关，但是技术之物的来源却是从这第二类生成中产生的，因为物之所以为物，即物之内在的逻辑，是不可能对技术无影响的；三是由技术产生之物，技术之物实际上就是行为者通过担任某物品角色而使用的物体，这一类物体与第二类物体相比没有自生成的种子，例如拖拉机不可能依靠自己的力量生成拖拉机，它是一种来自外在的力量，是遵循外在性原则的。从亚里士多德对第三类物的生成的定义中，我们可以看到技术作为物之形成的三个要素。首先是行为者，即技术之物必须是人的一种主动行为，而任何自然之物，例如自然生长的玉米、洞穴，即使它满足人之需要，也不能作为技术的本质进行追问，而唯有人作为物之变化的行为者这一先决条件，物才具有技术本质的意义。亚里士多德在后来更明确地提到物的制作因在技术本质内涵中的意义。[①] 也就是说，技术本质是人的意向性之物，从物的生成的开始就说明物是异化于自身的。其次是通过某物，是指究其根源人工物是通过自然生成之物，即物之内在逻辑形成技术人工之物。在这里，亚里士多德的论述意指通过自然之物，不是一种简单形式的通过，即自然之物不是作为一种纯粹之被加工之物，这里的通过，是对物之内在逻辑的一种通过。所以说，技术之物还是物之自身的逻辑之物，它不只是主体意向性制作的结果。最后是如何通过，行为者在通过中的角色是什么，是按照何种方式通过的。亚里士多德把这个问题看成制作问题。即在物之内在逻辑面前，技术制作是怎样的。在这里，亚里士多德把制作和实践区别开来，他认为制作是一种技能，而不是实践。实际上亚里士多德的这种区分，对于技术之本质定义很显然是有缺陷的，因为在这里亚里士多德把制作看成了一种静态的知识内容，而没有看到制作在本质上是动态的，即制作是一种过程的显现，在过程显现中体现制作之本质，所以在动态上讲，不

[①] 参见［古希腊］亚里士多德《形而上学》，吴寿彭译，商务印书馆1997年版，第138—145页。

与制作之实践相结合,即不在亚里士多德的实践内涵中看制作是不可能的。

(二)技术四因说

在亚里士多德的语境中,对技术本质的追问实际上转化为对技术制作的追问。事实上亚里士多德对技术制作给予了相当多的关注。在亚里士多德看来,技术制作是与以下四种原因相关联的:(1)质料(matenalis),即物的构成;(2)形式(formals),即物进入的形式和方式,也可以理解为物是如何被放置在物之中的,也是物的存在的方式;(3)目的(finalis),物之向何处汇聚的东西,即在技术物中,以形式制作的物是以何种价值成为一种显现的;(4)结果(effieiens),即制作者,在这里我们也可以把它称为制作因,这一因与目的因存在一定的关联,但它又不是目的因,它体现了作为一物之所以成为技术之物的根本动因,即是人的制作。

亚里士多德认为,后三种原因是可以合而为一的,因为形式与目的是同一的,而运动变化的根源又和这两者是同一的。但现代技术下的人们主要关注制作的原因,即人的主动性行为在其中的决定性作用,而把其他的三个原因放在了制作的从属地位。实际的情况是,这四个因的作用,是作为相互依赖的整体表现出来的原因,即在物之中,只存在一个因果整体,即作为一种招致的方式。也就是说,制作是一种招致,技术的本质也是一种招致。招致也是一种汇聚,把一物之中的东西引入到另一物之中。制作因并不是技术本质的关键所在,即人的主动性行为的动因并不是技术本质显现和解蔽的关键所在,最为关键的是这四种原因如何结合在一起,从而形成一种招致的方式。

以上四种原因可以看成技术本质所展现的四种招致方式,第一种、第二种招致方式实际上是物自体的,即物作为该物之属性的东西,这一点就如 Krose 等人提出的技术人工物的第一种特征是它的物理属性一样,[1]但这种属性很显然并没有价值功能,技术人工物的价值功能在第三种招致中。从人的主体性角度讲,第三种招致因显现了物与人之间的内在关

---

[1] 潘恩荣:《工程设计哲学》,中国社会科学出版社 2011 年版,第 20 页。

联，在自然物之中与人之间存在共同的东西，这种东西就是人与物之间关联与相通的一致性，所以它是人与物之间发生关系的最为基本的东西。但这种东西是作为一种可能性而存在的，即作为目的因而存在。也就是说，当目的因存在之时，也唯有这种目的因存在之时，物之作为可能显现的东西，即与人之间能够相互贯通的东西，才能作为显现的存在。而作为结果因，即人的制作因，才能使作为存在的东西成为现实的存在物而存在。

所以，在四种原因当中，最为关键的一步并不是最后的结果因，因为结果因是使目的因成为现实的东西，关键是目的因是如何与上述两种原因结合在一起的。实际上，在物的两个原因上，设想通向人的目的因是必然存在的，即物的作为动态的过程在它所显现的逻辑中，存在一种意向性，即向人的目的因的转化，而在人的目的因中，也存在一种东西，即与物的两个原因相通的东西，目的因的出现也是作为一种客观的内在吸引的因素而存在的东西。

当然，对技术本质的追问如果进入到这样关联性的分析中，实际上就回到了笛卡尔的思之中。在笛卡尔的思之中，思首先是作为我思而存在，而我思必须有所思，那我思——作为所思的思而出现我的存在。那么所思是什么呢？其实所思正如胡塞尔看到的，思就是意向性，是对物的意向性。也就是说，从主体角度看，目的因的意向性，就是所思。所思指向前两个原因，从而在主体之中，构成了两者之间的联系。当然，对于前两个客观因素，又具有一种趋势，即如列宁所说，在物之中存在与人相通的地方，是可以理解的，它满足了这种指向性的所思。

也可以这样说，所思代表第三个原因对前两个原因的拥有，把作为客观因的东西归入思的范围，归为主体价值范围而存在，这样在前两个原因中，就出现了作为主体因的内涵，从而使得物成为意向性的东西。例如木料之所以成为桌子，是作为前两个原因形成的，木料作为两种趋势的结合，有指向桌子的趋势，而目的因把多种可能的趋势归入自己的生活世界，使得木料的变化带有意向性，向桌子这一方向汇聚。

技术的本质在于技术制作和招致，但是艺术的本质也在于制作和招致。那么这两者在本质上有什么区别呢？其实，不论是技术制作还是艺术制作，如果用康德的观点来加以分析，都是两种合目的性的关系问题，一种制作是为人的目的性，另一种制作是为自然的目的性。这里的两种制作主要涉及自然界的目的性与人的创造目的性之间的合拍问题。就艺术制作来说，是两种目的论的统一，而近代技术制作则是人的合目的性超越了自然的合目的性，即有选择性地断裂了自然的合目的性的发展。

在对技术本质的追问中，还涉及对制作人的追问，也就是对工程师的追问。工程师是具体地把潜在可能性的物变成现实人工存在物的制作者。但工程师是发明者，而不是一般具体的物的生产工人，这就如生产轮船和设计轮船的差别。因为工程师对人的目的性的追求在现实的存在物中必然有所体现。从这一点上讲，工程师的技术活动是两个目的因的具体体现者。但是掌握现代技术的工程师，首先，他与传统的手工艺匠不同，手工艺匠既是物的设计者也是物的生产者，甚至可能是物的使用者，所以他充分地展现了技术的自由创造性和技术的个体性，他处于技术制作和艺术制作的中间。但是工程师并没有个体的技能，他是一个有思想并采取行动的人，他开发了智力上的技能，却鲜有机会开发手工上的技能。其次，工程师也不同于科学家，工程师关注科学应用的过程，他只能获得关于科学本身的很有限的知识，而科学家的主要目标是去知道，去发现新事实，发展新理论，了解关于自然世界的真理，而无须关心新知识的实际应用。对于工程师来说，他主要的责任是设计和规划、研究方案、发展项目，如产品流程、建筑方法、销售方案、操作与信息程序和结构、机器、线路、过程。最后，工程师也不同于技师。技师通常专于工程的某一方面，如控制系统中的检修人员、技术装置的检验员或者是复杂试验设备的操作者，技师介于工程师和熟练的匠人之间。技师，如电工、机械工、制模工、仪表制造者、模型制造者，更多的是用双手而不是用大脑，用工具而不是用仪器来工作，并且几乎不涉及使用数学和科学。

对于技术定义中的制作人的反思，从制作物这一"特殊"的视角，反映了如何定义人的问题，这种追问的方式看似进入了循环论证，但事实上从动态的技术考察，定义是在相互的印证中产生的。很显然，制作者的最为主要的特征就在于能够制作物，即把自然的合目的性的存在化为合理性目的性的存在。

下面我们以原始人类对石器的制作为例来考察技术之本质。在旧石器时代有大量的未经打磨的多形石块的堆积，而这一堆积就是最为原始意义的人工制作，为什么这样说呢？因为堆积意味着下列的关系：大量的堆积，显现了人的一种意向性，并且这种意向性代表了人的意向在石头中，以及石头与动物身体的关联中。具体地说，它分为两步：第一步是石头的有灵，① 很显然，并不是所有的石头都是有灵的，唯有一类石头才能与人的意向性相通，当然这种相通性是通过原始思维中的原逻辑思维与石头相通的；第二步是当石头有灵后，在制作者的主动作用下，这种有灵性会在动物身体中发生，这一点只要考察原始舞中的"熊舞"就可以发现，原始咒语表达的是人与猎物的相通性、有灵性，所以，石块堆积就表现了一种原逻辑，表达了石块与指向物之间意向的相通性。

$$\boxed{\text{人的意向性——传递——动物身体}}$$

所以技术的本质也就是主体意识在对象物中的显现过程。

三 对现代技术本质的追问——解蔽与座架

对于现代技术的本质追问最为深刻并对现代技术哲学发展影响巨大的人是海德格尔。在某种程度上说，海德格尔对技术本质的追问是其存在主义哲学走向面向生活世界的现象学标志，也是海德格尔把哲学的研究主题转向面对当下技术生活世界的标志。海德格尔对技术本质的追问是从传统哲学的本体论追问开始的，他要寻找的技术本质，仍然带有强烈的本体论特征。

（一）四因说与解蔽和座架的关联

海德格尔对技术本质的追思是从对亚里士多德的四因说，即质料（matenalis）、形式（formals）、目的（finalis）、结果（effieiens）四种原因的分析开始的。这四种原因也就是上面所说的四种招致。海德格尔认为在第四种招致中，即作为制作者的制作，可以把它理解为技术的解蔽，

---

① ［法］列维-布留尔：《原始思维》，丁由译，商务印书馆2007年版，第56—61页。

因为制作者使得前三个原因从未显现的状态达到了显现的状态，试图使技术从遮蔽状态达到无遮蔽状态，作为存在的存在者在场。

当然，这里有一个需要澄清的问题，即海德格尔解蔽的主要是前两种原因还是前三种原因。如果解蔽的主要是前两种原因，那么技术被遮蔽的真理就是纯粹的客观真理性状态，但这样一来，技术的本质就不再具有海德格尔在后面所说的座架的意向性内涵。因为在海德格尔看来，座架就是技术之本质，是纯粹的客观真理性状态，座架是试图把主体的意向性遮蔽的东西加以解蔽的，从而在自身中显露出真的状态。所以如果解蔽的仅仅是前两种原因，那么座架的意向性又来自何处呢？因为座架的意向性不仅有客观的意向性特征，即具有引导的趋势和引诱的特征，它还带有主动性特征。

很显然，这正是海德格尔对技术本质追问中比较困难的地方，他一方面试图说明座架具有的纯粹本真的状态；另一方面又要求座架在动态上具有一种强烈的意向性。很显然，作为一个强技术决定论者，海德格尔不会满足座架的这种自在的意向性行为，因为海德格尔所说的座架应该是一种非常强烈的主动性行为。但要带有主动意向性的特征，那就必然要在第三个原因，即目的因中寻找可以使座架结合在其中的东西，也就是说，座架作为本真的东西，在开始的时候，实际上已经带有目的因的意向性，是作为思——所思的东西而存在，这样解蔽的行为结果，是将带有意向性的东西带入解蔽和显现之中。很显然，这正是海德格尔在追问技术本质时所遇到的逻辑悖论。

也就是说，海德格尔把技术本质的解蔽归入解蔽何物的问题，同时解蔽何物涉及和决定着解蔽的方式问题。在这里，海德格尔把解蔽的对象看成一种不用多说的东西，也就是一种可以用隐喻加以描述的东西，而把更多的注意力放在了解蔽的方式上。然而解蔽的方式是由解蔽的对象物决定的，即由座架的本质为何物决定的，对对象物的追问才是揭开解蔽问题的根本。

（二）现代技术本质——座架（ge-stell）

解蔽的对象物，即海德格尔揭示的技术本质的内涵——座架（ge-stell）。那么座架为何物呢？海德格尔从描述座架的特征入手，认为座架使得具体的技术物在现象学层次上显现出一种被促逼的状态，它具有强迫性，它使得所有在场者被强迫，被作为持存物而构造。促逼和把在场者作为持存物，实际上是座架的解蔽过程，是解蔽的一种方式，是解蔽的内容，而解蔽方式是由座架决定的，但它却不是座架本身，而仅是座架作用的特征，或者作为座架显现的一种方式和途径。

正如海德格尔所说："我们以座架（ge-stell）一词来命名那种促逼着的要求，这种要求把人聚集起来，使人去订造作为持存物的自行解蔽的东西"。座架是体现在解蔽之中的，是体现在解蔽过程之中显现的东西，所以在解蔽的定义中，海德格尔并没有确定是对前两个原因的解蔽还是对包括目的因在内的三个原因的解蔽，但从解蔽的受迫性看，解蔽是被迫带有意向性的，即在座架之中，在解蔽的方式中显现出座架的强烈的意向性，因而我们可以直接推出，在解蔽之前，座架中已经存在前意向性的东西，即已存在目的因，不然解蔽就不可能显现出被促逼的方式。

这里，技术的本质——座架，还涉及和具体的技术人工物之间的关系。座架尽管不是任何具体的人工物，任何具体人工物也不能代表座架，这就好像森林中的某一棵树不能代表森林一样，但座架又在每一个技术人工物之中，即在蒸汽机、无线电发送器和回旋加速器之中。这里还必须进一步澄清另一个容易误解的关系，即座架尽管存在于任何一个技术人工物之中，但座架却不是技术人工物共性的东西，它仅仅是座架要在其中加以显现的地方，而并不是一种共同占有。

座架在这里被海德格尔很辩证地从技术人工物的共性中区别开来，即作为存在的存在者，它显现了座架，但座架却又不在其中，那么座架到底是什么？其实，这正如树在树的共性中不一定得到体现一样，树的本质应该反映在树生长的动态变化中。同样，座架也显现出一个动词的特征，即前缀 ge 表现的是汇聚和变化的本质内涵，座架是在人工物的动态变化中，在它的进化的谱系中，所显现出来的一种确定无疑的东西。"作为技术存在并活动着的东西，座架是持续的东西……技术的存在并活动着的东西使人进入他本身，从自己出发即不能发明，也不能完全制造的那种东西,因为没有唯独从自己出发就是人的那种东西。"① 进一步说,座架首先是与制作因无关的,即与解蔽这一方式无关,但它的内在内质的东西却又是在制作因的活动中显现的,也就是说,座架不能作为静态已经存在的客观的东西来看待,而应从动态的技术进化谱系所反映的逻辑(logos)中来看待座架的本质。

(三)座架的动态表征——解蔽

座架是动态的技术进化谱系所反映的逻辑,这一观点确实精巧地说明了座架与解蔽之间微妙的关系。唯有解蔽才能从本质上接近座架,这样,对现代技术的本质的追问,又转向对技术解蔽的追问。而解蔽的过程,在技术实践上,也就是技术人工物展现的过程,正如西蒙栋所说,它就是技术人工物的进化谱系。例如蒸汽机对座架的显现,就是指从伍斯特的抽水机到惠更斯的火轮机,再进一步到帕潘的蒸煮器和蒸汽机,最后到真正意义的萨弗里蒸汽机这一谱系进化过程。② 这个过程所体现的内在的逻辑,特别是它使周围在场者会聚在一起的逻辑,就是座架。而座架的强求性在于,从萨弗里的蒸汽机到后来的纽可门蒸汽机以及最后发展到瓦特蒸汽机,都具有一种内在的确定无疑的逻辑,这种逻辑决定的技术进化轨道的内在的东西,就是座架。

座架是动态的技术进化谱系所反映的逻辑,这一观点与西蒙栋针对技术物体所说的"抽象的技术物体的内在缺陷"的观点很相近。西蒙栋认为,技术物体在个体化存在状态是抽象的,即技术物体中的结构元素处于未展开的状态,所以作为技术物体在功能进化上还处于隐含的趋势状态,它急切地需要外在元素补充进去,使得技术结构元素处于展现状态。海德格尔的座架的动态性本质,实际上就是这种内在缺陷的东西。但两者也存在一定的差异,海德格尔的座架是包括目的因在内的三个因,唯有制作因,即作为人的制作的结果因,是以作为解蔽的形式出现的。它与西蒙栋的技术物体内在缺陷论有点不同,西蒙栋指的是技术物体的

---

① [德]冈特·绍伊博尔德:《海德格尔分析新时代的科技》,宋祖良译,中国社会科学出版社1993年版,第227页。

② [英]亚·沃尔夫:《十六、十七世纪科学、技术和哲学史》下册,周昌忠、苗以顺、毛荣运、傅学恒、朱水林译,商务印书馆1984年版,第229页。

客观的对其他在场物的一种凹的吸引趋势，即它从技术物体自身的客观吸引趋势出发，使得解蔽过程变成了技术物体从个体化状态变成整体化状态的过程，所以尽管它并不否认制作因的作用，但在这里制作因的地位明显不如海德格尔所说的座架之解蔽的作用，它仅对一个已经发生的客观趋势起推动作用而已。西蒙栋的内在决定性比起海德格尔的座架的强迫性要更强一些。

海德格尔在对座架的分析中，更多地看到了它的不断的连续性展现，所以它对座架的分析，主要的就是对解蔽的分析，即解蔽也就意味着座架连续地显现。那么，解蔽作为制作的结果因，是以何种方式展开的呢？在海德格尔看来，存在两种解蔽的形式，一种是古代技术制作的解蔽形式，即制作因的内涵带有强烈的艺术制作的因素。这种解蔽首先把船和房子的外观、质料聚集到已完全被直观地完成了的物那里，并由之而来地规定着制作的方式。因而技术产出之决定性的东西不在于制作和操作，也不在于工具的使用。[①] 当然，座架还存在另一种解蔽的方式，在现代技术中，解蔽即是一种促逼、挤压，此种促逼向自然提出变换要求，并设置着自然的构造。也就是说，古代技术制作的解蔽是比较平和的，它不强迫自然做什么，而是顺应着自然，同时人的制作因相对于现代技术制作也并不偏激，它带有艺术制作的审美性，是把美和功利性有机地结合在一起的解蔽。而近代制作则是放弃了艺术制作，为了单一的功利性对自然索取解蔽。

正如我们上述阐明的，解蔽实际上由座架所决定，并且解蔽的过程中所显现的持续的东西也就是座架之本质。这样就出现了一个更为严重的矛盾现象。即我们再次对海德格尔座架的所谓客观性提出质疑，因为如果座架是纯粹客观的，那么座架在两种解蔽方式下都应该显现它的本质内涵，而并不会在古代制作和近代制作中显现两种不同的质的内涵，所以唯有一种可能，即座架本身就已存在着目的因，也就是座架在未解蔽前就已经是具有意向性的东西。而这一点，与卡若斯（krose）所说的

[①] [德]海德格尔：《海德格尔选集》下卷，孙周兴选编，上海三联书店1996年版，第931页。

人工物性质中具有功能价值的特征是一样的。这样，在目的因与制作因的相互作用下，在不同的制作环境下才会显现不同的制作状态。

很显然，海德格尔在论述解蔽时，把解蔽看成是外部意向性的单纯作用，来自制作的结果因是一种外部力量的主动行为，即对座架进行的解蔽是外部力量。但问题是海德格尔同时又强调座架是一种客观力量、在决定着解蔽，这确实是一个矛盾。很显然，海德格尔对目的因的忽视导致了这一矛盾的结果，他无法解释解蔽到底是什么。

那么，我们可否设想制作因这种带有主体价值性的解蔽方式进入座架之中呢？即作为在座架之中的状态而在后续的解蔽中发挥作用呢？海德格尔对此的回答是否定的。因为他认为，工匠的发明对技术本质的内涵不应该有任何内容上的添加，即它的意向性不可能也无法进入到座架之中，实际上，这也就否定了制作因与目的因作为一体，并进行共同招致的可能性。海德格尔认为，在现代技术中，意向性的作用仅仅是执行座架的展现，并且是在座架绝对命令下的展现，因而意向性在座架展现的整个过程中是外在的。

（四）胡塞尔生活世界的遮蔽与海德格尔的解蔽式的遮蔽

实际上，海德格尔将座架放在意向性之外，是与实际的展现不符的。因为从逻辑上看，座架在展现的过程中既不是已经存在的东西，也不是前预置的，更不是在静态的人工物之中的。既然座架是在解蔽的过程中才能显现的东西，那么座架很显然是随着解蔽的过程而变化的，即在解蔽中，座架可以看成是自身的整体化运动，解蔽才体现了对原有的未展开的座架的重构，即不断地加入主体意向性的东西。在这里，主体意向性的东西，尽管受到座架内在的影响性作用，但正如在胡塞尔的生活世界一样，有其独立性和参与性，从而使得座架在解蔽的意向性中，即在制作因的作用下，通过目的因对技术物体进行了重构，所以展现的座架实际上已经抛弃了海德格尔所说的纯粹客观性，而具有主体意向性。

这样一来，在海德格尔的意义下，技术的本质仍然是未展现的遮蔽状态，因为解蔽之同时，座架被更强烈地遮蔽了。那么，怎样具体地说明技术解蔽是对技术本质的更强烈地遮蔽呢？对于这个问题，可以在胡塞尔对现代科技的危机分析中找到具体的回答。胡塞尔对现代科技的分析中很详细地阐明了解蔽的过程就是对存在之真理的遮蔽的过程,人们在解蔽中不可能真正追问到纯粹之客观真理性,在现代技术实践中更不可能。胡塞尔认为,现代科技是对原有的带有技术本质的前科学生活世界的遮蔽。他认为:"伽利略没有回过头来探问原初的意义给予的成就,这是一个致命的疏忽。这一成就是在原初的一切理论的和实践的生活——直接地被直观的世界(在这里特别是指经验地被直观的物体世界)——的基础上所取得的理念化的成就,它导致产生几何的理想构型。伽利略没有深入反思,对这个世界及其形状的自由想象的变更为何只导致可能的经验地可直观的形状,而不导致精确的形状;究竟什么样的动机和成就是真正的几何的理念化所要求的。人们继承了几何学的方法,但是对于导致这一方法的成就是如何取得的这一点,现在已经没有活生生的体验了,人们更不对从内部实现精确性的意义的方法作理论的反思。仿佛,几何学以其自己直接自明的先天的'直觉'和借助于这种直觉来操作的思想创造出自我完备的绝对真理,并且这样的真理——'不言自喻地'——能够毫不费力地被应用。这种不言自喻性是一种幻想,甚至几何学应用的意义也有复杂的意义源泉。伽利略本人及其相当长的一段时期内的后继者没有看到这一点,于是,自伽利略起,理念化了的自然就开始不知不觉地取代了前科学的直观的自然。"[①]

但应该注意的是,胡塞尔所说的对生活世界的遮蔽与海德格尔的解蔽式的遮蔽并不完全一样,因为海德格尔的解蔽式的遮蔽,制作因并没有进入座架之中,而胡塞尔的遮蔽比较复杂。他认为是把原有的生活世界(当然海德格尔的座架也应该就在这一生活世界之中)在近代科学的解蔽中忽略和忘却了。

所以,在胡塞尔看来,当制作因介入生活世界时,它形成的技术物之世界(人工物世界),由于主体价值的直接介入会发生两种情况,一种情况是主体价值与原有的自然生活世界是合拍的,或者基本上是合拍的,那么人工的世界就与自然的生活世界构成了有机化的对立性发展。而当

---

① [德] 埃德蒙德·胡塞尔:《欧洲科学危机和超验现象学》,张庆熊译,上海译文出版社1988年版,第59页。

另一种情况发生时,即当介入的制作因在对技术物的功能改造中,并不按照物的功能的自然进化法则,即并不按照自然的生活世界有机化的发展,或者说两者的进化不合拍时(由于近代科学、技术的飞速发展,和人们对需求的急剧膨胀,这种不合拍是经常性的和必然的),自然的生活世界就被遮蔽起来,从而失去了物的自然性,也失去了物的个体性东西。

事实上,近代技术和科学正是把生活世界这部分主观的东西的自然有机性发展给遗漏了,例如,物理学家普朗克就认为,在物理世界中,科学家的任务就是努力忘记和剔除在其世界中的主观性的东西,也就是所谓的主观经验性的东西。[1] 但胡塞尔认为,经验是在这种生活世界中发生的自明性,并且作为这样的东西,是科学的客观论断的自明性的源泉,而科学本身却绝不是关于客观东西的经验。这种客观的东西作为它本身恰恰是绝不能被经验到的。

也就是说,对于胡塞尔来说,他要进行的如果是对座架的解蔽,他并不是消除生活世界的主观性,而是要把物理的新的技术世界还原到有原始主观性的生活世界之中,就是真正的解蔽,即胡塞尔的任务就是试图构造带有主观构成的科学和技术,作为一个特殊的实践的构成物,即理论的逻辑的实践之构成物。

(五)技术的本质——克服解蔽过程的遮蔽

海德格尔认为,克服技术解蔽过程的遮蔽,唯有一条路可以选择,即对技术进行沉思,也就是召唤思。那么什么是召唤思呢?它有四种内容,即思为何名,如何领会思,思需要何种条件,是什么在召唤我们。[2]

也就是说,在海德格尔看来,在技术创造的危险面前,最可怕的并不是解蔽所带来的对技术本质的遮蔽,可怕的是我们对这种现象无沉思。为什么这样说呢,因为新技术时代的思想是无沉思的,它不会对自己所形成的结果进行本质性的追问,因为它的本质就是物质化、功能化,它直接地无差别和无自身地把事物构成为持存物,以至于无沉思正是这种

---

[1] [德]胡塞尔:《欧洲科学的危机与超越论的现象学》,王炳文译,商务印书馆2001年版,第155页。

[2] [德]海德格尔:《海德格尔选集》下卷,孙周兴选编,上海三联书店1996年版,第1221页。

思想构造的环节。① 但是，技术本身首先阻止了对它的本质的任何了解。因为当技术完全展开时，它在诸科学中发展了这样一种知识，这种知识总是不能达到技术的本质领域，更谈不上追思它的本质来源。"从技术上看，作为合理意识的最高形式的技术，和无沉思（这无沉思是作为向技术本身关闭的那种无能力达到涉及有疑问的东西）是紧密结合在一起的，它们是同一个东西。"

从解蔽的角度讲，对技术之思，实际上是试图从座架之外开拓一种新的技术追问的途径。因为前面对技术的解蔽的追思是属于座架本身的，因而局限在技术之内，而沉思是在座架之外，即在座架开始处进行的一种思。

那么何处可以召唤思呢？海德格尔认为是艺术制作，实际上在技术制作和艺术制作中，两者是存在同一性的，这里的制作因如果自身能够进行艺术内涵的反思，即从自然化、美化出发，那么就可以把技术带到新的栖居地。②

当然，在这里值得说明的是，这里的艺术是指古代的艺术制作，而不是指在现代技术下并深受其改造的现代艺术制作，现代艺术已经技术化，它已经被遮蔽，因而不能作为真正追问和起源的东西。③

因此，正如海德格尔看到的，在艺术中的任何真正的行动并不归因于独裁的专横的主体的制造和获取，而是归因于完全不同地生成的现象，归因于"赞同"最本源的存在和意义的视野。任何伟大的艺术家对此都作出了证明，在新的时代中也是如此（当然带有一些相应的变化），尽管新的时代的死板模仿者还把"自发性"和"创造性"仅仅看作艺术的决定性的和突出的东西，这已愈加公开，因为技术世界把任何真正的创造转变成单纯制造，技术希望获取刻板的千篇一律的东西和格式上统一的

---

① [德] 冈特·绍伊博尔德：《海德格尔分析新时代的科技》，宋祖良译，中国社会科学出版社1993年版，第231页。

② [德] 海德格尔：《海德格尔选集》下卷，孙周兴选编，上海三联书店1996年版，第952页。

③ [德] 冈特·绍伊博尔德：《海德格尔分析新时代的科技》，宋祖良译，中国社会科学出版社1993年版，第204页。

东西。

当然，我们对艺术制作特别关注，尽管从目前来看，艺术的沉思本身没有对我们追问的真理锁闭起来，但是这个道路是艰难的，正如海德格尔所说：作这样一种追问时，我们证实着一种危急状态，即我们还没有面对喧嚣的技术去经验技术的本质现身，我们不再面对喧嚣的美学去保护艺术的本质现身，但我们越是以追问之态去思索技术之本质，艺术之本质便变得愈加神秘莫测。我们越是邻近于危险，进入救渡的道路便越是开始明亮地闪烁，我们便变得越是具有追问之态。因为，追问乃是思之虔诚。技术的本质就是思之虔诚。①

四　现代技术本质的另一种诠释

法国技术哲学家西蒙栋认为，现代技术是一种"环境的技术"②，现代技术具有与生物—环境相生发展的相似性。西蒙栋认为，任何技术物体从进化的水平上看，都存在着两个形态，即抽象的和具体的形态。抽象的技术物体，由于没有充分地展开和自身存在的结构与功能的缺陷，即不饱和性，因而需要具体化，需要向整体化和饱和化方向进化。而这一具体化，使得技术走向自然化，"变得越来越近似于自然物体"，近似于生物，因为"生物这样的自然物体生来就是具体的"。

而事实上，对于一般的技术而言，在具体化过程中试图走向生物化方向是非常困难的。因为对于一个生物有机体来说，由生物体内部结构的变化而导致的生物体功能的变化完全是一致性的，这种一致性的变化表现在每一个新物种的生物体的结构都是原有物种结构基础上的逻辑变化，即物种功能变化的一致性是物种结构变化一致性的体现，或者说生物体生理结构变化的一致性是一一对应于其功能连续性的。但这种情形对于技术物体并不经常发生，它的结构和功能的谱系并不一一对应，特别是由于技术物体内在结构的元素经常性的是从其他技术结构谱系中嵌

---

① [德]海德格尔：《海德格尔选集》下卷，孙周兴选编，上海三联书店1996年版，第954页。

② [法]贝尔纳·斯蒂格勒：《技术与时间：爱比米修斯的过失》，裴程译，译林出版社2000年版，第94页。

入进来的，因而难以与生物有机体进化谱系进行类比。

而现代技术功能的进化方式却是类生物化的。现代技术也会从原有的技术中衍生出新的技术，但这种衍生是通过同一个技术独立地发展组合完成的，像生物体进化那样，是内在元素组成和结构的细化。一些高级的技术功能的多样化，是内在结构变化伴随着功能的演化。对于某些技术，如果要加一个功能链，即是在其当中挖拓一个技术功能。

所以，在西蒙栋看来，现代技术在完成具体化和整体化时，它作为生物个体的特征反而更为明显了，由于它是从内在的结构进行的展开，而不是从积木式的，从其他技术人工物结构谱系中嫁接过来的东西，因而没有破坏技术有机整体的发展，这种发展比较类似于生物有机体的发展，是结构谱系与功能谱系不分裂的发展。

当然，把现代技术看成是向生物有机体进化的技术，并不代表现代技术与生物有机体之间可以进行严格的类比，我们可以很形象地把现代技术称作"软技术"，但与一般机械技术的刚性特征比较看，把现代技术看成是类生物的柔性技术更为妥帖。这种类生物的柔性技术特征主要表现在以下三个方面。

首先，现代技术在材料构成上的柔性特征。一般机械技术的组成材料主要是刚性材料，如金属、半导体等。技术的连接通过管线和传动机构来实现。但许多现代技术使用的都是具有"软性"的材料，其材料的构成基础和生物体的材料构成基础是一致的，所以它具有生物体的某些柔性的形态特征也是逻辑的必然。

其次，是技术制造的类生物特征。通过金属材料构成的技术，正是由于材料的刚性才使得技术具有机械性，被加工出来的技术人工物是在外部力量的作用下进行材料的组合形成的，组成技术的材料本身并不具有内生殖性。但对于现代技术来说，像生物体那样，制造变成了一种"主动的"行为，似乎像生物体那样，动力是来自材料内部的，技术本身具有内在的生殖性。新的技术、新的发明的产生仅仅是一种环境的揭示，而不是发明者主动建构什么，技术的"自身的"发明和创造特征相当明显，它是按照自然的序列展开，因而它是接近生物个体的。所以从这一点说，现代技术更接近于自然界的生物体，是一种有机的自然物体，人对技术的发明选择性要比宏观技术小得多。

最后,现代技术的柔化特征还表现在工作状态中。对于一般的技术来说,即使发展到了电子集成化很高的自动化技术,其在工作状态下仍然是刚性特征。在技术的整个运行过程中,技术的运行是部件在一定空间中的运动,但部件本身并不随着运动和做工而变形,所以可以看到开关、活塞、齿轮等各个部件的刚性啮合,正是技术的这种刚性啮合和元件的不变形性,使得对于技术的加工,特别是精密技术加工来说,对技术磨合的精度要求以及润滑效果的要求成为一个重要的参数;与机械技术不同的是,许多现代技术的内部结构之间的连接并不像机械技术那样,它们之间的连接是依附于各个部分之间所具有的黏性,因而它的加工不存在对精度的要求,也不存在对一般金属技术磨损和润滑的问题,所以说它是柔性的。

第三节　技术—人—生活世界

技术与人实际上是在一个空间和时间中发生的一个事件的两个方面。技术与人是相互定义的,如果缺少了技术这一方面,不论对人如何定义,它都仅仅局限在动物性上。马克思主义认为,劳动实践本身的发展,使得猿这一灵长类动物变成了超越于动物的人,而劳动的本质就是制造工具和使用工具,猿的劳动如果不借助于进攻性武器和保护性容器技术的发展,[①] 就仅是动物式的生存活动。就人的生活世界来说,工具性的劳动才几乎构成了我们人的生活世界的一切。

一　希腊神话的隐喻

对于技术与人,有一个希腊神话很能说明两者的关系。爱比米修斯在参与创造所有生物和人类时,在分配给所有生物所特有的生物属性时,忘记了赋予人类一个能够在自然界生存的特长,使得人类在自然界是不

[①] [美]刘易斯·芒福德:《城市发展史——起源、演变和前景》,宋俊岭、倪文彦译,中国建筑工业出版社2005年版,第88、564页。

可能独立生存的，也就是说，人类从诞生起，其生来的基因相对于自然界而言就是有缺陷的，人类与其他动物相比的天生的差别就是这种生理缺陷。在普罗米修斯的神话中，人仅仅因为一个遗忘才诞生，这就是爱比米修斯的遗忘，他在分配"属性"时，忘记了给人留一个属性，以致人赤身裸体，一无所有，所以人缺乏存在，或者说，尚未开始存在。[1]

这一神话隐喻也告诉我们，人既然无法在自然面前独立存在，就只能把这一基因缺陷补上才能在自然中存在。"他的存在条件就是以代具式器具来补救这个原始的缺陷。"也就是说，技术的出场是人类作为完整的人类的一个补充，即从一开始，技术作为一种人的进化的谱系，是与人的生理和智力进化谱系相拓补的。或者可以这样说，技术的工具相当于人天生少了的一个部分，如一条腿，它已经嵌在人的身体之中，使得人能够完成作为自然界中的生物体的生存，这也是对爱比米修斯过失的一个人类主动性的补救，事实上，在神话中，是依靠普罗米修斯违背神意，用普罗米修斯的苦难来拯救人类自身的。

我们大可不必对这个故事进行特别认真的考证，但至少有一点是值得我们反思的，即技术作为身体的一种代具，使得人被赋予与其他动物一样的技能。这至少说明了以下两点，第一，在未修补之前，人是什么。很显然，人是猿这样的动物，作为人这个概念是不存在的，并且他还是一个具有缺陷的动物，然而安上假肢之后，人有了一技之长，能够像其他动物一样，被赋予自然动物的技能。那么仅从动物进化开始计算，人的谱系其实并不是动物猿的进化谱系，前人时期的动物谱系进化，并不存在人的进化内涵，只有使用了最为简单的旧石器，他才开始进入人的进化谱系，所以说，技术的进化谱系与人的进化谱系是同时性的，或者说两者是一回事，仅仅是表述的视角不一样而已，人是从有了技术开始才进入生活世界的。第二，人的这种缺陷是由外界补充的，它不是也不可能是由人的生理自身的进化来加以补充的，即人类靠自身的进化是不可能弥补"缺少腿"这一先天缺陷的，他是由外界作为人的身体的延伸

---

[1] ［法］贝尔纳·斯蒂格勒：《技术与时间：爱比米修斯的过失》，裴程译，译林出版社2000年版，第220—221页。

和进化解决的。这样的话就很明显地带来了一个问题，补充进来的技术，即假肢，具有真肢的属性吗？我们知道，人的手和腿是有智商的，因为它们与人的大脑是连接在一起的，也就是说，它们是人的手和脚。人是能区别出我与外界东西的二元对立的，这样就出现一个问题，即技术能否纳入人的自身的问题。对这个问题的回答是肯定的！因为首先，从技术现象学家伊德的观点看，人的身体使用工具时，它的舒适性如果达到一定的程度，是可以从人——（技术工具——自然界），转化为（人——技术工具）——自然界的。例如人的眼镜，如果戴了很久，人就会忘记它的存在，它与人的身体成为一体，只有在镜片出现故障时，我们才会感受到它是外界的异物。其次，技术人工物并不是纯粹的外界物，它与绝对的物体还不一样。一方面，在技术人工物中，它是人的假肢，但它与人的意向性存在相通的方面，即当人在注意到他面对的客体时，这一客体的内在功能和意义是与人相通的，否则人会熟视无睹。在人类学家研究原始思维时发现，① 人类活动的周围的所有现象和物体都是有灵性的，即有生命的，但引起他们注意的，仍然是二者相通的地方。另一方面，不仅物在固有属性上与人的意向性是相通的，同时人工物作为材料在制作的过程中还加入了一个人具有的制作因。因而人工物里包含着人的意向性，是人的主体的客体化过程，而对物本身的性质来说，就是物的客体的主体化过程。从这里我们也就能真正揭开为什么物能够成为人的假肢，即技术是人的基因缺陷的自然补充，而作为物理学的客体并没有这种属性的谜底。

二 技术进化谱系与人的进化

技术进化谱系的方向是不是就是人的有机体进化的方向？针对这一点的回答就是现在技术是否在向人的有机性进化的问题。按照西蒙栋的看法："技术存在物通过自身的聚合和适应来进化，它根据一种内在的共

---

① ［法］列维-布留尔：《原始思维》，丁由译，商务印书馆2007年版，第28页。

鸣原则在其内部集为一体。"① 这就是西蒙栋所说的技术物体具体化过程。

但值得注意的是，如果具体化的动力是来自人的主体的意向性，并且技术物体自身也是有机化的，即与人的进化方向具有一致性的话，那么技术人工物作为人的假肢仍然存在着危险，其实问题就在这里。技术进化的动力事实上并不是来自作为人的意向性折射的人本身。技术实际上是"人与物的耦合的结果"，即人的动物属性，特别是人的欲望属性与物的自身进化属性两者有机勾兑的结果。本来作为物的属性是没有一种主动意向性进化的，然而技术从诞生起，或者说，同时也是从人诞生起，技术是有意向性的，有灵魂的，这个灵魂，一方面来自物之物性，与人相通的一面；另一方面就是亚里士多德所说的物之制造因，② 人工物是有意向性的，因而它是半物半灵性的东西，它在一开始就有了一个自身进化的动力。

耦合意味着技术的进化谱系并不在于人，尽管它有人的意向性介入，并且它还是发明者，但并不代表它的进化谱系由人来创造发明，人只是按照技术本身的提示，即按照技术预置的轨道，上下波动地进行发明创造，即有点类似于经济学中的价值规律，价格在价值线上上下波动。按照西蒙栋的说法，技术也在从抽象走向具体化，变成越来越复杂的机器，或者说机器是技术自然化的最高阶段，也是机器有机化的自身动力的显现。"技术本质就在于它稳定地贯穿于谱系的进化过程，它非但稳定，而且通过内在的发展和逐渐的饱和创新新的结构和功能。"③ 也就是说，技术是靠自身的缺陷的弥补来进行进化的，进化的动力就来自技术原来是一个松散的抽象的无机化物质，而到了机器阶段，它走向了高级的有机化，形成了一个个体，并按照自身的存在创造了第二种自然环境，即机

---

① ［法］贝尔纳·斯蒂格勒：《技术与时间：爱比米修斯的过失》，裴程译，译林出版社2000年版，第85页。
② ［德］海德格尔：《海德格尔选集》下卷，孙周兴选编，上海三联书店1996年版，第926—927页。
③ ［法］贝尔纳·斯蒂格勒：《技术与时间：爱比米修斯的过失》，裴程译，译林出版社2000年版，第92页。

器环境。①

有一点我们想提出的是，既然技术的进化动力来自于自身的缺陷，技术又是人的假肢和代具系统，那么这种情况在某种程度上也暗示着人的谱系发展和技术谱系的发展方向是一致的，不然它们就不能进行耦合。在技术的每一个发展阶段，人和技术都很好地耦合，因而技术具有自然化发展方向并不是太奇怪的。只是这种动力确实不是来自人，而是技术本身，用海德格尔的话说，来自技术的本质"座架"的解蔽过程。

但恰恰在这里就存在着一个危险。尽管技术的进化是有机化的，但它毕竟是客观的，它有一个自身的趋势。也就是说，人与技术进化的谱系，即趋势并不是人与人工物之间互动性关系下所决定的一种情境，而事实上，是人特别是人的欲望对于这种趋势的选择确实有着决定性作用，但是选择的自主性不代表他对趋势的决定作用。因为正如希腊神话所表达的，人生而是有缺陷的，而这一缺陷是人不能自身加以弥补的，他只能选择外界物，这样说来，人的选择看似自主，其实是不自由的。人类可以选择技术人工物的不同组合，因为除了旧石器这些技术原子之外，几乎所有的其他技术人工物都是一种组合技术，集成技术，人可以选择不同的组合，但不可能不选择。其实，技术的组合的多样性，与技术原理的显现形式有关，但却并不改变技术原理的性质。因而对于人来说，他就不得不选择技术原理。因为，作为技术进化的趋势，实际上是主体的人在进行客观的选择。即我们不能超越那个时代，我们的选择永远面对那个世界的现状。

对趋势的决定作用，使人类的进化看似更为积极和主动，但实际上人变得更为无力和软弱，因为对人来说，代具系统使得人更为虚弱，在自然面前，它是退化的，而作为人的"身体假肢"则是更为优化和进化的，它在自然面前不仅更为强大，而且能够战胜自然自身，他的力量看起来来自人本身，其实还是来自自然物质本身的力量，即用自然力量（技术原理）来战胜自然。这时候发生了一个地位或者说位置的转换，人

---

① ［法］贝尔纳·斯蒂格勒：《技术与时间：爱比米修斯的过失》，裴程译，译林出版社2000年版，第96页。

成了技术的工具，人依靠技术人工物中存在的另外一个因素——物质性原理战胜了自然界。

而这正是海德格尔所说的技术本质，即座架的魅力，它持存着人，把人进行物质化的分解，成为技术显现的工具，从而使人工物变成比自然更为强大的力量来决定着、控制着自然。我们更为关心的是人的本质的变化。实际上，当我们把假肢看成是我们动物的人必须有的一个部分时，从这一步开始，人就迈向了危险。可能我们对于拐杖、牙齿等作用于我们肉体的代具更有直感，它们的一步步替代，在当下的现代技术中也确实存在着一个问题，即随着医学的发展，人到哪一步就不再是人的本质特征了，因为每一个部件的替代都在向人的本质特征提出质疑，特别是近年来，人工智能的发展更为智能运算和人脑判断提供了一种可能，这是现代技术向人的身体和生命本身再一次提出的严峻挑战。

然而，我们还疏忽了一点，即实际上技术造成人的身体的退化不是非要通过代替或者进入肉体之中才能实现。技术替代人的身体功能之事早已经发生，肉体已经在技术的进化过程中开始隐退，事实上从功能上看，技术早已开始支撑着肉体，肉体的四肢开始分化，正如恩格斯所说，劳动使人的四肢开始分工，而这何尝不是人按照技术的尺度来改变自身内在的尺度呢？人的许多器官，洗衣服、割麦子的手，用来走路的脚，都在现代技术生活中开始退场，这样一个现代人实际上是用代具武装起来的，比原始动物猿人功能强大的代具人。正如电影《阿凡达》中的人，将自己的灵魂和肉体与大鸟相通，超越了原有的动物本能属性而开始飞翔（如航空器）。

这样一来，人的进化趋势其实就是技术的进化趋势，实际上，耦合在这里已经是一个不太恰当的词语，因为人和技术是一体的，只能说，技术在人的身体中，是肉体的原始因素多一点，还是人工物的因素多一点，二元对立在这里已经不成立了。人和技术物两者都成为半人半物的东西，它们是一个由人的欲望和物的功能构成的有机复合体。

当然，也许我们可能会这样想，如若人的欲望能够抵制这种客观的物的因素，回到自我进化当中，能够对技术小心翼翼地纳入，不至于在进化的方向上迷失自我，这是否可能呢？毫无疑问，这是不可能的。这就如打开潘多拉的盒子，人的本质在于难以抵御打开盒子的欲望，没有这种欲望，他就缺少了人的本质，不能确定其为人，而一旦欲望展开，人就会更加衰弱，在他的后续基因传播和进化中，更加依赖技术来实现欲望。技术是欲望和技术自身动力共同作用的结果，但技术进化往往是不以欲望为目的的一种外部力量，这个力量来自主体化后的自然。

所以人的时间谱系的进化在技术形成之后越来越成为代具系统进化的谱系！代具，即技术人工物，我们当然不能说它就是人的生命，但它寄居在人的肉身之上，或者说虚拟性地在肉身之中在场，这种虚拟的在场，其实就是依靠人工物的功能实现人的肉身的功能性空间延伸，就如汽车是脚的空间延伸，从肉身之外实现了肉身之内的空间在场。

这里我们自然会得到一个结论，人如果在日常生活世界中作为一种存在，事实上也就是技术人工物的存在。也就是说，人的进化和生活，实际上是技术为自己的发展而展现的东西，而技术的进化是以自己为目的，它为自己立法，以自身的尺寸来度量外界的尺度，这样技术就会在日常生活中展现无限的张力，这种张力很显然绝不会让人的存在成为一种自由的存在，这是一种迷失自我的存在，人的进化方向变成了人—技术双生体的进化方向，看似人进入了作为人的意义的第二时间，实际上成为人失去自己的时间，人的进化实际上反而停止了。那么人的本质又在哪里？作为动物体的人，它是有缺陷的人，而逐步弥补缺陷的人，却又产生了更大的缺陷，它用技术来弥补这一缺陷，从而得以让肉身存在。这时技术人工物表面是为了人的存在而延伸自己的种系的发展，其实不论从功能和内容上都是为了满足自身的发展而进化的。人工物通过向机器这一最高的个体化进化而自我形成和发展，它的发展和形成唯一不同于自然界的进化的，就是借助了人并控制了人。就如《阿凡达》中，人对大鸟进行的灵魂控制一样，只不过现在反向为之。这样从本质性上说，人的日常生活已经失去了人的本质在场的意义，它在逐步地转化为技术在场。日常生活是人的日常生活还是技术的日常生活呢？当然，一个毫无疑问的前提已经解决，即技术物是一个有"生命的"有灵性的物。

第 二 章

日常生活的空间

在日常生活中，空间往往象征着自由。人们对空间的创立和开拓，意味着其生活内涵的拓展。因为一般来说，空间是敞开的，它表明了以身体为中轴的空间延伸，开放性的本身也意味着，即使身体不能达到的地方，外界事物也将迎面扑来，成为他的未来可能的空间，空间的开放同时也意味着某种自由和不受拘束。开放的空间意味着主体与外界事物之间的联系，从而带动已有空间的变化，这也表明人们对日常生活中某些固化模式的突破。

空间与地方在内涵上不太一样。地方是一种有局限的空间，它代表着在某一区域内的人和事，具有稳定性和时间过程的重复性。例如我们说王村、李村，它必定对应着王村、李村的一些事物，同时对地域、风格也有一定的固化界定，所以地方能够在日常生活中起到一种安全的、稳定的心理作用。地方具有的风格也意味着地方有一定特质的文化观和价值观，也代表生活在这里的人们在日常生活中对此的认同。

空间必须处于不断变化中。一方面，人类的日常生活应该处于安全与稳定之中，但人作为一个历史的过程又是变动与创新的，这种矛盾心理使得在开放空间中的人，如在野外考古、长期在外旅游的人，试图找到一个地方，即封闭的稳定空间。而另一方面，在日常生活中总是在一个固定地方，或者在有限范围活动的人，又迫切需要自由的空间，因为开放空间的广阔性能够带来一种萦绕心头的存在感，同时在陌生的空间中，出现在眼前的事物会带来一种强烈的新奇性和诱惑性，相比于已经熟悉的地方，空间要有趣得多。

在日常生活中，我们既需要空间也需要地方。从个体上看，有许多地方可能对于没有生活在这个地方的人来说，就是一个开放的空间，因为对他来说，能够找到一种陌生的新奇感。正如一个旅行学家说的，"旅行就是一个过程，而不是一个地方"。而相反，对有的个体而言，极端开放的空间意味着破坏稳定性和不完整性。因为没有边界的空间也意味着没有事情的发生。如在无边无际的平原，它可能在日常生活中是抑制而非鼓励活动，它意味着针对自然空间的无能为力，"农民可以走出他所在的村庄去看一看所有包围他的寂寞，不久之后，他就会感到那种落寞感，仿佛已经直击他的灵魂。放眼回顾，却无法找到辛苦劳作留下的痕迹……触目可及的是无边无际的大平原，在大平原上站着一个无足轻重的可怜的小人……然后，一种漠然的感觉压在了心头，让他无法思考，让他忘记了过去的经历，让他没了灵感"。

社会空间必然包含着一系列的技术物体，[①] 即鲍尔格曼所说的焦点物，它汇聚各种技术要素而产生事件。[②] 应该说，空间是由事件来定义的，而事件由具体的实践行动和物体来定义。如果空间是绝对抽象和空洞无物的，人们就很难对此有所把握，正如《道德经》所说的，是物形成空间的感觉，并为人所用的。"三十辐共一毂，当其无，有车之用。"[③] 也就是说，三十根辐条汇集到一根毂的孔洞当中，因为有了车毂中空的地方，才能发挥车的作用，"故有之以为利，无之以为用"，是物构成了空间，并且决定了空间的内涵和变化。技术物体的使用形成了有意义的

[①] 技术物体也可称为技术人工物或技术物，这里用技术物体称呼，主要是想强调它的客观性。

[②] 鲍尔格曼认为，技术物与它的空间，即所谓的梦境是不可分的。技术物对空间的影响在于它能够把远处的物体和事件带到这一空间中来，使得这一空间变得有内涵和意义。一个技术物能够唤起的参与物必然不止一个，例如鲍尔格曼经常提起的火炉，它不仅把相关的取暖事件汇聚在一起，它还作为一个焦点，一个火炉，一个空间场所，会聚了全家的工作和休闲，并赋予这个房屋在家中的地位。同时火炉还意味着分工，它赋予家族成员不同的角色和地位。母亲生火做饭、父亲砍柴，同时火炉的运作，也代表着家庭运作的时间节律，何时起床、何时吃饭、何时休息睡觉，所以说火炉构成了家这一空间的重要内涵。我们对火炉不再有过去那样的重视，是因为家这一空间的焦点物已经转向了电视、手机和其他的电子设备。吴国盛：《技术哲学经典读本》，上海交通大学出版社2008年版，第414页。

[③] 《老子》，饶尚宽译注，中华书局2006年版，第27页。

空间，使空间具有价值性。

第一节　空间作为日常生活的一种存在

当我们作为一个生命体刚刚来到这个世界时，我们的身体就有了最为原始的本能性的空间感觉，这样的感觉伴随着时间而存在。在后来的个体成长过程中，我们逐步走向了更为广阔的空间，并由此认识到空间的复杂性内涵。

一　空间与时间

在当下的社会生活中，我们比较注重时间的改变。相对于空间，时间的变化更为明显和广泛。一般来说，我们应该把时间空间进行并列平等的讨论，因为对时间和空间的感觉是密切联系在一起的。但在具体的日常生活中，无论是作为群体还是作为个体，对空间的体验比对时间的体验要具有更多的感觉优势。空间感觉是一种康德所说的先天观念，就儿童的空间感知来说，要比时间感知早得多。人的感觉器官首先是用来感知身体所处的空间方位，以及身体所处的状况。我们对所要认知和观察的事物，首先确定的是它的空间内容，而不是事件发生的经历，即比较抽象的时间内容。抽象的时间感知，离不开空间认识的基础。因为时间代表着事件的发生，以及它的逻辑过程，对时间的把握要求的绝不仅仅是感觉器官，还要判断事件发生的延续性、持续性，但首先必须在空间中对事件进行复杂而又抽象的判断。

从发生学上讲，时间是从空间中脱离和抽象出来的，动物和人对空间的感觉具有许多相同点，而在对时间的感觉上，很显然动物的思维能力是不够的。有许多动物只对当下的事件感兴趣，例如，当它正处于饥饿状态时，它就在当下的时间寻找猎物，而对今后发展的事情漠不关心，大有今朝有酒今朝醉的感觉。现代的抽象时间，特别是钟表时间这种精确的数字化的主观实践功能所需要的时间观念当然不可能从动物那里看到。动物的时间最多归为日月星辰的变化，而不可能从这一空间变化中像人类一样抽象出功能性时间观念。

在现代技术下的日常生活中，时间的话题明显地多于空间话题。在日常活动中，人们行为的协调和群体的整合更多关心的是时间性问题。在许多种情况之下，即使空间没有发生变化，其中的事情也可能发生改变，从而导致时间意义上的变化。但我们应该看到，现代空间与时间二者的互为依存性。每当空间发生变化时，时间的内涵必然显现。因而包括社会学家吉登斯在内的许多人，对空间的理论化分析是不太够的。[①] 而对空间的忽视，特别是其结构的忽视，常常导致我们对新出现的许多事物，特别是对新技术带来的事物缺乏准确地把握。"一切社会学家都必须为一种越来越具有地理学意味的人类观留出空间。"[②]

在现代化生活中，我们明显地看到了对物理空间的忽视。例如，在地铁站里，经常会看到两张图，一张是地铁站点地理空间的分布图，另一张用一条直线标注各个站点的简易图，其实后一张是标准的时间站点图。乘客更为关注的是后一张图，因为在地铁空间中，乘客对实际地理空间的忽视来自坐地铁时，地上的物理空间与他们的行为是没有关系的，尽管他想从一个点的物理空间移动到另一个点的物理空间，但它们是通过地下的地铁相连接的，地铁技术实现的看似两个空间的连接从功能上讲是时间连接，是以时间来消灭空间，这时人们关心的是点空间与另一个点空间之间的速度和时间，除了时间他们并不与其他空间相关的地理空间位置发生联系。

空间与时间的关系还可以从量化关系上加以描述。尽管日常生活中空间与时间的关系相当复杂，但仍然可以用形象性的量化关系进行描述。在物理学中有一个公式，即 $s = vt$，从这个公式中可以看出，空间中的运动也是时间中的运动，两者都针对事物或事件，它是内置的，是事件的两个不可分割的属性。$s = vt$ 暗示以下含义：如果在一个空间中，空间中的事件与信息变化和传播比较快，那就意味着在有限的时间内，它涉及的空间范围比较广。例如在同样一个地理空间中，一列时速 60 公里的普

[①] [英] 安东尼·吉登斯：《现代性的后果》，田禾译，译林出版社 2011 年版，第 15—18 页。
[②] [英] 德雷克·格里高里、约翰·厄里编：《社会关系与空间结构》，谢礼圣、吕增奎等译，北京师范大学出版社 2011 年版，第 20 页。

通快车，涉及的这个城市与那个城市之间的联系就远不如时速350公里的高速列车，后者会把两个城市的许多空间资源整合在一起。如高铁的联通，使南京的大学老师能非常便捷地到上海去上课和做研究，而上海以及沿途的苏州、无锡、常州、镇江的学生也可以在南京的大学学习和进修，所以正是速度代表的时间内涵，或者说是高速铁路把原本松散的城市空间压缩为一个高度严密的新空间，一切都是由于速度导致的时间变化，从而导致原有的物理空间有了新的空间内涵，并且人们也坚信这个新空间是确实存在的。这种感觉到的新时间化的空间，是一种虚拟化的功能空间与物理空间有机结合的混合化空间，是由新技术带来的新速度导致的。当然，混合化的空间也可以切换为物理空间，如伊德所说的，当人们佩戴的眼镜失去功能时，人们才会回到真实的世界。[1] 同样，当火车速度突然变慢，回到时速40公里时，真实的日常生活的空间就会再现。

二 空间内涵中的场所

在日常生活中，我们谈论空间时有两个概念总是要提及，这就是地点和场所，这两个概念存在一定差别，在现代技术渗透到空间内涵后，应该说地点和场所的意义都在发生着变化。

地点是我们在日常生活中经常用到的词。例如食堂在厂区的东南角，它似乎是简单而又抽象的坐标系上的一个点，但食堂的空间内涵并不能用简单的空间中的地点来加以表示和描述。要表示食堂在空间中的在场，就必须有一种空间关系来加以解释，这里涉及食堂概念中的场所。场所是指空间提供互动用途的环境，互动环境反过来成为说明其情境性的基础。场所由身体、身体的移动、身体和周围世界物理特性之间的关系构成。场所给潜在的许多事物的规则提供了存在的依据，场所可以通过它们的物理特性来表示，而这些物理特性，要么是物质世界的特征，要么是自然的物质世界与人工制品结合后的特性。当然，应该看到，食堂只

---

[1] ［美］唐·伊德：《让事物"说话"：后现象学与技术科学》，韩连庆译，北京大学出版社2008年版，第55—58页。

有被看成它在这一空间中的服务功能,即这一相关空间中的一系列社会关系的行为,才能被认为是空间的场所。所以说,场所概念的描述在日常生活中要比地点描述的内涵更为丰富和准确。场所的边界比较模糊和不确定,它包含的内容具有无限性,因而,场所既具有自由、开放的特征,又具有匿名性和陌生性的特征。

在日常生活中,许多事件必须通过场所来加以展开。事件处于空间的场所之中,确定一个完备的事件,就是它在场所、区域或地区的一种意义。场所确定了空间系统中的重要事实及其相互关系。当我们强调不同场所之间的异同点时,场所又会产生另一种意义。我们知道,地区一般意味着某些事件在某一场所中发生相互联系,人们用地理因果关系演绎推理来分析某一场所、区域或地区内的例外因素的融合及其相互关系,结果就得出了某种特殊的区域、地区或场所。当我们解释像一个邻近地区、一座城市或一个区域这样复杂事物的性质时,就会把所想到的因素和意想不到的因素融合在一起。

在日常生活中,场所有以下几个基本特征。

首先,场所的物理空间范围是不固定的,它可以是一户人家、一个小区或一个较为封闭的城镇。例如,在改革开放之前,许多空间比较大的国有工厂都以他们的围墙为界,来经营他们的厂区,厂区中有幼儿园、医院、子弟小学等,在这个场所中实现了某种综合性社会关系功能。而同时,场所也可能是某一个确定的地点,甚至就是指村头的那棵老榕树下,这种场所的内涵是指它具有的内在的区域化功能,这种内在的区域化功能就表现在各种情境能够在其中进行互动,也就是说,它是一个带有时间性的事件之间进行互动的空间。在这一空间场所中,主体的日常行为能够进行顺利的交流。

其次,场所是用来提供互动环境的。正如上文所说的,场所具有一定的综合性,它为各种因素提供了一个综合的可能。场所在某种程度上就如一个容器,把各种相关的东西按照容器所特有的规则安排在一起,从而形成容器的功能。这个功能的主体都是日常生活场所中的人,它在日常生活中有其固定性和稳定性,即每天如此,具有循环特征。也就是说,场所为各种潜在参与情景的人提供了一种稳定的固定的平台。所以在这里我们又可以看到场所的另外一个特征，即场所并不一定指哪所房子，在某种程度上它意指的是房子的功能，即房子提供了吃饭、谈话等情境的生活，因而它是一种功能性的东西。

再次，场所和地方之间的差别在于，场所比地点更为抽象，地点常常会被归纳为具有测量意义的地方，而场所则更多指空间的功能，当然，场所是离不开地方的，因为地方是可以看得见摸得着的位置。场所中的变量和构成元素在时间轴线上处于移动和变化中，而地点则具有比较固定的坐标点。也就是说，地点与物理的物和事件构成了场所。要注意的是，地点与物理的物是实在的，它的价值性也是实在的、具体的，但场所的价值则是在某一个时间节点对人的活动的价值意义，它并不固定，是随着事件的发生而变化的。

最后，场所的身体性特征是抽象的。不论是地点还是场所，都在其中存在一个定位的东西，这个定位的东西，就是作为生理的人之身体。身体看似是一个物的东西，对于空间和场所最多就应该是一个参考系的事情。但实际情况是，身体确实会对周围的世界进行比较和量化，它会对场所进行潜意识的测量，会评价场所的安全性以及与主体的关联性，并且用身体努力试探如何最有效地切入这一空间中去。

三　空间的几个特征

空间是以身体存在为基础的空间，它既包括物理学意义上的纯粹抽象空间，即像欧氏几何那样的平铺直叙的单调空间，也包括实践意义上的人的身体触及的，进而形成以事件为内容的实践空间。空间作为日常生活最为基础的内容，是复杂的，难以从一个角度、一下子准确地把握。但不论怎么说，空间有以下几个最为基本的特征。

首先，空间是一个历史的概念，是动态变化的空间。日常生活中的空间概念是随着日常生活的变化而变化的，空间变化的逻辑内容也是空间内在本质的内涵。事实上，在日常生活中，不同时代的人都在谈论着空间，他们的观念是不同的，因为在不同的时代和文化氛围之中，人们以不同思维方式谈论日常生活的空间。例如，在对田野广阔性的理解上，居住在城市里的人和居住在农村的人就有较大的差别，生活在山区里的人和生活在平原上的人也有质的区别。即使对于同一个人，他在人生的不同阶段对同一空间的感觉也不一样。记得小时候我生活在苏北的洪泽湖边，那漫长的大堤和一望无际的芦苇显得单调而又孤独，能看到几只小渔船在湖面上飘荡已经让我激动不已，听到从很远的湖对面飘过来的汽车鸣笛声，竟是那么令人向往，仿佛让我与在城里工作的母亲更接近了一些。而40多年后，当我驾驶汽车行驶在洪泽湖大堤上时，却感到心旷神怡，旷野是如此的宁静，湖边沼泽地上成群的鸟儿在寻食，一切仿佛都充满了生机，汽车已经将漫长的大堤缩短和改变为时间概念，每一段大堤都是均匀而又无差别的，它已经没有了人的身体感受所度量的内容，已经不再像我小时候那样漫长和令人痛苦。我一直在大堤上驾驶，却很难找到小时候的孤独感，因为开不了多远就已经到达下一个城镇，而这个隔壁的城镇是小时候大人嘴里的传说，是一个我无法到达的地方，充满着神秘感，而现在却在不经意间已进入我的眼帘。几十年后的今天，借助于汽车这一现代技术，洪泽湖空间的神秘感和辽阔感消失了。

其次，空间是我们日常生活思维的基础和出发点。对于所有的思维模式来说，空间都是一个必不可少的思维框架。从物理学到美学、从神话巫术到普通的日常生活，空间连同时间一起共同把一个基本的构序系统纳入我们思想的方方面面。我们的日常语言常有这样的表述，"每样东西都有它自己的位置"，或者"你所指的是哪个，是这边这个，而不是那边那个吧？"这显然是在提醒我们空间对思维活动的作用。"这边""那边""位置"都与关于这个世界的空间框架的知识的某一部分相关，简言之，物的出现或存在必定与空间有关。物被定义为一个事件或正在发生的事实。事件出现就是发生、降临或产生，存在应该与空间有关。这种空间与物的缠结以及空间概念被注入每一个日常生活领域当中，使得空间成为一个尤为重要但又很难分离和分析的概念。分析空间这个问题已经被复杂化了，因为人们是从物理学、哲学以及社会学等不同的层次上来谈论空间的，况且空间本身就不是空无一物的，它被各种各样的物质、能量或者事物所充盈。人们讨论空间、描述空间以及分析空间这个事实，意味着人们从概念上，而不是从事实上把空间从实体中剥离和分割开来。因此，当我们论及空间及其特性时，我们所指的是要形成这样一个系统，这个系统从概念上，而不是事实上，把自身与事实及事实之间的相互联系区隔开来。

因为我们所有的思维模式不可能是从抽象到抽象的逻辑推演，这一点即使在数学理论中也很难做到，我们的思维总要借助于某些可以依赖的东西和事件，并且在许多日常生活的思考中，借助身体作为出发点和终结点，以此为参照物进行思考。空间将日常生活中的一些要素和事件与时间一起组合在一个最为基本的构序框架内，使得我们能够清晰地思考。

其实，我们日常生活中最为普通的语言都必须借助于空间来进行叙事。例如以下这段日常对话。

问：你吃过了吗？怎么会吃得这么快。

答：哦，我吃的是食堂。

上述的日常生活对话就提到了具体的空间和抽象的空间。我吃的是食堂，是一个具体的场所空间，也是主体在空间的分布，这种分布，如果不借助空间来加以理解，则很难进行下一步的对话。

最后，空间具有客观的实践性。马克思主义的实践性，是指利用技术人工物对客观的环境进行改造的主体活动。实践是在空间中进行的，这样，它也赋予了空间客观性和物质性。实践是具有感知性的，特别是在日常生活世界，实践的感知性和身体性更为明显。所以说，空间是一种感知，即以身体存在为基础的空间。在这一基础之上，空间是按照人的实践需要而抽象出来的一种功能性空间，当然，这种抽象空间仍然要以实践感知为基础。具体地说，空间的实践性有以下几个含义。

第一，正是在实践基础上，空间与技术两者之间关联起来。因为空间是物的空间，而实践之物又与技术人工物通过实践相互依赖。空间与物的关联具有显性的意义，而实践的具体性同时也带有隐喻的意义。显性就如广义相对论中的空间，物体质量的存在会导致物理空间的变形，从平铺直叙的欧式几何空间变成非均匀的弯曲空间。而空间的物的隐喻意义在于，社会空间在日常生活下不是平铺直叙的，几乎现在每一个日常生活空间内容的变化，都与电视、自行车、飞机等诸多技术人工物所构成的事件有关，而空间的扩张也就是技术物体所构成的空间的扩张。

从这里我们可以看到，尽管空间是客观的，但正是物的空间，使得空间具有了人工物的构造性。技术，特别是技术人工物，是与人有关的。在实践意义上，是物的创造赋予实践内容和动力，而正是物的存在产生了物的空间和时间。例如，正是收音机产生了收音机的空间和时间。收音机置放在汽车中，使得汽车的空间与外界联系起来，汽车通过车厢里携带的收音机电波，把自己伸向远方，当然更为准确地说，是把远方带到了近前。而在20世纪70年代，一家人围坐在一起，吃着饭，听着刘兰芳的评书《岳飞传》，形成一种特有的家庭文化氛围，而这氛围当然是在空间框架中构成的。因而，我们把物，特别是现代技术人工物，如收音机、电视机等，看成一个在日常生活世界中创造出来的事件，它隐喻着正在和即将以它为焦点而发生的事件，也就是将要产生和形成的事件性空间。应该说，空间与技术人工物缠绕在一起并注入我们日常生活的每一个事件之中，这反而使得原本比较清晰纯粹的如牛顿物理学那样的空间变得难以分析和理解。

在对日常生活空间的具体化理解中，我们认为空间如果没有物与物之间的关联，就不可能彰显自身的存在。特别是在现代技术及其科学技术方法之下，有时候现代技术会直接构建我们对日常生活的空间内涵。

正是由于现代技术生产的技术物已经超越了传统的一般人工物，带来了我们对日常生活空间的新理解。例如，在20世纪60年代，如果我们要找一个人谈话和办事，可以骑自行车或步行前往，那么我们对这个人所处的位置和距离都有一种切身的感受，这种感受通过自行车或步行丰富起来，我们对周围的村庄和小河等空间的布局和内容有了一个具体的认识，特别是针对时间的事情性体会也会与空间相互关联起来。例如，我在骑车去我姐姐家的路上遇到一个熟悉的小伙伴，我会停下来和他说一会儿话，然后在路过一个棋摊时，会看那么一会儿，即使恋恋不舍地离开后，也会在后来的路程中认真地思考那步棋，于是路途变成了我思考的地方，时间也在感觉上变短。所以你可以发现一段路程是一个很有意义的叙事路程。但现在不一样，我们在平常办事情时，严重地依赖手机，我们只要发一个微信或消息，或进行一段手机视频对话，就可以解决要办的事情。也就是说，在这一过程中，物理的身体感受到的空间全部隐藏起来,都开始隐于幕后,唯有我们将手机丢失时,才能感受到现实的物理空间。事实上,我们除了知道对方拿了一部电话外,并不知道他身在何处,是通过什么空间进入我们耳机里的,这些事情都不再在我们关心之列,而其结果就是,我们对日常生活空间的理解,对我们所涉及的过程以及空间的存在状态的了解是不完整的和片面的。我们也不可能知晓我们存在的空间事物之间的逻辑联系是什么。正是在这个技术时代,许多的技术工具,如手机、互联网、高速公路和飞机等,让遥远的地方变得如此易于到达,让我们忽略了距离,故而丧失了对日常生活空间的感性判断,在这时,有意义的叙事物理空间已经消散了。

在上述的讨论中,我们可能会注意到我们在讨论空间时经常会用到的两个概念,即物和事件。其实,这是一个问题的两个方面,谈论物是指空间中存在之物,而物之存在必然涉及物以何种方式而存在,这就涉及此物对他物的所指,从而涉及关系,而关系则表现为具体的事件。事件仅仅指物的时间性的表现形式。空间是关系论的,因为空间并不是原质的,仅当各种实体在某种意义上在场,空间和时间才能显现存在。因此,如果没有两个实体同时在场,即构成一种并存的镜像关系,那么时间和空间也就不能显现。例如,一辆拖拉机置放在那里,它不一定构成有意义的空间,而如果将拖拉机与田野的麦子形成相互关联,那么这个空间就产生了叙事,时空的感觉就会立即显现。

当然,应该看到的是,对某一个社会意义的空间的清晰了解,常常依赖于我们对其中的一个事物,特别是决定其空间性质的事物的了解。例如我们对收音机的空间的了解,取决于我们对收音机本身的技术性质以及我们在日常生活中是如何使用收音机的了解,这样我们才能准确地知道收音机空间的边界在哪里,而不是认为它的边界就是一个盒子。

第二,空间的特征具有一种关系性,人与人之间的社会实践关系构成了空间的立体内容。对于这一点其实很好理解,因为空间是实践性的,而实践是一种社会组织的活动,并由此创立了社会关系,而社会关系本身就是为了实践的需要而产生的,因而实践的空间性也就转换为社会关系的具体化内容。但只看到这一点是远远不够的,这主要在于,实践仅仅是一个桥梁,真正的社会关系的空间性是技术作用于社会的具体显现。

因为作为决定实践内容的一个重要方面，实践工具和对象常常都表现为一个技术人工物。例如一个机床工厂在使用数控机床加工飞机部件时，它的对象和工具都是技术人工物，同时进一步说，即使是工人，他也是技术人工物之间的中介，他本身也被工具化和对象化了，也就是说，也被技术人工物化了，他的知识和技能培训也说明了这一点。因而这种实践的形式，即作为生产组织和我们日常生活组织的形式是由技术人工物来决定的。技术人工物之间并不是孤立的，而是相互关联的，它就如流水线一样，每一个部件之间是相互依赖的，因而由技术人工物组成的空间实际上是严丝合缝的有机体空间。

一旦我们发现在这一框架内物与物之间存在着关联，即实践关系，例如一头水牛、一个孩子、一张犁以及水田，我们立即就发现，距离和方位赋予了它们某种社会空间的意义，即在关系的支撑下，这种抽象的自然空间就被加入了社会的日常空间的含义中。

就这一点来说，康德的空间理论是有一定的道理的。康德认为，关系客体，即互为对映体，证明了空间，对映体之间是一种互为镜像的关系，就如左手和右手的相互区别与依赖关系。然而，若是在仅有一只手的世界，又怎样来区分这种空间关系呢？所以用对映体来分析空间的拓扑结构内容可能并不是一个绝对化的方法。

第三，每一个子空间并不独立，它们由技术原理构成一个更大的整体空间。每一个技术人工物产生了一个相对独立的空间，但每一个技术人工物并不独立，必须依赖其他人工物才能被赋予意义。例如，生产轮胎的工人的空间和生产铁皮的钢铁厂工人的空间是有关系的，因为他们是更大的技术体系空间的一个子空间，很显然，在一个更大的空间中，子空间与子空间之间必须是协调的、一致的，它们内在地服从于整个空间中的一个决定其性质的东西，而这个东西就是技术体系的技术原理。更准确地说，就是这台机器体系的基本技术原理。所有的技术工具构成的个体空间不是独立的，它必须消除掉自身独立的冗余性空间，例如，一个独立的照相机必须有镜头、按键等一系列零件，而手机也有听筒、屏幕等一系列部件，但当照相机被嵌入手机中时，由于键盘和屏幕等许多部件的重合，就会导致原来在个体空间中必不可少的元件成为新空间的冗余。所以这个新空间必须进行新的有机化整合，空间会变得更加紧凑和有序，也更为复杂，[1] 而控制这些变化的，正是技术体系的内在原理。所以正是技术人工物的体系，决定了实践世界的体系，从而决定着生产关系的空间体系。

第四，空间的关系说明空间的本质是由社会关系建构的。而社会关系在空间中的存在是以社会活动的活跃度为标志的。如果对社会的活跃度在地理空间中进行形象的描述，则这一空间像一个起伏变化的表面，有的社会活动的活跃度地域处于高点和热点，而有的处于低点。例如在一个城市的市中心，在有限的空间中，社会关系的复杂度和活跃度就很高，是各种信息流动比较密集之地，而在边远的市郊，空间就相对平缓。有的人把日常生活空间中的表面繁荣，如人口流动性、经济活跃度，看成是日常生活的空间要素，其实实际的生产关系是由技术系统构成的无形网络，这才是空间的核心。即我们考察日常生活，不应仅停留在对热点空间的考察，而应看到各个点空间的相互联系和功能分工，看到作为技术体系核心构成的各种关系。很显然，日常生活中的角色分工是社会关系的核心内容，这样每一个空间角色分布都意味着一种新空间。

也就是说，在空间分布中存在着冷空间和热空间，冷空间和热空间的功能有区别。热空间存在于活动比较密集和频繁之处，是空间的主要功能显现，也可能就是技术体系中的核心部件之地，是信息处理的汇聚之地，这相当于电脑之中的 CPU。而冷空间则相对来说功能少一点，这就如房间里的储藏室，是一个偶尔会去的地方。冷空间的大小比例代表着这个空间的紧凑程度，一般的趋势是，在空间产生的最初时候，冷空间占有的比例比较大，而且各个空间之间的空隙比较大，而到后期，由于技术体系结构的紧密和复杂，特别是随着系统功能的增加，需要的辅助空间也随之增多，对空间功能的需要也随之增加，空间开始逐步紧密。

冷空间对热空间的作用，就有点像社交场所的前台和后台。后台尽管并不在聚光灯下，却能够为私人提供一个补妆的空间，不至于一直处

---

[1] ［法］贝尔纳·斯蒂格勒：《技术与时间：爱比米修斯的过失》，裴程译，译林出版社 2000 年版，第 85 页。

于仪式化、紧张化的空间之中。因为在许多热空间的前台场合，后台的冷空间是封闭的，这种对立是空间功能的要求，而不是人的要求。而这时，在冷空间是行动者找回在前台情境中被损害的地方，或是处理自主形式的区域。所以冷空间包括抽烟区、洗手间和开水房等，这些区域，即热空间还暂时无法达到的区域，常常让行动者得以喘息片刻，找到在前台失去的自我，得到充分休息后再进入前台。

第五，技术之间的内在一致性、统一性，决定了空间的统一性。对于空间来说，特别是我们日常生活的空间是否有一种实体能够决定整个空间性质呢？从不太严格的意义上说，这样的技术物体是存在的，尽管它不能把我们日常生活的所有内容都整合在一起，但它能决定这一空间的风格。例如，在家庭空间和社群空间中，这样的实体是存在的，这一实体会影响着空间中的其他实体，并使得其他实体反过来强化了这一实体的影响力。例如，家庭的无线网络结构，构成了许多家庭与外部空间的连接，尽管它自己单独作用不可能构成家庭空间的全部性质，但它能对日常事务，如打电话、看电视、外出办事、与外界沟通等产生许多改变，而这些改变也要求强化网络空间的构成，从而导致家庭空间结构成为多样性因素决定的一个统一体。正如马克思所说："具体之所以具体，因为它是许多规定的综合，因而是多样性的统一。"也就是说，空间中的某一个因素的决定作用是空间内的许多因素调动和具体结合的结果。它们之间有内在一致性的东西，因而能够统一。这就如机器的各个部件都作用在一个核心部件之上，而各个部件与核心部件是靠机器原理，即部件之间的内在一致性才能结合到一起的。

总之，日常生活的空间是由技术物体支配的，它的空间性质和内涵充满着技术性内容。由于不同的感知，特别是描述、评价或分析会导致不一样的空间概念，因而，在我们对日常空间的探索过程中，可能会经常碰到不一致的术语以及空间含义不明确这样的问题。为了避免出现这种情况，找到一个描述、分析或评价空间的视角是很重要的，而这个视角应该是很宽广、明确和众所周知的，这个视角还应该能够成为其他含义的标准。由于现代技术在我们的日常生活中的重大影响，使我们在寻找这样一种视角时，自然而然地求助于现代技术。在现代技术社会，技术的影响是普遍而深远的，所以，这些经过改良了的技术化空间内涵已被人们不加批判地、无意识地引申到我们对日常生活事物的分析中。对这些假设的不加批判的接受，意味着这些假设及其含义在日常生活中并没有得到充分的理解。可是在日常生活中，想要详细地阐明这些概念也不是一件容易的事。

四　日常生活空间的主观性

空间具有主观诠释性。空间实际上是抽象的，而绝非是表面的东西。我们的感知也是抽象的，感知也对表象的东西进行抽取和选择，并进行价值评价等。同时，不同的人和群体对外界的评价标准不尽相同，特定的经历和经验以及特有的生理特征决定了我们对空间中的距离、大小、形状和空间模式以及内容等，都有不同的描述，看似客观的亲眼所见的描述，在不同的视角、空间中都会以不同的方式显现在我们面前。由于我们对技术人工物的认知程度并不相同，感觉经验也不尽相同，因而对空间的感觉也会发生改变。有时候，技术人工物能够使人对空间产生另外一种感觉。例如，一个熟练的驾驶员通过倒车雷达不同距离的鸣叫声，就能准确地判断车身与障碍物之间的距离。但当他已经熟知这一声音符号时，他就会把声音和车身危险的紧急程度以及需要的操作联系在一起，这时，空间距离，即车子与障碍物的距离反而隐身而去。而唯有当他对这一声音理解错误，如倒车雷达出现问题时，空间才走到台前，让驾驶员获得距离的经验感受。所以空间有主观的一面，正如小孩和成人对同一空间的感受不同一样，熟练的司机和刚开车的司机对汽车所占有的道路空间的感受也不完全一样。

空间随着人们观察视角的变化而变化。由于在各种不同的情况下，我们对事物之间的空间关系的感知和描述是不一样的，故而空间时常会变换自己的含义。距离、模式和形状有不同的呈现方式，这使得人们可以从不同的视角对它们进行不同的描述。从某一个角度看，一个圆圈也许呈现为椭圆，而从另一个角度看，假如还能够从整体上加以辨别的话，一个圆圈也许并不呈现为闭合的曲线图形。空间及其特性以不同的方式呈现给我们，而我们对它的描述各不相同，因为我们每个人对细节与文化环境的关注、所接触到的技术、所接受的教育以及所处的人生阶段都各不一样,空间的样态就如以下原因而发生改变是一样的:视障、听障等生理学意义上的残疾人,或者感官系统不成熟者,例如儿童,他们对空间关系的感知不像健康成年人那样完整。

之所以会有各种不同的空间概念,原因在于:在不同的抽象层次上,都会出现空间概念的相互分离与相互关联;同样的,在不同的观点以及不同的思维模式当中,也会出现空间概念的相互分离与相互关联。在每一个层次或模式当中,任何一个空间概念的生成均各不相同,而且,每一个空间概念所具有的重要性与意义,依其与感觉和从中可以抽象出某种空间概念的事实的关系而定。粗略地讲,可以把某一空间概念的生成看作一个连续系统,开始是感知,然后是描述,最后是分析和评价;每一个过程也并不是相互独立的,因为我们所感知的内容部分依赖于我们如何评价、分析和描述,而我们的描述、评价和分析也依赖于我们的感知。我们有选择性地去接受和识别世界上的某些刺激,并且只对这些刺激做出反应,从这个意义上来讲,感知本身就涉及抽象。当然,很明显,抽象也发生在我们的描述、评价和分析当中,这些方面在很大程度上决定了空间的概念。虽然关于空间的概念明显是抽象性的,但是,这些空间的概念还是会涉及对空间关系的感知以及对这种感知的描述。

具体地说,空间的主观性表现在以下几个特征上。

首先,空间的主观性构画离不开空间的客观性。当然,这里强调空间的主体性和实践性,并不是说空间没有一个不因外界变化而改变的基准线或中轴线,也就是说,绝对自然的空间是一切其他空间的中轴线和标准性,其他空间都是围绕着它进行不同方式和内容的展开。我们知道,绝对的现实世界的物理学空间是随着物质质量在空间的分布而不均匀存在的,尽管这显然是针对微观世界和超宏观世界而言的,对于我们日常生活的世界,即中观世界来说,这种纯粹的自然空间仍然有其存在的价值。因为在日常生活中,各种具体事物都发生在中观世界,而不是微观世界,而人们感知的也正是这个中观世界的空间,所以对这个世界的空间的描述,就是一个抽象的三维的欧氏几何空间。远古的希腊和东方都能不约而同地抽象出这个几何空间,这反过来也说明了这个空间对描述日常生活世界的实用性。也就是说,这是几何学,即纯粹抽象的科学赋予人们的最可感知的抽象空间。这样,空间就是一个框架,里面就是空无,而事件和事物都可以坐落于其中,属于框架之内。实际上,空间的这种框架性,如方位和距离,是日常生活的空间概念的基础,也是空间的基准线和中轴线。

绝对空间的框架性的重要性在于,尽管空间只能存在于对象之中并通过关系来达到确认,但它并不依赖于在场的特定类型对象。恰恰是空间关系相对于那些构成它的对象而具有的这种独立性,使得绝对空间概念在日常思维中具有一定的合理性。例如我们居住的家,之所以成为"家",是因为其中有家具和生活用品,但当这些物品发生替换时,我们发现家中有一部分抽象的东西,如情感、回忆以及生活的惯性思维等,并不是立即就发生变化的,作为一种框架,它仍然存在着,所以说,绝对的抽象空间,即几何意义的空间仍然是我们日常生活空间感觉的底色,是我们定位事件和理顺它们关系的可靠依托。

其次,空间的主观性还表现在空间的个体性上。在生活中,人们对于所处空间的感知显现的一个重要条件在于他所处的空间具有一定的特殊性。在具体的活动中,在与其他空间发生相互联系时,其特殊性会立即显现,人们会认识到自己所在的个体空间。所谓个体的空间是指个体意识到自身作为在特定时期从事特定的生活,在特定空间地点上的主体的在场。也就是说,物理位置变成了一个人自我的延伸。外部世界以及物理的社区位置本身似乎内化为一个人内在自我认识不可分割的方面,于是,一个人对自身的看法和在日常生活中所处的地位,同他对有限互动的空间范围的概念融为一体。这里以对距离这一空间的感知为例来说明这一点。在通常情况下,即使是不使用现代技术人工物,我们对距离的认知常常也会与实际的距离有偏差。距离会随着我们在整个路程中的感觉而"缩短"或"变长"。我们会觉得去一个我们不喜欢的地方的距离比去我们喜欢的地方的距离更长。赏心悦目的风景或令人愉悦的同伴会"缩短"旅程,而单调乏味的风景和烦人的同伴则会"延长"旅途。

近年来,人们试图"客观化"这种主观的感受,并确定感知的或认知的距离与实际的距离之间的定量关系。例如,我们在山区问路,有时候就会发现一个有趣的现象。看见一个挑夫问他离目的地还有多远，挑夫回答还有 10 多里，而当我们走了 4 里多路后，再问一个农夫离目的地有多远，这个农夫则说快了，过一顿饭的工夫吧，而事实上上述两人的描述都不对，为什么会出现这种误差呢，一方面是因为他们平常对里的概念的理解不一样，而另一方面是因为他们所熟悉的空间丈量的方法根本就不是抽象的里数，而是他们那里特有的生活事务，于是造成上坡的路程和下坡的路程尽管一样长，在他们的描述中却是不一样的，而对于我一个开着汽车的司机来说，由于车是机械的，我坐在车里对上下坡的感觉就不如挑夫那样有具体的深入感受，同时我又被沿途美丽的风景所吸引，所以我们对这 10 里距离的感受也不相同，而唯一的标准是汽车公里数。

　　认知距离在更细碎的层面上的不同，也许只能部分地归咎于人们获取信息的手段不同。我们会发现，里程估算、长度估算和比例估算，都会导致对认知距离的不同估算。而这些不同又随地理尺度的变化而被扩大。

　　最重要的是，从空间关系的观点来看，个体感知到的距离和真正的距离之间的联系取决于个体、个体的目标和旅程。不幸的是，人们对这些因素所带来的影响知之甚少。然而，在解释认知距离这一问题上，人们再次感觉到了这些因素所带来的影响。

　　另外，个体对空间物体的熟悉程度也影响着他们对空间概念的认识。我们的行为的碎片化，以及能够把道路和交通网络从我们的视角和眼界中移除的技术设备的使用，都使得我们对自己的很多行为进行具象的思考。如果我们想与某人在电话里交谈，除了电话的位置外，我们不必关心任何东西的位置。如果此人对他周围的环境熟悉的话，甚至电话的位置也不必关心。熟悉让我们得以不用想象物的空间排列，就能完成许多复杂的移动行为。事实上，想象这样的排列也许会妨碍我们的某些活动。经验丰富的钢琴家弹钢琴时不会想象键盘的位置所在，熟练的打字员打字时也不用回想键盘的位置。如果钢琴家和打字员要想象键盘位置的话，就不能流畅地弹琴或打字了。

　　在比较中会发现个体对空间感受的特殊性。空间沉淀了个体对生活的印记。客观来讲，人们总是试图客观化地寻找日常生活的空间，而事实上，空间的主观性才真正赋予了空间日常生活的意义。空间的主观性可以表述为：人们的行为根据不仅仅是世界的存在方式，还有他们感知世界的方式。知道如何看待这个世界（所谓的知道他们真实的心理环境）将会有助于解释和预测自己的行为。而且我们觉得，通过自己的眼光去看这个世界将使人能够更加深入地理解自己的行为。

应当根据空间—技术物体轴线，从行动者的视角来描述空间中的位置和范围，并期望这种新的描述能够意义深远地与技术物体和环境联系起来。这样，特殊的空间特性以及一般变量的重要描述就不仅仅限于从以下途径获得：局限于科学所描述的证据和资料、"客观的"观察者们所提供的证据和资料。当然，空间—技术物体轴线最主要的目的还要让行动者的主观状态转化成与客观相一致的状态。

所以说，对空间的准确的客观的描述，只具有抽象意义，感知空间和客观空间（假定存在着我们相信的纯粹的共同标准的空间的话）之间的差距是由个性或集体自身的性质决定的。用认知的空间测量来取代自然的空间测量，以及认知的技术工具，例如汽车、自行车、行走，都具有决定性意义。可以说主体利用客观的工具对空间的认识要比自然空间和客观空间重要得多。特别是在当下，地铁、高速公路、手机都可以把我们的世界从传统上必须要触及的空间移开，并且这些空间是依据我们的主观而有定向性选择的，例如一个文艺工作者对技术构成的空间的关注的意义和一个社会学家的空间关注的意义就有质的不一样。对于一个文艺工作者，他所看到的机器空间，是有节奏的、规则的，甚至这种空间还存在着一点浪漫，而对社会学家而言，这一空间的组织意义，劳动协作而构成的空间意义才是根本性的，尽管他们看到的都是机器空间。

事实上，我们说空间的构画过程带有主观性，这主要不是指主观的故意性，而更多的是来自主观的潜意识。这就好像我们小时候看过一片油菜花地，周围的学校和厂房构成了一个特有的春天意义的空间，由于这一段童年的记忆是美好的，因而我们在成年后的回忆中，会不断地把一些美好的东西加入进去，例如蝴蝶、温暖的阳光，而一些不美好的东西可能就会在回忆中被忘记和剔除，这样就构成了一个更加美好的画面。

而现在在现代技术作用中构画这个空间画面也会发生质的变化。马克思在《1844年经济学哲学手稿》中提出:"动物只是按照它所属的那个种的尺度和需要来构造,而人懂得按照任何一个种的尺度来进行生产,并且懂得处处都把内在尺度运用于对象;因此,人也按照美的规律来构造。"

为什么会出现这种现象呢?这是因为情感对于调节感知与空间概念有着重要意义。人的潜意识的特殊经历、生活环境,会让我们的情感对空间之物赋予不同的价值意义。特别是当具有强烈意义的空间物体和工具出现在认知的空间之中时,空间的特质必然带有情感性。处于这种环境中的人,会把物体的情感与其他好多事物都纳入到这一空间之中。当然这些由情感带来的其他联想性空间,也可以看成是伴生空间,这就如看到火红就会感到温暖一样。

五 现代技术对三种空间关系的重构

作为社会的空间,与自然的物理空间和认知的心理空间是有区别的,但后两种空间内涵在日常生活中常常被纳入空间性的社会构造之中。不论在现代科学技术发生前还是发生后,这三者都是相互关联且相互重叠的,即使我们可以独立地创立纯粹的几何学,且能够单独地建立自身逻辑完备的理论,也并不意味着这一纯粹几何化的抽象的物理空间是独立存在的。而现在,技术不仅重新构筑物理空间,也在创造新的认识工具,我们的心智空间所感觉到的内容也发生了质的变化,而且这些质变都已经被吸纳到社会空间理论之中。也就是说,社会空间在随着物理空间和认知空间的变化而有改变。同时,物理空间和心理空间在现代社会也很难进行独立化发展,因为二者在很大程度上都受到社会空间的生产限制,因而它们的内容必定会被理论化和理解为日常生活空间的一部分。

日常生活空间在纳入物理空间和认知空间时,所经历的过程比较复杂。首先是自然的物理空间影响着社会空间的生产和发展,社会的物质性内容很显然离不开自然的物理空间性内容,但是随着人类社会的发展,人类开始创造一种人工自然空间,例如房屋和街道以及碗、陶器等容器,这是一个由技术建构起来的新的物理空间,即人工物空间,例如城市就可以被看成一个巨型容器空间,在城市中有许多个作为物的聚焦点的较小有机空间,例如因飞机发展而产生的飞机制造厂,因摩托车发展而建起的摩托车厂,还有在厂与厂空间之间的神经网络系统,如饭店、电影厂与浴室以及街道,这些物质性人工物是为了使得整个大空间有机和更有功效地存在,所以说,城市就是巨大的人工物,即现代技术堆积起来的物理空间,但这个物理空间的建立依赖于社会关系的空间性质。

城市物理空间的发展最能说明这三者之间的关系。日常生活关系,以及它的文化和民族特质等,都决定着城市物理空间的特质。例如,古代成都的形成就相当明显,由于充足的水源和适宜的气候,以及地处平原地带,使得成都很早就形成了充足的社会休闲关系,民众在吃穿住上都相当讲究休闲,而这种休闲又同时决定着城市空间的建设内容,从而又进一步影响着社会的心理关系空间等。所以说,城市是一个物理的空间,同时也是一个完全社会化的空间。其实,人的心理认知空间与社会空间的融合生长,也大约与此相同。但认知空间的融入更具有主观性一点。人们借助于认知空间对社会空间进行社会生产,而生产过程也是认知空间被改造的过程,是把认知化为社会空间和人造空间的一部分。这样,人们的文化、心智等内容就成为空间性生产的一个重要组成部分。

那么,将其三者结合在一起的动力又是什么呢?

第一,是技术展开下的人工物和技术展开的时间过程。即这三者的结合不是静态的,而是动态的过程。这一过程中反映出结合的动力,这个动力的核心就是人工物的不断进化,技术进化导致三者空间的关系常常出现不均衡发展,它们在不断地调节平衡过程,三者发生了变动,进而不断地磨合和分裂。因此,空间性是一个不断变化的东西。日常生活的空间性作为社会变化的基础之一,能够在技术系统进化中不断地生产自己并同时补充自身的缺失,从而表现出它的稳定性和进化性,日常生活的空间能够随着技术物进行彻底调整和重构,从而显现它的日常生活的内容。因而空间生产的动力是由技术人工物的变化而产生的。

这里以做饭为例来说明这个原理。在农业时代,以木材和草为燃料的灶台构成了特有的家庭空间生活。灶台所处的房屋是主屋的侧房,因为主屋是面南的,因而侧房是东西面向。灶台安置两口大锅,在做饭和炒菜的同时，可以把中间的一个水罐中的水加热，以便于早上洗脸晚上洗脚。由于灶台这一功能，决定了洗脸架和脚盆也在这里。而灶台前的小餐桌，即是一家人吃饭的地方。可以说，灶台这一物理空间，建构了家庭的心理空间和认知空间，也构成了社会空间最为基本的元素，即家庭空间。

灶台构成了家庭的心理认知。灶台需要烧火的原材料，这必然导致家的物理空间延伸，它必须要和田野和树林发生关联。同时，它也决定了家庭成员的劳动分工，丈夫在户外把农作物的秸秆或树林里的柴火运回家，而妻子忙于与灶台相关的家务，家庭主要是以灶台和母亲为中心的情感容器，这是来自心理产生的认知，即家带有容器空间的感觉。正如散文《灶》中描述的："后半年的灶火是砌在炕边的炉子，既做饭，又取暖。炉子一边是平台可以放置锅碗，一边是镶在炉子里的小水缸。冬季缸里的水常常是热的，舀出来洗把脸，暖和。炉子的正面大多都有一尺深的小窑儿，每天晚上睡觉前，大人总不会忘记给里面放些馍馍和红薯，第二天一早上学，红薯烤的软乎乎，馍馍烤的黄亮亮。晚上，炉子上的锅里冒着热气，提下锅，砂锅放上，酸菜扑扑突突冒着香气，一家人围着炉子，吃着家常饭，窗户的玻璃上流着蒸汽水，日子过得暖洋洋。"

而对传统的家的心理认知的式微，也是从灶台的消失开始的。随着煤气灶的普遍使用，做饭的便捷性使得一个人便可以操作，燃料的来源不再伸向田野和丈夫，而是来源于匿名性的远方。原来多个人的关系空间变成了一个人与全家的抽象关系，甚至符号关系。同时灶台也失去了温暖的心理感知，一个人在想到家的温暖时，可能想到的是由空调所构成的温暖的客厅，而不是冷冷的灶台。这正如亨利·列斐伏尔在《空间的产生》中说的："社会生产关系仅就其在空间中存在而言才具有社会存在；社会生产关系在生产空间的同时将自己投射到空间中，将自身铭刻进空间。否则，社会关系就停留在'纯粹'的抽象中，也就是在表象和意识形态中。"[①]

---

① [英]德雷克·格里高里、约翰·厄里编：《社会关系与空间结构》，谢礼圣、吕增奎等译，北京师范大学出版社2011年版，第95页。

从上述的分析中，我们看出，空间的变化最为关键的，还是来自人工物构成的空间，即人工物构成的空间变化导致具体的细微的日常生活空间的变化。

第二，技术的快速变化，导致日常生活空间发展的滞后。无论怎么说，物理空间应该是一切内涵空间的基础，新的空间就是在它的基础之上进行的社会变形，而社会关系形塑了这一空间，使得它的内部结构和空间中的热点和密度不断地发生变化，而现在这种变化的动力或者说这一空间描绘者，已经让位于技术的构建。这里以中国嘉陵江地域近些年的空间变迁来说明上述原理。

嘉陵江发源于陕西省宝鸡市凤县，由此向南奔流而下，切穿了秦巴山区，在四川广元市入川，流经重庆汇入长江，这是从远古直到20世纪80年代这片区域的物理空间，同时也是这一地区人们的生活空间。嘉陵江是这一空间的核心要素，由于它是川陕物资的进出通道，因而是这一地区性生活空间与外界空间连接的要点，在沿江两岸有许多空间都是生活热点空间，它自身也是黄金水道，可以说，这一空间的生命力和活力都是围绕着嘉陵江而来的！

随着科学技术的发展，人们对电力能源的需求不断增加，而嘉陵江又有水能的潜力，于是人们在这条江上陆续建造了16座水电站，同时嘉陵江的通航能力也有了很大的提升，然而这一热点空间近些年来却变得非常冷清了。空间的热点在这一地区快速地发生转移，许多热点空间甚至还不如20世纪80年代。那这一空间到底发生了什么呢？这主要来源于以下几方面技术的进步。首先随着交通技术的进步，空间存在的基础发生了变化。原来人们不得不依靠水路来运送大量的物品。水道在当时成了必须在这一空间中依赖的通道，然而现在筑路技术和桥梁技术快速发展，使得嘉陵江交通发生了质的变化，大巴山山区的高速公路如蜘蛛网一般，汽车已成为基本交通工具，而2017年开通的南渝铁路甚至与嘉陵江走向并行。也就是说，自然水流主导的空间现在被公路、铁路，甚至被航空取代了。其次，现在商品的信息化程度在提高，许多高附加值的东西，重量轻、体积小，追求的是缩减时间成本。大量的货物运输成本在新技术的使用下，已大大降低。新技术在这一区域空间的应用，已经对这一空间的热点进行了新的安排，这一空间的内涵和性质已经发生了质的变化。甚至嘉陵江这一空间中最为宝贵的水力能源，在整个四川省的电力发展中也不再具有空间的发展潜力，这一空间热点，已经让位给新的技术空间。

从这个例子中我们可以看出，尽管物理空间是社会空间和认知空间的基础，但物理空间的变化动力不再是自然本身，空间描绘者已经让位给现代技术。

第二节　现代技术视角下的空间性

之所以对日常生活的空间性进行追问，是因为我们当下的生活世界的最为重要的特征就表现在日常生活所带来的空间性变换上。现代的日常生活在功能谱系的进化中已进入快速的多向度的进化阶段，它直接导致构建我们日常生活基础的空间在内涵及特征上发生了剧烈的变换。这一变换导致现代空间相对于传统空间在内涵上不仅具有强烈的动态性和事件性，而且其空间特征也从实体空间转化为虚拟的功能化空间，从在身空间转化为去身空间，从有机的个体化空间转化为无机的整体化空间。这一空间的变换，已成为我们目前生活感受的主题，所以日常生活的空间性就成为我们当下要讨论的生活世界最为关切的话题。

一　现代技术视角下的空间性内涵

现代空间是动态性空间。对日常生活的空间性理解不能仅停留在对其静态空间的追问上。这里之所以选用现代技术作为我们考察日常生活的空间性问题的视角，就是因为现代技术视角下的日常生活概念具有动态性特征，它并不特指某一单个的人工物实体或技术样品，而是指技术样品在时间轴线上的展开序列，也就是说，它是指某一技术从最初产生的原始样品进化到目前的技术样品的系列谱系。[1] 现代技术视角下的日常

---

[1] ［法］贝尔纳·斯蒂格勒：《技术与时间：爱比米修斯的过失》，裴程译，译林出版社2000年版，第93页。

生活定义能够比较准确地反映空间动态特征，至少它与现实的空间动态性在以下两个方面是嵌合的，一方面，既然日常生活指的是动态的谱系，那么从对应的逻辑上说，由日常生活构成的空间，也应该指的是由每一个技术样品静态空间连接起来所反映的谱系空间。另一方面，由于日常生活是通过进化谱系来显示它的本质内容的，那么日常生活的本质就不是某一生活节点，而是在一个个节点的转换中所显现的进化的内在逻辑性内涵，并且它的逻辑性只有通过动态演化才能由隐性存在化为显性存在。同样，对应的日常生活的空间本质内涵也并不仅仅是静态空间的谱系，谱系空间应该表现在它的过程性之中，它的空间性主要表现在一个个静态空间连接起来的一种系列转换的逻辑性之中，以及空间扩张的趋势性上，即在动态性空间演化中显现的空间逻辑性内容。也就是说日常生活的空间是指不断变化的空间（space of becoming），特别是指空间变换的内在逻辑性内涵。

进一步说，动态性空间对日常生活空间的本质显现，有点类似于海德格尔的座架对技术本质的显现。在海德格尔看来，座架存在于蒸汽涡轮机、无线电发送器和回旋加速器这一类技术物之中，但却不是它们普遍的共同的东西，因为座架是作为一个动词而存在的（ge-stell），也就是说，在每一个日常生活的动态展现中都能显现座架，都能显现技术的本质。技术的本质——座架，就是作为存在并活动着的东西。同样，对于日常生活的空间来说，唯有作为变化着的（becoming）存在，才能显现它的本质，才能把日常生活的空间本质从隐蔽状态解蔽为显现状态。

现代空间是事件性空间。日常生活空间的内涵，不仅仅意指一个具有牛顿力学特质的自然实体空间，这一实体空间仅仅是我们认识日常生活其他空间内涵的基础，它同时还有更深刻的内涵，即空间不在牛顿力学空间内结束，日常生活空间还意指具有事件和场所特质的空间。当日常生活空间谱系在动态进化过程中时，必然涉及有关技术事件。例如最初的蒸汽机这一日常生活，它一方面是对应于当时的矿井抽水这一具体事件；另一方面它还对应着当时英国乃至整个欧洲大陆在民众中普遍流行的对机械动力代替人力的文化兴趣追求。Liss RoBerts 在分析 1777 年的几台纽可门蒸汽机样品所处的文化环境时就发现，这几台蒸汽机的制造是带有多重目的的。① 他发现，早期蒸汽机日常生活包含了它所涉及和引起的一系列社会文化因素。所以蒸汽机这一日常生活空间就应该在矿井抽水、流行文化时尚等众多事件中建构起来。

把日常生活的空间内涵延伸到物体的事件空间，就是把这一空间从狭义空间变成了广义空间，为什么可以这样说呢？这是因为技术事件表示的是日常生活的在世及其在世方式，即也是日常生活的空间叙事方式，因为有的日常生活的主要表现方式尽管是实体，但作为事件的叙说才是主要的。更进一步说，技术事件体现了日常生活空间去远化的触及和对空间跳跃性介入其他事件空间的方式，体现了日常生活在这个空间的在场。日常生活常常以特有的方式嵌入其他日常生活中，并且在其中发展了自己的空间内涵。② 这种空间进化发展方式在现代技术中是一种普遍的方式，因此很难说某一日常生活的空间就是在某一确定点的空间（place）。当然由此在逻辑上也可以得出推论，日常生活的空间分布是不均匀的，是随着日常生活事件的存在而发生密度性变化的。当某一日常生活空间在进入另一个日常生活之中，并逐步能够在新的环境空间中融合成长时，它相对于主体空间就是一个局部性相对闭合的空间，这一相对闭合空间在整体发展上仍然以主体空间为基础，并且对主体空间的扩张有贡献。

另外，事件的空间还隐喻着空间是在人的实践意义下的空间，是人这一实践主体在场的空间。更进一步说，日常生活的空间离不开人的身体的空间体验。如果离开人的身体体验讨论空间，那么这个空间就是纯粹的抽象空间，就会失去身体与空间关联的内涵。所以近些年来，有的学者特别重视日常生活身体体验内涵的研究。例如后现象学家伊德提出的由日常生活构造的四种关系，即具身关系（embodiment）、诠释关系（hermeneutic）、它异关系（alterity）、背景关系（background），就是在本

---

① See Lissa Roberts, "Devices without Borders: What an Eighteenth-Century Display of Steam Engines Can Teach Us about 'Public' and 'Popular' Science", *Science & Education*, 2005.

② Iwan von Wartburg, "Inventive Progress Measured by Multi-stage Patent Citation Analysis", *Research Policy*, 2005 (34), pp. 1591 – 1607.

质上揭示身体体验的关系内涵。[①]

现代空间是容器和磁场的空间。日常生活的空间还具备容器和磁场的特征。对日常生活的容器和磁场空间性的探讨，是对技术哲学传统性分析视角的一种理论化的修正。芒福德在对技术文明史的考察中提及，我们过多地关注对进攻性人工物的追问，而比较少地关注对容器的日常生活，如对篮子、器皿等日常生活的追问。海德格尔也常用具有容器的物，如壶、居室对技术的本质进行追问。事实上，芒福德和海德格尔对存储性容器的关注，隐喻着对一般日常生活的容器性空间话题的讨论，因为芒福德甚至将这种容器推广到语言、水库等广义的日常生活中，而海德格尔在《筑·居·思》一文中甚至把桥这一日常生活推广到存储性空间性话题，[②] 这都隐喻地说明他们对一般日常生活所具有的容器性的关注。有一个例子最能说明他们这一隐喻的话题，即芒福德在《城市发展史》中，将城市的本质看成是具有容器和磁场的物质，[③] 而城市在芒福德看来又是日常生活的折射和躯体的扩张，是日常生活的投影，它犹如一台巨机器或巨日常生活（magamachine），也就是说，是日常生活的容器和磁场特质折射出城市的容器与磁场特质。当然，一般日常生活的容器性内涵很显然已不再是如篮子这类器物的存储性功能，它引申性地代表着日常生活的容器空间具有汇聚的内涵，是会聚的场所。这就如城市是人、物、事定置、放置的场所，但同时也是各种远方之物朝向、汇聚的地方。同样，日常生活的空间也具有类似蓄水池的空间功能，是相关技术元素聚焦的场所。这就如海德格尔描述的桥一样，是把天、地、人、神聚集于自身的空间场所，在桥中还汇集了河的两岸、周围的风景、村庄、丰收的车队等。

当然，在上述谈及的容器汇聚功能中，已隐含着一般日常生活空间

[①] ［美］唐·伊德：《让事物"说话"：后现象学与技术科学》，韩连庆译，北京大学出版社2008年版，第55—59页。

[②] ［德］海德格尔：《海德格尔选集》下卷，孙周兴选编，上海三联书店1996年版，第1195—1199页。

[③] ［美］刘易斯·芒福德：《城市发展史——起源、演变和前景》，宋俊岭、倪文彦译，中国建筑工业出版社2005年版，第37—38、88—89、105、563—567页。

的磁场功能，但空间的磁场含义不仅仅如此。有一位学者在讨论物理学意义的磁场时，就认为磁场不是作为一种实物存在，即连续性的物质形态，而是一种空间。那我们同样可以借鉴性地说，日常生活的磁场也不仅仅是日常生活的空间功能，也可以把它直接理解成为空间的内涵，它应包括与日常生活辐射性的空间部分，或者作为日常生活实体占有的空间与外界空间的中介过渡性空间，即磁场也隐喻着容器空间的连续性与外界的交换性，表现为容器空间向外界的广延程度。

除此之外，对日常生活的磁场空间的理解最为主要的，是它的吸引趋势。对吸引空间的理解，不仅仅在于上述的汇聚，还有以下两层含义，一是吸引不是单向度地把外界物纳入日常生活的空间中，而是日常生活中的某些元素经常被引用到其他日常生活空间中去（工程实践上是作为专利或辅助技术），从而这部分元素在另一物体空间中在场，并进而形成混合空间融合进化，这就是磁场的反向吸引。吸引在于被他者所引用。二是磁场的吸引空间，还可以理解为趋势和引诱。磁场的空间本质在于它是一种准备接受的状态，也就是说，磁场的吸引不一定就是一种主体实践活动的主动行为，而可以是一种被动行为，是趋势和引诱。例如，工程师发明的主动行为的结果即技术专利是在日常生活空间中已经隐喻的，即发明的空间进化轨道早已经在德绍尔所说的第四王国背景性空间场中存在。发明的主动行为是对已经客观潜在存在的显现。[1]

二　虚拟的功能化空间

首先，虚拟的功能化空间与实体空间的脱离。上文提到，日常生活的空间不仅包括牛顿力学意义下的实体空间，而且还包括与技术实践相关联的事件空间，事件空间本质上也是功能性虚拟空间。在近代日常生活的空间进化与膨胀过程中，最为主要的表现是虚拟的功能空间被强化，并逐步成为空间内涵的主题。

古代的日常生活的实体空间和虚拟空间是很好地结合在一起的，即两者和谐性地重合了。例如伐木工人使用一把斧头，它的实体空间就在

---

[1]　王飞：《德绍尔的技术王国》，人民出版社2007年版，第61—70页。

人、树和斧头三者之间。而斧头所形成的虚拟空间,就是指相对于人的身体轴心,在人的意向性作用下,通过斧头的工具性延伸,或者通过卡普意义下的身体空间的投影,作用在树的空间中而产生的功能空间。这一功能空间,从事件意义上讲,也局限在这三个物体的空间整合中,特别是从身体对事件发生的感受说,功能空间仍然具有实体性的在于性,即它属于身体操作的空间,是身体实体化的虚拟空间。同时,由于这一功能空间特别与人的肌肉和手的实践活动相关联,所以这种虚拟空间具有实体化在身的可控性,尽管日常生活者对它的技术原理并没有理论性的了解,但它对身体实践与功能空间的结果的对应性,却能在这一空间中得到最直接和直观的感受。也就是说,自然的物理空间和功能空间没被分开。

但到了近代日常生活形成的空间,功能空间在以身体为轴心的视角上看,明显地与实体空间发生了脱离,这种脱离表现在虚拟空间的扩张速度明显地快于实体空间,实体空间就像虚拟空间依赖的一个基点,也就是说,它仅仅是虚拟空间产生的地方。在以计时机械和蒸汽机为代表的空间中(芒福德在《技术与文明》中认为,计时机械代表机器的始生代技术发展的顶峰和机器的古生代技术的开始,而蒸汽机则是机器古生代技术的开端)已经开始出现这种分离的因素和征兆,因为蒸汽机已经是一个工具系统,把它看成身体的延伸已经比较勉强,实际上这个空间已经开始去实体化,特别是表现在去身体化的趋势上(这一点下文有详细论述)。到了电子化的日常生活时期,特别是到了信息化技术时期,这个空间的分化,虚拟的功能空间扩张明显快于日常生活的实体扩张,这时日常生活的空间进化主要表现在它的功能辐射上,而不表现在它的实体上。例如电视机、电话、汽车所带来的功能空间,绝对不能看成是在实体周围的空间,而应看成它的功能所达到的空间,也就是说功能空间才是现代日常生活空间主要的话语。

功能化空间与实体空间的脱离还表现在两者进化过程的不同步性和内容的不一致性上。例如,当日常生活的空间在进化过程中时,其功能化空间在扩张的同时又是内缩的、密切关联的,表现为一种向心化趋势的扩张。这时的实体空间尽管围绕着功能化空间变化而变化,在许多方面也表现为压缩性的扩张，如汽车发动机的变化，但却也可以以一种去中心化的方式，响应功能化空间的变化，即以一种分散的、碎片式的模式实现压缩性的扩张。这就如城市的空间发展主要表现在汇聚性、集中性扩张上，但电器化的电灯、电视机、计算机却在远郊形成了一个个点的中心，从而使得城市在实体上成为一个碎片体。或者也可以这样说，郊区的田园化空间被纳入城市整体化空间，它仅仅是以居住的功能，借助地铁和汽车所拓展的空间，被萃取纳入城市空间中的，而田园空间中的其他内涵并没有作为完整性在城市的整体性空间中显现。同样，日常生活的空间也会在功能化空间进化时，虚拟的功能空间被强化，实体的空间被淡化，虚拟的功能空间逐步成为空间内涵的主题。

其次，虚拟的功能化空间——近前空间。日常生活的虚拟的功能空间被强化，还表现在海德格尔所说的近前空间上。海德格尔认为空间近前是通过去远完成的，去远的作用在于使空间无距离，从而在虚拟的功能空间中，任何物和事件都展现在自己面前。也就是说，近前空间的近前本质是功能空间而不是物理的实在空间的更近，这种情形就好像高速公路旁的郊区居住地，它相对于城市的中心点来说，在交通时间的花费上显得更少。这里应该值得说明的是，近前空间不是远方所有物作为一个整体的近前，它仅是身体感觉到的日常生活某一单一功能空间的近前，例如远郊对市中心近前仅仅是高速公路的单一空间近前。远郊空间作为个体化的完整意义的空间是不可能在市中心整体化空间中得到显现的。

当然，从功能意义上讲，还可以把近前空间看成环绕身体的空间，即环绕空间。因为日常生活在整个空间中都是围绕着使用者的意向目的排列着的，即当使用者需要它的一个功能时，相对于传统的空间，它能够很快地来到近前。例如，传统的信件（在以火车、自行车等日常生活构成的空间中）与现代网络邮件或手机信息（在以电子器件构成的空间中）相比，在传达信息内容方面并没有什么本质差别，但信件给收信人的空间感觉是在遥远的他方，他借助火车和自行车的速度以及信件的收发时间体验两者的空间距离。而网络空间将传统的空间加以穿透和压缩，直接把寄信人拉到面前。收信者尽管不知道对方身体居于何处，但从功能意义讲，就是环绕在眼前。所以这种功能实现的空间不是三维的，而是一种多维度的排列空间（近年来，互联网以及相关的通信技术实现了人与人之间在任何时间和任何地点的近前，而以传感网为基础的物联网实现了物与物之间的近前）。

从更深一层意义讲，空间拉近，还在于日常生活空间被挤压，空间内的各种元素更加靠近。这种靠近与挤压一方面是因日常生活从个体化空间走向整体化空间而自然产生的；但另一方面是由于日常生活的空间进化的客观性需求。这一需求就是空间进化过程中的最优化。例如，20世纪60年代发展起来的，针对复杂性技术系统的（相当于这里说的整体化）最优控制理论，它追求的就是多目标最优的空间合理化排列，如下列时变系统的动态方程：

$$\dot{x}(t) = A(t)x(t) + B(t)u(t), x(t_0) = x_0 \quad (1)$$

$$y(t) = C(t)x(t) \quad (2)$$

性能指标为：

$$J = \frac{1}{2}e^T(t_f)Fe(t_f) + \frac{1}{2}\int_{t_0}^{t_f}[e^T(t)Q(t)e(t) + u^T(t)R(t)u(t)]dt \quad (3)$$

（上述系统中的变量域值和边界条件略。）[1]

其最优控制就是确定 U（T），使得性能指标 J 极小，而它在工程实践中的物理意义就是，在整个系统控制中，要用最小误差和最小能量耗损，实现跟踪偏差综合最优，这样就使得性能指标项中的 F、Q、R 三项在系统中必须服从系统整体最优排列，即最优化要求的 F、Q、R 个体空间必须客观上服从整体化排列。而只有就在眼前、近前的日常生活才会使得技术实践达到最优化，即必须要求各个元素"距离"最近，在最近"距离"发挥最大专向功能，并在不占用其他物的空间的同时达到最优空间（协同空间）。所以在西蒙栋所说的冷却系统与发动机动力系统排列出现矛盾时，就是通过最优化计算，协调各种部件在这一有限的整体空间中的最优或次最优关系，使发动机和冷却系统都达到了最近的。

---

[1] 胡寿松：《自动控制原理》，科学出版社2001年版，第559—560页。

三 去身体化空间

首先，在对空间的理解中，身体是感觉空间的起点。物理空间是某种理想状态，它不考虑社会与人的影响。空间作为人的生活世界的重要内涵与丰富性有待于在更广泛领域中的探讨。人与空间关系的展开可以从三个层面来看：一是身体感觉层面，二是意识或精神层面，三是社会交往层面。

对空间的理解，我们是从物理空间开始；对人自身的理解，我们需要从身体的生理—心理层面，从基本的感觉、知觉层面入手。人的主体性或者自我不可能仅仅起源于自身，而必须起源于身体与空间的互动作用。身体对空间的直觉不仅是自我获得空间感，通过自身对象化的空间实现对我—空间之间关系的把握，同时也在这种关系中获得对自身的认识、对我的认识。在这种自我认识的同时，空间实际上才在被我们知觉的意义上真正形成，正如梅洛-庞蒂所说："身体是在主体的一边，是我们观看世界的立足点，是精神得以拥有某种物理和历史处境的地方。"①

身体在空间中的存在方式在很大程度上揭示了人的存在方式，身体不仅自身活动自如，而且能够对环境做出恰当的反应，这种反应不仅仅是在身体的水平上，或者是在以身体为边界的一个空间当中，而事实上，是身体空间和外围空间构成了一个统一体，身体已经将它的周围纳入自身的领域，并包含了意识与精神等方面的内容，同时又为社会空间的建立提供了基础。在具有主体性的个体与社会之间，身体承担着重要的角色，它往来穿梭于各种空间之中并为自身的活动建立起自身的空间，它既作为社会空间的一部分，同时又是主体空间性最主要的体现，它安排各种转换、过度、衔接，从而使得从最隐秘的个体生活到完全社会化的活动空间的衔接成为可能。

尽管我们还不能在最终意义上得到答案，但已经看到人以自身的身体处在空间之中的一些基本过程。人的基本感觉，包括通过各种身体活

---

① 宁晓萌：《表达与存在——梅洛-庞蒂现象学研究》，北京大学出版社2013年版，第65页。

动形成的对空间的知觉，为人的主体性的发展建立了基本框架。这种空间的框架，或者说直观形式，并不是先天的，而是婴幼儿成长时期通过身体复杂的知觉活动逐步形成的。从这个意义上说，人的主体性，或者说自我意识，无论是其起源还是结构，都是空间性的，也就是说，将空间的因素融入自身的结构之中。至少简单地从外部因素来说，是人周围的空间让人成为现在这种在其主体意识中包含着空间性的人，而这种包含、融入过程，是伴随着主体性一道成长起来的，也就是说，不存在主体成长起来之后的空间性嵌入的过程，而是主体必须是空间性的主体，才可能成长发展起来。

其次，现代的空间是去身性空间。日常生活在空间近前、环绕的同时，又是去身性的。所谓去身性空间，并不是指人脱离这一空间而存在，事实上人的肉身甚至作为技术实践的实体性内容，在去身性空间中已转化为其中的一个组成部分。所以去身性空间仍然是相对于人的身体体验的空间，其去身性主要表现在身体参与度的降低上。身体参与度的降低在这三个方面都有所显现。

第一个方面是在执行主体信息时需要携带的身体能量耗损越来越少。例如在远古时代，要伐木取材、收获庄稼、传递消息，基本上通过消耗身体的能量才能实现。而到了机器时代，实现主体意识需要消耗的身体能量大大地减少，但由于这时的机械能量还是身体能量下的直接放大，身体仍然具有一定的直观参与性，所以它的在身性体验仍然存在。但到了电子化、信息化时代，身体的能量参与已微不足道，并且日常生活的能量也不是身体能量的直接放大，身体耗损的能量仅仅是主体意向到日常生活的一个过渡的节点，并没有什么特殊的意义。正是身体能量参与的减少，甚至被排斥在外，才使得人在生理和心理上都产生了不在其中的体验。

第二个方面是身体整体参与度的减低。身体不仅在能量耗损上减低，而且在新日常生活空间中，身体的其他要素也被悬置起来，被排斥在这一空间之外。在电视机、工业化流水线、计算机等空间里，身体仅仅需要某一向度地深深介入。例如，人坐在电视机前，仅仅用眼睛看着画面，却无法参与到画面的事件中。个人对舞蹈、足球等的爱好不再只能在身体的直接参与下实现，而可以转化为对电视画面里的专业舞蹈、足球等的欣赏，特别是可以通过对某一明星的崇拜，并由这一明星来实现主体的意向追求。

第三个方面是意向信息与身体脱节，主体缺少切身性。在早期的技术中，例如射箭、游泳、骑自行车，当身体发出指令时，信息的作用过程是可见的，可以看到信息负载的运行，即身体与信息同时在场，或者是身体延长方式的在场。而在电子化、信息化和自动化中，尽管信息在空间中是一种无形化方式的在场，却上升为事件主体的在场，即信息代替主体成为在场者，命令的最终实现已远离身体之外，控制的形式成为一种黑箱式的工作，也就是说在自动化控制过程中，主体信息一旦发出，身体就不再参与，日常生活与人的身体之间失去空间的连续性和连接性，即主体在享受、感受日常生活带来的使用功能的同时，却无法用身体去感受到它，从而使新的空间相对于主体成为去身化的异类，身体对空间处于体验性的失控之中。

日常生活之所以在空间构建中会产生上述的去身化现象，是因为空间在进化过程中，特别是在进入现代日常生活的复杂性空间时，对空间进化的鲁棒性（robust）、内部的协作性就会要求很高，这时从埃吕尔的客观合理化（rational）需求来说（埃吕尔认为，技术系统的其他几个特征，如自动化、自增长性等都源自技术系统客观合理化的选择需求），它并不需要从空间外部，即从人的身体那里得到过多的控制变量，系统为了达到它的进化的客观合理性，就应该在机器内部产生一种最优控制，即在机器内部进行自动控制。所以对于技术设计者来说，他直接要做的，就是尽量把人的参与从机器自身的运行中剥离出来，而这一剥离需要的条件，即精确化、高速化、电子化已为日常生活所解决。所以空间去身体化的根本原因不是什么社会原因，它的一个最基本的原因，就是来自整体化空间过程中的日常生活自身的需求。而近代的信息与能量转换方式也为这种客观的需求提供了客观的物质基础，这样机器变成了有机的自主化，技术空间悬置身体成为可能。

最后，这个空间是超感觉空间。在整个去身体化过程中，影响最大的是空间相对于身体感受的虚拟化。即去身性的最为明显的表现是虚拟空间（virtual space）的出现，这种虚拟空间的去身体化首先表现在网络上，在这里，操作者仅留下指尖和眼睛对屏幕的身体反映，至于屏幕后的所有过程和内容都已远离操作者。在某种程度上，操作者自己也仅是屏幕后的一个空间节点，对操作者自己来说，并没有身在其中的感觉。但如果单把虚拟空间理解成网络空间，那就太狭隘了。虚拟空间的去身体化最为本质的表现是发生在日常生活对超微观空间和超宏观空间的渗透过程中。在这一新空间中，身体的所有感觉都不能介入其中，新空间对人的感觉器官是遮蔽的，唯有抽象的思维可以介入，但抽象思维对新空间摹写的方式是用大量的科学技术模型来描述这个空间，也就是说，这个空间是科学家创造出来的空间，是新虚拟化模型空间。为什么可以这样说呢？因为新虚拟化模型空间就是伊德所指的解释学空间，它是通过科学仪器（科学仪器也就是日常生活，因为伊德认为近代科学也是技术化的）创造出来的空间，当新空间通过仪器的过滤和翻译创造后，这个翻译的空间是主体真正体验到的空间，它居于实在的超感觉空间与传统的感觉空间中间，其虚拟的去身性表现在身体体验的失真性，具体说至少表现在以下两个方面，第一个是没有了背景空间。我们日常生活的技术空间是感觉熟视无睹的背景性空间。尽管我们可能仅仅关注某一个空间的主要事件，但这个事件是在一个环境背景中存在的。还是以斧头这一日常生活空间为例，斧头砍树是主体事件空间，但我们知道这个空间在树林中，在离村庄不远的地方，周围还有动物如小鸟的叫声等，尽管这些空间对主体事件来说，可以仅仅看成是背景噪声空间，对主体空间没有什么功用，但对于身体感受来说，日常生活的空间就应该是这样的。所以在以仪器构造为主的虚拟空间中，尽管它的空间还是实体化的、客观的，但由于背景空间被过滤，身体的体验就出现了失真性。第二个是解释学空间并不与超感觉空间在身体体验方面通约。超感觉空间的解释空间与我们在日常生活中，如在电视、收音机中看到的、听到的解释空间有着本质的区别，因为在电视、收音机里看到的故宫或者听到的雷电响声，在我们已有的生活世界中已经存在样本性空间。但超感觉空间的解释空间在我们已有的生活世界中并不存在样本性空间，我们是用宏观身体体验的样本空间去构成超感觉空间的解释空间，如原子模型中的太阳系和枣糕模型，这就好像用二维的身体体验去解释三维的空间一样，仅仅存在客观的功能化意义，而身体体验并不能以实在的方式介入其中。

四 有机的个体化空间与无机的整体化空间

现代日常生活的空间在本质上已经进化为碎片空间。而碎片空间的最集中表现是有机的个体化空间让位于无机的整体化空间，这一表现是伴随着空间功能化、虚拟化同时产生的，或者可以说，它是从另一个视角审视了现代日常生活空间的进化过程。

第一个问题是，个体化空间的消失。早期日常生活的空间最大的特点就是它的个体性，也就是说它是作为一个独立的有机体而存在的，这个有机体的最为主要的标志就是空间的多重性。早期的个体化日常生活的空间之所以具有多重性，是因为它的产生背景与现代的日常生活并不一样，由于它来源于多元化的生活世界，因而具有原始性的多元化的空间特性。当然，多元化的空间并不是说没有主次之分和功能在一定程度上的分化，这一时期的日常生活也有生活使用的主要功能的空间。从空间的事件性内涵讲，如果某一类事件在日常生活中经常在场，例如一把斧头主要是在砍树的时候经常在场，那就表明这个事件的在场是它的主空间。但值得注意的是，它同时还在其他空间中在场，例如打猎、防卫、劈柴等，这就表明它还存在多重性的次空间。也就是说，个体性空间的各种元素的空间是交织在生活世界空间中的，是从多元空间中加以显现的，日常生活空间分布于生活世界的各个场所，作为一种分散的东西而存在，而不是作为一种绝对对立的单一的东西而存在，即这种空间不仅是物自身的空间，而且是与周围空间和谐交融在一起的空间，是一种交织性或胡塞尔意义下的交织性空间。在这种交织性的一体化空间中，功能在日常生活中并不严格区分，日常生活既表现在内在空间的内容不严格分工上，也表现在外界空间的形式的不分开上。另外，早期日常生活的个体性特征还在实践的主体——人那里得到了进一步的映射。因为日常生活的个体性特征也为人的个体化特征提供了空间居所，并进而在实践活动中进一步强化了日常生活的多元化空间特性。特别是当人的意向性价值因素渗透到日常生活空间后，人的多元化特征也在其中得到了充分的显现和发展,从而在意向性方面给这一空间打上鲜明的个体化烙印。例如,一把斧头在不同人的手中使用,即使是在同一个空间场所使用,其结果都会产生相当大的差异。使用者会把他的个人经历以及不同时期的情感、志趣附着在这一空间事件中。①

然而对于现代的日常生活的空间,这种个体化空间消失了。一方面,在上文提到的单一功能化空间进化中,多重空间的背景消失了,斧头基本上是在单一的功能空间中出现,特别是在流水线化的工厂里,个体性空间已被支解和抽取在整体性空间中,钳子被分割成为不同型号系列,钳子或电动机是作为一个单一功能被嵌入在整体功能中的,即它只是单一功能性的在场,每一个型号仅仅对应着特有的空间。这时钳子或电动机仅仅保留了个体中的主空间,并且它的其他多重空间已经让位于其他日常生活的单向性空间。在现代日常生活的整体化空间中,日常生活能够保持原有的个体完整性,而被纳入整体空间中的情形,是十分稀有和幸运的。

也就是说,在功能空间整体化的同时,也伴随着个体化空间成为碎片,个体降低成技术整体中的元素。即当日常生活进化到新的整体性日常生活后,它的空间失去了有机化,形成了一种无机化的碎片空间。碎片空间的重要表现在于,原有的个体有机化空间已不是作为一个局部的个体或者部分独立化空间进入整体化空间的,这时它已经从它的个体完整性变成了或者说是降低成了技术元素,在新的整体化空间中,它所获得的空间地位仅是一个元素性的原子化空间。而原有的空间已经被肢解,空间中的其他元素就成为新日常生活的冗余空间而在下一步的进化过程中消去。不仅如此,正如多重性的空间为多重性特征的人提供了发展条件一样,由于在整体化空间中,人的个体化因素作为一个完整体已经失去存在的居所,因而人的特质展现也仅是单一技能被抽取的展现。在现代化工厂制作中,为了实现单一的意向化功能,制作者的个人经历以及不同时期的情感、志趣,则是在产品中要被努力清除的次品。这也正是海德格尔看到的在座架的解蔽中,人的地位被降低到单一性的物质化地

---

① 埃吕尔把早期技术与现代技术的差别看成是技术操作与技术现象的差别。

位的情形。在这里，人无法得到个性的充分展现和自由，从而失去了其有机个体性。或者说就是马尔库塞所说的单向度的人。

第二个问题是，个体化空间消失的原因是什么？对个体性空间的消失，有两种似乎正确的解释，但实际上两者都看到的是表面的原因。

第一种是芒福德的解读。他把个体性空间的消失归因于人们对机器化的巨空间追求。[①] 他认为人们对巨机器的追求必然导致个体化技术淹没在大机器之中。也就是说，问题是出现在向"巨"的发展上，而唯有"小"的才是好的，个体化的因素才不会失去。但实际上，这一观点并没有看到问题的本质，因为具有自然属性的日常生活向巨空间的发展也是自然的，它不一定破坏个体化。其原因主要来自以下两个方面，一方面，在个体化日常生活空间中，不仅经常性地包括小的相对独立的空间，而且个体化空间同时也可以偶然地在一种极限情况下包括巨空间。因为巨空间并不等同于整体化空间，实际上在芒福德的巨机器陈述中，芒福德也注意到在古代充满的个体化技术活动中也存在巨型技术、巨型空间。例如埃及的金字塔、中国的长城都是巨机器的产物，即在这些巨空间中仍然带有明显的个体化特征。所以我们仅仅可以这样说，在个体化空间中就存在向整体化空间过渡的趋势，或者说在个体化空间中已经潜在地存在整体化的空间内涵，即个体化空间是整体化空间的基础和温床。但不能说巨空间是个体空间消失的根本原因。另一方面，尽管整体化空间经常性地对应于巨空间，即它的日常生活涉及的事件是与巨空间关联的，但它也可以对应于小空间。很显然，在这一点上芒福德是忽视的。事实上，现代技术的手段和存在形态也为整体化的小空间提供了可能。例如现代工程中的超声电机，由于电子化和微电子化、集成化等技术手段的运用，就很容易地实现了高度整体化的小空间，特别是一些微型的生物机器和化学机器的出现，都为整体化的小空间产生提供了技术学的可能。

第二种是功能性分化的解读。即个体化空间在向现代日常生活的巨空间进化时，必然导致个体的功能性分化，而功能性分化才是个体化消失的原因。以芒福德的巨空间为例，早期个体化日常生活形成的巨空间

[①] 吴国盛：《技术哲学经典读本》，上海交通大学出版社 2008 年版，第 502—505 页。

与现代日常生活产生的巨空间的不同点在于,古代的巨空间是无数个体空间在质的相似性上的量的叠加,是一种极限的内在简单组合的技术空间的扩张,即用芒福德的话说,是一种简单身体能量的产物,所以在形成的巨空间中,个体空间可以被完整地或者大部分地保存下来,即在巨空间中,技术中的每一个元素被定位在单一功能空间中的情况并不很严重。而现代整体化的巨空间形成的基础是内在空间功能的分化,所以个体化空间的消失就是必然的。应该说,功能性分化的解读基本上揭示了巨空间对个体化空间消失的决定性影响,也接近了问题的实质,但这种解释仍然是不完善的,甚至说它在逻辑上仍有致命的缺陷。因为在个体化空间中确实不存在像整体化空间这样的高度单一功能化空间,但个体化空间也存在功能的分工,可这种分工却对个体化没有产生决定性的影响,相反,在某种程度上却强化了个体化的总体效能。例如,在人的肉体的工具性空间内涵中,人的四肢发生了功能的分化,但这种分化不仅拓展了人的活动空间,赋予了在身空间许多新的内涵,也加强了人的空间的个体性。所以分工的功能化仅为个体化空间的消失提供了极大的可能性,也提供了去个体化空间的必然条件,但仅仅这些还不能构成去个体化的完备条件。

因此我们必须对个体性空间消失给出一个新的诠释。

这种去个体化现象最为决定性的原因,是在日常生活个体化空间向整体化空间进化时,个体化特别是个体的有机化无法在整体化空间生存,无法生存的原因在于空间被畸形化发展了。空间为什么会被畸形化发展呢?个体化的日常生活在向整体化空间进化时,如果仅仅是自身的客观进化,即功能的分化是来自自身的客观性需要的话,那么它的空间扩张在本质上就应该像生物个体的进化一样,是自然的、有机的、均匀的。即如德绍尔所说,是作为一种潜在的合理化的空间在第四王国中已经存在着。例如,微型马达的物理学技术原理是利用压电效应产生动力,所以它的理论上的空间性进化应该是沿着几个不同方向的偏振运动特征进行的种种功能空间的展示,每一个偏振运动都可以向人们展示一种功能空间,如果工程实践中的进化就是这样的进化,那就说明它是自由的个体有机的展示进化,它与人的肢体和手的进化具有一样的内涵。但在实践中，日常生活的整体化过程并不是这样，由于人不仅是这个空间的生活者、居住者，而且还是对空间进化内容的价值评价者和干预者，所以在向整体化空间发展中，日常生活的空间是沿着人的价值的空间作用发展的。

也就是说，日常生活的空间整体化进化过程会发生功能谱系和结构谱系的断裂，从而失去自然的、有机的、均匀的发展。其主要的表现在两个方面，一方面，功能谱系连续性的物体，即一般消费者所关注的日常生活，所使用的核心技术，即作为日常生活内在结构的元素，有可能是从其他技术结构谱系中嵌入进来的，它不一定是原技术结构的进化谱系，所以它在结构和功能的进化谱系上发生了分裂。例如机械表向电子石英表的进化。另一方面，以技术结构为进化标准的技术谱系，不一定寄生在某个单个的日常生活的功能谱系中展开和显现，它可以很容易地将一个技术核心部分，或一个片断，嵌入其他日常生活中，参与到其他日常生活功能的进化谱系中去。相反，生物个体的进化谱系却是自然的、有机的、均匀的，因为一个生物有机体进化的内部结构的变化与其导致的生物体功能的变化完全是一致的，这种一致性的变化表现在每一个新种的生物体的结构都是在原有物种结构基础上的逻辑变化，即物种功能变化的逻辑一致性是物种结构变化一致性的体现，或者说生物体生理结构变化的一致性是一一对应于其功能连续性的。所以，日常生活的空间整体化进化过程失去像生物机体那样的自然的、有机的、均匀的发展，是必然的。特别是在每一个技术革命时期，日常生活的谱系必然会发生非生物谱系的裂化。

所以关键的一点是人的意向性价值因素，即对功能谱系的决定性影响因素参与到了日常生活整体化空间进化中。正是由于这个功能空间不是纯粹的客观化内容和结构表现出来的空间，而是人的价值赋予的复合性功能的空间。这样当人的功能性价值追求，即通常所说的人与自然的关系不能有机处理的话，空间的畸形化发展的最高危险就开始出现。这种危险首先发生在人受到可能的新的生活空间的诱惑和吸引上，所以就必然地"误用"和发展新空间的某一单项功能，从而使得空间中的一个元素快速地非平衡性地畸形化发展。

客观上讲，即使到这一步，保持个体化空间仍然存在一丝的可能。因为在自然界生物体的复杂多样的分化中，生物机体为自身意向性功能而进行的分化也是存在的，这一点特别表现在人的自身肢体的工具性转化上。所以在日常生活空间中加入意向性，出现畸形化发展也是可以处理的。但关键是人的生物机体在整体化过程中对待个体其他的"多余"空间的态度，是一种有机化的分化，它对多余部分是慢慢地有机消化的，不是忽视或者粗暴地割除，而是一种消融，例如对大拇指和其他器官的消融。但在现代技术下，这种有机的消化方式已经失去了存在的条件，因为在处理人与自然的关系中，它还必须首先解决人与人的关系，正如马克思所说的，"人同自然界的关系直接就是人和人之间的关系，而人和人之间的关系直接就是人同自然界的关系"①。在今天的社会中，特别是在资本主义社会中，资本对各种对象物的单向度榨取，使得人很难再有耐心处理人与自然的关系，很难再让这种分化在渐进的有机模式下进行。

所以，日常生活个体化空间的失去，使个体化空间成为元素空间，整体化仅仅提供了可能，分工的功能空间提供了基础，而真正的原因是空间的畸形化发展导致个体被抽取和不平衡发展，其最为根本的原因还是在于人的价值意向的取用，资本的社会关系加重了这个过程。

第三节　虚拟空间

这里说的虚拟空间是指 VR 空间和网络空间，这两个空间有严格的区分，但也有一定的关联。前者具有实体性、物质性，而后者具有软件性、非物质性。这一节里首先讨论的是 VR 空间问题，后面简单地讨论了网络空间中的单向度社会关系问题以及网络空间的沉迷问题。

---

① 《马克思恩格斯全集》第 42 卷，人民出版社 1979 年版，第 119 页。事实上，马克思在《机器。自然力和科学的应用》一书中也看到了机器体系（整体化）与工具（个体化）的最大区别并不在于分工和动力来源，而是生产的连续性、自动化、运转迅速。[德] 马克思：《机器。自然力与科学的应用》，中国科学院自然科学史研究所译，人民出版社 1978 年版，第 91 页。

一 虚拟现实空间

我们在日常生活中大部分的时间都是在实体空间中进行交往和行动，但是随着现代电子计算机技术的发展，以及现代制造业，特别是电子游戏业的发展，虚拟技术正在逐步地进入我们的日常生活世界中，而虚拟技术最为成功的地方，就在于它创造了一种虚拟的空间，实际上，我们在前面分析空间的本质性时，已经提到空间的虚拟化，但这里提到的空间就在日常生活中，它是身体在实体世界中体验的一种比较具体的空间，而不像我们上述分析的那样抽象性的虚拟空间。抽象性的虚拟空间，是一种类似于思维性的比较虚拟的空间，而在这里我们指用电子技术按照实体空间加以模拟的虚拟空间，而不是由思维形成的虚拟空间。

虚拟空间是建立在现代技术基础之上的，实际上它是由电子技术系统生成的远程拟像环境，根据拟像环境中的操作者行为进行实时的无时间缝隙的空间体验。可以这样说，至少在目前为止，虚拟空间描述的都是实景空间中行为者最为关心的那个部分，而实景空间中的许多不太重要的元素都被技术化地过滤掉了。

这里举一个飞机虚拟装配的例子。在实验室中，许多学生都必须在现场进行一些部件的装配，很显然，真实的装配空间尽管能够给学生带来许多的操作经验，但一旦飞机的大型部件装错则会带来很大的损失，再说，如果把不同的型号及其各种错误装配都在实验室里模拟一遍，它所需要的实验设备是相当多的，这对实验室来说是比较高的成本。因而，现在许多高校的装配实验室在教学过程中都开始研发虚拟装配。第一步的拟像是在电脑中进行两维用户界面操作系统软件的配合，通过一系列的口令，利用鼠标在视窗界面进行操作，这种操作已经具有所谓的计算机模拟仿真实验水平。但进一步要在视窗界面真正设计一个工场实体空间，借助于头盔显示系统和数据手套，使得实验者"真实地"进入实验空间，并进行各种操作实验。这时候我们会突然发现，这个空间比实体空间还具有更大的满意度，因为在实验者进行装配时，及时校正错误信息的反馈速度要快得多。在实体空间实验室，一项装配错误可能需要多项检查才能发现和解决，所以一次实验获得的经验是比较少的。而在虚拟实验室里，实验者可以快捷地多次进行相关的装配实验，并得到及时校正。同时，实验者发现他的实验室空间变大了，原来许多不能装配的较大部件和一次进行的多配件装配，现在都可以操作进行了。仅就装配这一单一化的工作来说，很显然，虚拟实验所完成的实际操作要比实体实验室多得多，实验者获得的经验也明显增多，这一空间好像是把许多次可能发生的装配实验以及从小空间配件到大系统空间装配全部结合在一起的装配经验。

在虚拟空间中的行为者体验，相较于我们的日常生活，是一种全新的体验，主要表现为以下几个特征。第一种，行动者在新的虚拟空间中交相互动性更强。以往在平面视窗内更多的是程序指令下的图像运动，这是单向的，即从指令到图像运动，一般来说，很难有反馈式的闭环控制内容，也就是说在整个过程中，信息的循环反馈性不强，系统反应时间较长。而随着现代传感器技术的发展，借助于头盔和数据手套等，行动者的任何操作都能得到实时回应，有时候这种回应比真实空间回应还要真实。特别是在网络游戏中，由于用户可以用虚拟身体渗透到虚拟空间之中，其体验会更加逼真。如果有众多的虚拟个体一起来装配一架飞机，则在这个共同空间中就形成了一个真实的虚拟组织和社会。

第二种实体体验是虚拟空间的切换能力。在一般的实景空间中，生活者必须依靠脚和工具使自己的身体不断地转换空间，并且通过眼睛的过滤才能进入他本人要感受的空间。而在虚拟空间中，生活者是可以自由切换空间的。只要行动者进行一些适当的虚拟身体变化，就会在这一空间中将这一意向进行扩大。当然实现虚拟身体的切换必须有一个前提条件，就是行动者必须先忘记自己的肉身身体，虚拟身体一方面必须定位于肉身身体之中，以肉身身体为轴心，以免失去真实。另一方面由于要不断穿行在不同的虚拟空间，又要从中抽身而去，使意识意识到的身体，即感觉身体，脱身而去。同时，感觉性的身体还要具有肉身身体的引申性内涵。当然，我们目前的技术只能限于头盔和手套，但随着相关电子设备对我们身体感官的控制水平越来越高，未来身体在空间的切换将是超真实的。

当然对虚拟空间的体验，可能对我们行动者也有一种切换的要求，即要求我们习惯和沉溺于这种空间中。同时如果能够把这种虚拟空间与物理空间进行有机的过渡和混合，则在日常生活中可能更具有未来生活意义。尽管目前从有机整体化上还不能完成这一点，但在单一功能要求上，混合空间已经可以实现。例如，飞行员飞行系统的操作环境就是混合的空间环境。

  第三个特征是虚拟在场。一般来说，空间的功能要起作用，其起核心作用的因素必须空间在场，但是现代技术，特别是现代所谓的控制手段可以借助于电子信息的传递和交换，使控制者与功能具体的操作者之间发生空间的分离。遥控，即在空间中远程在场，是现代空间开放体系的一个完型特征，从这里也可以看出，现代的空间不是一个封闭的墙，它更具有透明性，空间的边界比较模糊了。那么，远程的空间到底是否属于当下的空间呢？这里涉及空间与地方的关系问题。地方作为地理学概念基本是明确的，它是一个比较固定的某一个几何点，而正是由于空间的无形性和开放性，使得空间的边界越来越模糊了。有许多东西都可以穿越这一边界。例如地铁空间，我们可以不考虑它上面物理空间景物如何、空间分布如何，它只以许多节点（站点）连成的一条固定的线来陈述自己的空间。如果一个城市的居住者乘坐地铁从甲地到乙地，他仿佛在一个空间中，从甲地消失，又在乙地出现。而手机、汽车都带有很强的拆解空间边界的属性。我们今天讨论的空间关系，其实质就是讨论对象体的在场与不在场形态。应该说，在空间类型中，都涉及该物的在场程度与不在场的程度。而且随着技术化空间变换速度的加快，空间中物的在场和不在场的变化频率加快了。可以这样说，现代技术人工物的在场以及在场程度，都处在一个快速的变化过程中。

二　技术与虚拟空间

  首先，技术与虚拟空间的一般性构造。在我们日常生活中，精神身体离开身体中心的现象是比较难以想象的，但做白日梦的生理现象对于普通人来说，并不是一个很难的生理现象，身心相异有时候并不需要电子设备就可以真实存在。但有了近代的技术工具，则这种现象开始成为普通的现象。最具有身心脱离端倪的是人们配的眼镜，眼睛通过凸透镜形成一个缩小的空间,身体生活在这个缩小的空间,只要戴上一个星期,他很快就能在这个缩小的空间中适应。尽管眼镜构造的是新的虚拟性空间,但它毕竟与原有的物理学实体空间之间有很大的关联,在某种程度上说,空间的虚拟性还不明显。但对于一个长期从事显微镜工作的生物学家和一个长期从事天文观察的天文学家来说,在长时间的工作中,精神身体很自然地就会脱身而出,参与到这个虚拟空间的构造中。

现代技术可以克服身体不在场的缺陷。人类借助于电子技术实现的精神脱离就会在心理上产生根本性的脱离,这绝不是所谓的超现实的假的空间那么简单,而是从根拔起的第二种空间。因为现代技术能够在脱身之后并在肉体的不在场而产生的感觉缺失中,得到充实和克服,技术是靠它的特有技能来完成身体远程不在场问题的。白日梦所能做到的是心理对身体的缺失的屏蔽,而电子技术就是一个新的白日梦的心理屏蔽系统,它能够让虚拟空间中产生的缺场、干扰丧失,通过克服或关闭缺场的消极视野,通过让缺场元素在虚拟空间中成为可视化、可感觉化,而成为数字化符号在场,甚至于正如我们上述分析的,这种技术与艺术在虚拟空间中的整合让这种缺失变成美化简洁的效果。现代技术的VR可以把我们整个意识感觉的整体加以切割,VR给感觉留下了众多可以进入的入口,它可以让人的某一部分意识进入VR之中,如视觉中的某一部分的进入,但让身体的感觉系统的其他部分留在入口之外,所以人的精神身体实际上是可以进入VR中的许多入口的,它可能是一个单向度的进入,所以说,一个人的身心整体并不在一个固定的区域,而是占有着虚拟空间和实体空间,我们可以自由地进行虚实之间的切换,只要现代技术能够方便地提供这一快速发展的技术,我们就可以达到所谓的白日梦的感觉,我们的精神身体能够时时抽身而去,缺失的部分由电子技术稳稳地及时地托住,精神身体从肉体中解放出来,自由地像液态的水那样随处而淌。

当然,应该看到,目前的VR体验,还远远没有达到这些。目前的心理体验仍然是与我们的肉体身体相关联的,电子技术仅仅通过制造我们身体部分的代具功能,如电子手套等,仅就视、听、摸等几个方面的入口来进入VR世界,而人的其他感觉系统还没有找到VR的入口,这正是电子技术目前在 VR 空间中的局限性。即使技术能够在未来把相关感觉植入人的大脑，从而强迫大脑做白日梦，对肉身身体的依赖仍然是不可缺少的。虚拟性空间体验，在某种程度上可以说是一种多元性体验，实际上在电子技术作用下，身心整体已经被撕裂成碎片。

其次，技术与虚拟环境的自然化建构。虚拟环境的一个最大的特点，就是要求环境的自然化，对于一般的技术来说，技术和技术工作的自然环境之间是一种适应性的关系，它们分属于两个不同的事物。当然技术和环境之间也存在某种贯通的统一的内容。正如西蒙栋看到的，技术在向整体化进化的过程中，会形成介于技术和环境之间的组合环境。组合环境会把技术和自然的工作环境的界限模糊化，从而使得技术具有更好的适应性。之所以会把两者的界限模糊化，是因为技术在具体化过程中，会不断地从组合环境中吸收一些元素，改变技术自身的结构，从而使得技术更具有具体环境的独特"风格"，同时，技术对组合环境的改造，也使得在两种环境中渗透着技术化的内容。但无论怎么说，一般的技术和环境毕竟是两个对立的东西，不可能合二为一，特别是由于技术的制造先于工作环境，所以技术的核心部分不会在工作环境中发生较大变异。事实上，一般的技术能在变化的环境中具有一定的稳定性和适用性，这也反过来说明，技术并没有完全与环境一体化。

现代技术的构建与运转是"智能化"的，是在自然环境参与下进行的，所以它与传统技术的不同点在于，它是一种很难在发明之前加以确定的技术。宏观技术是发明的前过程，先有技术，再形成有效的技术环境，而现代技术在发明之前是不确定的，是随着环境而改变的。所以在不同的技术环境中就有不同的技术结构，因此说"环境的技术"比较准确。试图发明一种像宏观技术那样在多种环境下通用的技术是不太可能的。

在建构虚拟空间中，现代技术为什么能够与工作环境一起参与建构？其主要原因在于以下两个方面。一方面，现代技术必须借助于环境的诱发才能起动。特别是它对技术工作环境有着很高的要求，而一般来说，纯粹的自然环境难以起到诱发作用，所以参与技术活动的因素会首先制造出一个具有特殊响应的"智能"环境。这些环境当然也就作为现代技术结构的一个部分，同时又作为技术的工作环境。另一方面，现代技术和传统技术不一样，传统技术可以在非工作的静止状态下存在，而现代许多技术由于构造和工作是同时进行的，所以技术的构造与它的工作环境的关联度非常高。技术必须与工作环境具有适时的、适地的一一对应性。这种适时的对应性体现在对环境进行有机的渗透与融合。从而使得技术与环境成为高度的有机统一体，即"环境的技术"。

三　虚拟空间的广阔性

广阔性可以说是虚拟空间的典型特征。一方面广阔的空间可以使我们宁静下来，特别是在今天，空间被高度浓缩，我们随处都会感到空间紧密性的压力，城市居住地、工厂流水线、交通构成的空间之间的紧密相接。在现代时间节奏下，事物与事物之间的空间被消灭。电子通信借助于光速使得传统物理空间的墙消失，空间变得透明和无隐私性。这些都导致我们要求找到一种广阔的空间，以便于找到一种慢下来的松散的日常生活，实际上虚拟空间的广阔性就是让我们暂时能够把意识体验如白日梦一样放在身边的世界之外，放在一个无限拓展的世界面前。在虚拟空间中广阔性带来的宁静感，实际上就是意识体验能够如白日梦一样，在一瞬间就达到宁静的状态，它能够让我们有无限地张力，脱离我们的肉体感受到的世界，马上到达远方。广阔性能够让我们进驻于别的空间去进行体验。

所谓进驻到别处的空间中，是以人作为第二种方式的存在而体验，也就是他的身体可以在一个空间，但他的身体体验和意识感受可以同时在另外一个空间。其实这切换本身就说明了虚拟空间的广阔性。虚拟空间中的广阔性，其实意味着我们把意识中的心的体验交给了心理意识，即人以纯粹想象力而纯粹存在着。也就是说，我们借助 VR 技术，在某种程度上打开了另一个意识能够左右的空间真实世界，超越了在肉身上建立的那个日常生活世界。

虚拟空间的广阔性是在现代技术下产生的。首先，广阔性能够产生的技术原因在于电子技术构成的基本原理的数字性，数字性的抽象和精确，使得构成的图像和功能能在想象的空间中轻盈地飘动、切换。虚拟空间叙事可以在任何地方发生，是来自主体想象的空间。这就如一个诗学意境的空间想象性，诗人能够借助于意识体验从而出世，脱离世间的实物，进行画面和感觉的自由行走。其次，数字化构成的图像是蒙太奇式的，可以在一瞬间把虚拟空间中任何地方的画面（其实它们之间根本就不存在距离，而只存在联系的关节点）汇聚在一起。事实上，这一被电子化和数字化的蒙太奇化，在我们今天的实体空间中也正在发生，许多已有的事件和回忆以及文化正在被数字化、编辑化。例如现在的许多电影正在大量地借助于数字设备"编辑电影"，而不是像传统那样用演员来拍摄电影。在整部电影中，数字剪辑的片段占相当高的比例，这不仅增加了电影创作的艺术性和形式的多样性，同时也使得艺术本身开拓了空间广阔性内涵。

广阔性代表着孤独性。一般人群里的普通人接触现实的广阔空间体会产生一种深陷于无边无际的世界中，惶惶不安的感觉。例如广阔连绵的森林，就是诗人们常常提到的广阔空间的宁静性，它会让身处于其中的人感到广阔性的可怕。但这种广阔性带来的宁静是在现代技术制造的虚拟空间中难以找到的。借助于VR电子技术，其虚拟空间打开了一个并不把我们封闭在某种感受中的内心空间，从而使内心空间达到了更远的地方。VR技术的空间是一种表达空间，随着意识体验的需求获得了一种空间扩张，所以说VR构建的空间性并不完全在人的内心之外，给虚拟空间赋予一个空间的观念，就是赋予它比客观空间更多的空间，它是随着内心空间的扩张而扩张的，这就如蜜蜂的空间其实并不在蜂窝中，决定蜜蜂性质的空间是蜂窝广延到森林花海中的那个空间，花粉散发的香味构成蜜蜂的真正的空间。

虚拟空间的广阔性是否包含着地理学维度的空间意义呢？当然还是有的，但这种地理学空间的意义与实际的地理学空间相比发生了一点变化。在虚拟空间上的地理空间带有一种类似于梦境的地理空间。我们知道，实际上我们在梦中虽然梦到了小河和村庄，但村庄的空间是梦境的内涵，意味着梦所追求的价值是一种召唤，是一种对意识的召唤状态，可能是对人的内在空间的无限性的召唤。因为在实体世界中，空间存在着许多难以克服的矛盾，水流使我们无法进入河中的美丽小岛，更不会让我们看到成群的五彩缤纷的鱼在围绕着我们环游。而虚拟的地理学意义下的空间却可以克服这些矛盾，即在实体空间中，许多意识想做而不可能做到的事情，在这里得到了释放。所以虚拟的空间广阔性还意味着人的内在深处欲望的地理空间广阔性得到了显现。也就是说，虚拟空间为内心的广阔性找到了一个巢。所以说，VR 构造的虚拟空间使得人的内心空间和实体空间在无缝的切换中得到了一种统一。广阔的边缘和身在近旁都是同样的在场，这些技术的应用及普及使得作为认识主体的人类出现了虚拟化的现象。

四 虚拟空间（网络空间）的社会关系

网络虚拟空间是社会化空间的另一种存在方式。现代技术不仅构建了真实的物理意义的虚拟空间，同时借助于电子技术还构建了虚拟的网络社会化空间，网络空间在近几十年来得到了飞速的发展，不论在社会整体建构中还是在个体的日常生活中，都成为一个不容忽视的部分。网络虚拟空间的感觉正如一首歌《虚拟》中所描述的：

押韵的排比
固执幼稚的押韵
零零散散凑齐了阵营
固执美丽的意义
固执空洞的美丽
飘飘然然空中遇见你
你是我未曾拥有无法捕捉的亲昵
我却有你的吻你的魂你的心
载着我飞呀飞呀飞越过了意义
你是我朝夕相伴触手可及的虚拟
陪着我像纸笔像自己像雨滴
看着我坠啊坠啊坠落到云里
固执有趣的零星
固执无聊的有趣

平平淡淡管住了情绪

固执声音的意义

固执空洞的声音

摇摇晃晃情绪却满溢

网络虚拟是由 WEB 技术构成的，所以需要了解 WEB 信息技术的运行过程。WEB 将网络信息和超媒体技术融合在一起，提供了一种非常直观的基于视觉的全球信息系统，该系统既经济又极其强大，由于它允许在智能浏览器和智能服务器之间的协商格式，因此 WEB 技术克服了供应商和用户之间数据格式的不兼容性，并在网络空间转换为真正无缝的信息空间。在计算机和互联网的作用下，通过数据信息的收集，在计算机的数据运行处理下，形成了一个虚拟的网络空间，而作为技术的应用者，信息技术将是人类了解世界的一个工具，这种工具具有强大的自主性和能动性，可以进行智能的自主运算，使得人类活动可以在虚拟空间中进行。这样作为认识主体的人类，就和虚拟的网络空间连接在一起，从而可以实现认识主体的虚拟化。进一步来说，在信息技术不断地发展中，一种沉浸式的网络空间也在不断创造中，现实情景式的智能空间可以使人类在网络中达到身临其境的状态，作为认识技术的信息技术，最初的功能就是延长人的感官，扩展人的认识对象，使我们不能直接观察到的客体以特殊的方式显现出来。这样的情况下，认识主体就可以在技术的作用下与虚拟空间形成一种融合的状态，从而实现认识主体的虚拟化。在研究信息技术哲学的认识论过程中，我们可以了解到，"电子显现技术的用户完全沉浸在电子显现环境中，而且由于用户的身体是遥隔的，因此用户能够在这种环境中巡游并与它产生互动。"[1]

在虚拟空间中，则没有这样的制约，通过一定的计算机程序，我们可以很好地模拟现实需要的各种场景和要求，其实就是虚拟实践。所谓虚拟实践是人借助当代信息技术在虚拟空间中所进行的实践活动，它实

---

[1] ［荷兰］约斯·德·穆尔：《赛博空间的奥德赛——走向虚拟本体论与人类学》，麦永雄译，广东师范大学出版社 2007 年版，第 194—195 页。

际上是一种在信息空间中进行的"信息型实践",它主要是以付出脑力为特征的,它是主体从自己的精神世界中输出作为"精神产品"的某种信息,然后将其输入到作为对象的人的精神世界中,引起对象的信息方面的变化;或者将其作为指令输入到信息控制系统,通过自控系统这一中介来造成对象的物质性变化。通过网络空间的虚拟模拟,人类的实践拥有了更好的选择,可以预见实践的各种可能性。

在现代的日常生活中,网络虚拟空间已经越来越从科学家那里走向了日常生活。在日常生活中,带有虚拟性质的网络空间生活在年轻人中占有相当高的比例。年轻人不仅渴望能够在网络空间中掌握各种技能,并且整个日常生活的节奏也在提醒他们应该熟练地掌握好这一技能。这样就导致了以下几个结果。

第一,虚拟关系的虚拟化。沉湎于网络空间的人平时接触社会关系节点的是手机、电脑和游戏,而线下最为简单的人际交往或者交流却会令他们紧张和手足无措。他们认为线下的这种交往对于交流来说不仅低效,而且全方位地接触某一个人需要额外地了解、接触、磨合,这将花费许多不必要的时间,例如在网络游戏中,根本就不需要知道游戏同伴的真实的社会角色,只需要知道他在游戏当中擅长什么角色,因而不能说这层虚拟关系是浅层的关系,而只能说这种关系是一种单向度的关系,是一种高效的技术性关系。

所以这种新的单向度的关系,很轻易地替代了线下的许多社会性关系。尽管这种关系是简单化和浅层化的,可能还是一次性行为,但它简单易于操作,网络主体易于控制,最为重要的是,这种社会关系带有删除功能。我们知道,如果在线下,经过我们长期建立起来的社会关系,例如亲情关系、朋友关系、同事关系等,一旦恶化,试图删除这层关系实际上非常麻烦,主要是因为每一层关系涉及面都很广,割裂这种缠绕性关系要考虑到各方面的反应。而这种单向度建立起来的联系则不同,它能够深入人们急切需要的关系的深层和内部,一旦需要耗费时间和精力来处理交往中形成的麻烦,或者随着主体的兴趣点的转移,他已不再需要这层关系,就只要用鼠标按下删除键,一切都可以轻盈地重新开始或迅速建立。

这对于年轻的电子一代来说是再好不过的，他们不再需要从父母那里学习更多的社会礼节和交往技巧，不再需要解决许多令人生厌的交往矛盾。因为在虚拟空间中我们可以轻盈地在各处随意地飘动，可以随时选择无限的多样的高效的联系，可以想象，我们在线下的社会空间如若交往十多个志趣相投的朋友，得花费多大的精力和时间，实体性空间毕竟是有限的封闭的空间。

第二，这种空间还能满足人们的多重身份的需求。从人类心理来说，尽管我们不一定如电影《变相怪杰》中的史丹利那样，具有双重迥异的性格，但我们追求多重人格身份认同的心理却是客观存在的。而虚拟空间刚好为我们提供了身份变换的面具，在传统意义下的社会空间中，我们每一个人都有一个固定的人格身份，并在一生当中积极地营造和强化这一身份，这是因为我们是生活在一个相对固定的区域空间之中，而网络空间由于可以轻盈地切换，因而在客观上也要求行为主体要不停地切换身份，因为每一个身份在单一的功能空间，一般只能充当一个身份。在虚拟空间，快捷地消除一个身份而进入另一个身份，很显然是必需的。

当然这样一来，人与人之间的亲密性确实在降低，因为尽管我们某一单向度的社会关系得到了很深的加强，但人与人之间的亲密性应该是人的整个有机体之间的全面的关系的总和。例如父母与儿女之间的亲密性，包含着几十年的生活，同时包括所有日常生活的经历和回忆，是对对方的全方位的了解，性格、思维习惯、爱好、特长等，这样使得大家在一起，不需要经过试探性地相融，特别是在一些事件中，通过熟悉的地方和空间中的经常性行为，例如家中的客厅、卫生间和厨房，就能建立亲密性。而对于通过屏幕相互联系的朋友来说，亲密性的降低就显然再正常不过了。

第三，这种定向成为个性容易展示的地方。上面我们说，这种虚拟定向降低了人与人之间的亲密性，那么这种降低或说损失到底是否值得呢？在微信或QQ上建立的亲密性是那样迅速、准确、定向和无障碍，不用考虑自己的性格倾向或缺点，就能找到志趣相投的人。每个人都能把自己的特长展示在大众面前，即使你仅仅有做面食的技巧，或者喜欢养一些奇怪的宠物，也能轻松地找到同类，被同类人关注。所以在微信、微博等同类群体汇聚的地方,那些过去受制于社会身份地位的平凡人突然获得了某些方面的平等的话语权,也能像一些明星一样在大众面前刷一下存在感,并用自己的言行来影响群体。

五 虚拟空间的美感与沉浸

人们的日常生活追求是带有美感的需求,因而它必然诉诸感觉、感情、知觉和想象。尽管虚拟空间技术的本质是理性的,但它与美的因素并不排斥,它对虚拟空间也有审美的建构,正如爱因斯坦借用莱布尼茨的"先定的和谐"概念(在心同物之间,存在着一种预先被永远确定了的和谐)所说的,对于科学家而言,"渴望看到这种先定的和谐,是无穷的毅力和耐心的源泉"[①]。

其实虚拟空间与物理空间的最大区别在于人的意识内容已经先入为主地介入其中,这一空间毕竟是人工物构建的,因而它有客观存在的因素,即人不可把握的东西,但人的审美价值、需求等,在人还没有参与其空间互动时就早已有之。而参与虚拟空间互动的人还没有对这一空间完全了解,更何况这一空间是在变化的(例如有的网络游戏就处在不断升级之中)。空间的未知感、不在手性,以及空间的内容一直处于不断地挖掘之中,产生了距离感,正是这距离感产生了我们在虚拟空间中的美感沉浸。当然这一沉浸的产生是一个复杂的过程,从质态变化上说,它可分为两个阶段,即由距离感而产生崇高感;由崇高感到对美感的沉浸。

对于虚拟空间产生的距离感到崇高美感,大概有两个环节。第一个环节是对虚拟空间的距离感的产生。当虚拟空间刚开始进入实践主体时,他们对这一空间并不十分清楚,而且这空间给参与者以相当杂乱的感觉。例如有过网上购物经验的人刚开始进行这种消费时,最初都会有这样杂乱的感觉。杂乱并不是说消费者对这一网上空间的否定,而是因为它与我们日常线下购物存在着差异与不同,是指这一网络空间还处于不在手状态,并且消费者对其空间的逻辑分布和内容还很不熟悉,这是由陌生

[①] [德]爱因斯坦:《爱因斯坦文集》(增补本)第一卷,许良英、李宝恒、赵中立、范岱年编译,商务印书馆1976年版,第173页。

感而产生的距离感。当然,这种心理的距离感在网络游戏、社交软件中都普遍地存在。而且,这一虚拟空间在主体面前是相当模糊的,它们给主体的信息由于主体自身的原因而常常是紊乱的,并且很不符合日常生活的规律,这时主体就明显感到已有的日常生活中的有序知识结构随着这些信息的输入而被打乱,从而对虚拟空间产生模糊感。

第二个环节是好奇心的产生。在日常生活中,许多人都有一种生活在新奇中的欲望,一方面,他们在心理上趋向于稳定,而另一方面,不论是生活在群体和社区的人,还是作为个体独处的人,都有很强的好奇心。对陌生的虚拟空间的事物具有好奇心,不仅是自然对人的诱惑,也是人的本能,因为人原来属于自然,自然的长期发展分离出两个对立的方面,一方面,主体试图从自然中分离出来,而另一方面又使得人离自然越来越远,越来越陌生。为了解决这一分离带来的失去,也是出于人的生存本能,一般的人都会具有强烈的好奇心。在此,只要我们认真观察一个青少年是如何进入网络游戏世界中去的,就会发现好奇心对于沉迷有多么大的影响,应该说它是沉迷的起源、动力和持久不散的兴奋剂。而由于虚拟空间与日常生活世界的奇异性较大,就更加能激发起人的好奇心,这无异于亚当与夏娃偷吃禁果,不是人们能够轻易抵御和消除的。

因此正是距离感而产生好奇心,而好奇心又给了人们在下一步的活动中不断由于沉迷的动力。这就如一个青少年,面对同伴都会玩的网络游戏,一方面会对这种空间的异样和无知不能容忍,另一方面又在心理上无法加以消除,于是必然造成心理落差。因为作为日常生活,特别是日常生活中的休闲方式,它应该是和谐的,容易的,但在这异样的空间中却无法达到和谐,人们面前充满着一个个无知待解的困难和挑战,因而在某一个时期,由于好奇心和对和谐的心理需求,主体会在某一时期产生一种类似于焦虑感的东西。焦虑意味着这件事情已经在生活中显得重要,在有待解决的事情当中排在前面,其他的事情甚至于工作都可以暂时地放一放。而问题正在于,在虚拟空间,它的景深绝不是浅浅的,它有许多很难一下子加以熟悉的问题,而且由一个问题会导致另外许多问题的产生。例如现在的许多虚拟游戏都不是单一的一次性可以通关的游戏,有些大型的群体游戏,由于人的参与和互动,更是难以在一个时期内完成，因而提升自己的能力就成为亟待解决的问题，这将花费大量的日常生活时间，这在旁人看来就是沉迷。而对于有的人来说，由于心理的极端焦虑感，或者其他方面的原因，极度地沉迷也就成为可能。

第三个环节是由崇高感到美感的沉迷。长期的焦虑感有时候会转化为对这一虚拟空间的崇敬感，感到这才是生活中最为值得留恋和生活的地方。因为在这一空间中，有许多无限的层次和景深，例如在网络交友和聊天中，人们会接触到在日常生活中无法一次性接触到的差异巨大的人，相比日常小范围的区域性空间，虚拟空间是如此博大精深。那么从焦虑感到沉迷又是怎么回事呢？这是因为人们有一种更为迫切的希望，希望把自己的一些价值观、思想渗透到他所面对的虚拟空间中去，并且参与这一空间的构造，使他至少感觉到它应该是在手性的。即人们通过对虚拟空间之间的相互渗透，使得虚拟空间既是客观的又是主体参与者构造的东西，这样就会真正地消除他们之间的距离感，达到相互之间的和谐。这种和谐的特征是虚拟空间按照主体的思维活动而活动，虚拟空间中的内容好像是主体附加给他的。当然，这种互渗达到的和谐还是比较低级的，因为这毕竟是情感性因素的投入，有时候主体不一定关心它的合理性，它只是对焦虑感的一种解脱方式，从而实现快乐感，但在实际中，特别是那些沉迷于网络的人，还有更为深入其中的体验，而这种体验就有点类似于美感的产生。

在沉迷于虚拟空间中的人对这一空间有了很深了解之后，距离感就消失了，这一空间已经有了初步的在手性，他就会把主体因素中更为重要的因素，通过移情、联想、臻美等方式在理性的帮助下真正地嵌入虚拟空间中去，从而能够占有这一空间，使得它成为主体在日常生活中随心所欲使用的东西。

联想和移情对虚拟空间的沉迷是相当重要的。因为联想和移情的特点就在于它的思维自由性和飘忽不定性，一旦人们在日常生活中有所思、有所欲，而在现实生活中又无法实现，就很容易把自己的欲望和审美的内在尺度一下子嵌入虚拟空间之中。因为虚拟空间不需要像日常生活中那样强烈的理性的客观的制约。毕竟虚拟空间中的虚拟内涵，就说明了非理性的含义。当然，作为沉迷的最后一个阶段，将内在尺度通过联想和移情嵌入虚拟空间之中是有条件的。首先，要对虚拟空间的信息有一定程度的了解，人们可以找到自身可以定位的地方，尽管这时的移情不太需要强烈的逻辑合理性，但并不是说不需要逻辑的合理性。其次，虚拟空间也必须具备一定的可移情性，即它对主体的情感需求内容具有一定的相容性，主体在认知开始之时，就已经根据自身的需要选择了可以容纳他的情感空间，并在后一步的活动中不断地进行选择。例如一位年长的老年人一般不太可能选择激烈地对战类游戏，他可能会选择戏剧俱乐部等线上与线下结合的空间。所以如果虚拟空间没有能让主体情感需要驰骋的足够空间，那么这种美感在进一步发展时必然会被抑制，这一空间当然就不会导致操作者沉迷。

当然，应当注意到的是，上述虚拟空间的沉迷过程的每一个阶段其实是同时发生的，而不是一个阶段发生后才出现下一个阶段的内容，因为在空间中有诸多的事情，并且这些事情也是在变化中的，在一个时间节点可以处理不同发展阶段的事情，因而上述的好奇心、焦虑感、心情解脱、移情审美、沉迷是同时发生的。

第四节　城市空间

城市，是承载人们美好生活的主要空间，尽管在城市化过程中出现了许多"城市病"，但人们对城市空间的畅想从来就没有停止过。在现代技术下，城市的空间结构和生态正在发生颠覆性的变化，生命健康城市、智慧生活城市、信息与安全城市等，正在新科技的支撑下逐步建立起来。

一　机器内涵的延伸——巨机器和城市

机器是现代技术象征性的代表。机器在现代城市的发展中起过并还仍在起着决定性作用。现代城市就是无数机器在空间中叠加起来的巨机器。芝福德认为，巨机器形态，特别是它的组织方式在工具化时代已经出现了，只不过古代的巨机器不可能从考古实物中找到，而是由社会组织形成的。

"我这里所说的机器从来没有在任何考古学的挖掘中发现，原因很简单：它几乎完全由不同的人组成，这些人聚合在一种等级组织中，由一个独裁的君主统治，君主的命令由僧侣联盟，武装军队和官僚体制所支持，保障机器的所有成分服从机器统一的命令，我们称这种原型的机器为巨机器。这是人类为以后所有特定机器所建立的模型，这种机器远比如今陶工所使用的转轮或弓转还复杂，在17世纪机械钟发明之前，它一直是最先进的机器。"[1] 所以在芝福德看来，机器所有的特征不是起源于18世纪，而是起源于文明的开端处。

与手工工具的产生原理一样，只有人的思想才能有具体物，而巨机器的具体物在古代就已经存在，如金字塔、中国的长城，因为金字塔的建造达到了像钟表一样的精确性、专业化、分工协作化。

但我们应该看到，这种巨机器并不危害个体化，因为这种巨机器仅仅是空间上单调的大，即在物理空间中是单调的，其内部并不复杂，在单调性增加的同时，各个个体之间的协作也不完全来自各个差异性个体之间的互补关系，是来自一种绝对的权力，用一种社会群体的权威来完成工具个体的简单的巨的组合。这种组合是社会群体性的，反个体的。

从这里我们可以看到，个体化空间与整体化空间之间的差别并不在于巨空间和小空间上，其最为主要的特点是不论是在内在的空间还是在作为独立化的技术物体空间与外界的关联上，都不存在分工组合的现象，各个个体性空间分散在生活世界之中，并且个体性空间总是在生活世界空间的限制之中，没有绝对化和独立化的空间存在，正是它与生活世界的关联和依赖使它表现的是多重功能空间的接触，即是多元化的生活世界空间，不是单一化空间。实际上大空间包含着的整体空间的趋向可能更多一点，最为主要的还是加入了主体意向化，导致这种大空间的进化不再是量的增加和有机和谐的进化，而是按照人的目的进行的结构的变化，导致大空间的性质和功能与原有的技术物体空间不一致，大空间不是生活空间异化的原因，但却成了芝福德要指责的代替者，这并不是走向大空间的错。

---

[1] 吴国盛编：《技术哲学读本》，上海交通大学出版社2008年版，第502页。

二 城市的机器特征——容器与磁场

芒福德在对技术文明史的考察中提及，我们过多地关注对进攻性人工物的追问，而比较少地关注对容器的技术物体，如篮子、器皿等的追问。① 海德格尔也常用具有容器的物，如壶、居室对技术的本质进行追问。事实上，芒福德和海德格尔对存储性容器的关注，隐喻着对一般技术物体的容器性空间话题的讨论，因为芒福德甚至将这种容器推广到语言、水库等广义的技术物体中，而海德格尔在《筑·居·思》一文中甚至把桥这一技术物体推广到存储性空间性话题，② 这都说明他们对容器的关注隐喻着对一般技术物体所具有的容器性的关注。有一个例子最能说明他们隐喻的话题，即芒福德在《城市发展史》中，将城市的本质看成是具有容器和磁场的物质，而城市在芒福德看来，又是技术物体的折射和躯体的扩张，是技术物体的投影，它犹如一台巨机器或巨技术物体（magamachine），③ 也就是说，是技术物体的容器和磁场特质折射出城市的容器与磁场特质。

当然，一般技术物体的容器性内涵很显然已不再是如篮子这样器物的存储性功能，它引申性地代表着技术物体的容器空间的会聚内涵，是会聚的场所。就如城市是人、物、事定置、放置的场所，但同时也是各种远方之物朝向、汇聚的地方。同样，技术物体的空间也具有类似蓄水池的空间功能，是相关技术元素聚焦的场所。这就如海德格尔描述的桥，把天、地、人、神聚集于自身，④ 在桥中汇集了河两岸的风景、村庄、丰收的车队等。

当然，在上述谈及的容器会聚功能中，已隐含着一般城市空间的磁

---

① 吴国盛：《芒福德的技术哲学》，《北京大学学报》（哲学社会科学版）2007年第6期。
② ［德］海德格尔：《海德格尔选集》下卷，孙周兴选编，上海三联书店1996年版，第1195—1199页。
③ ［美］刘易斯·芒福德：《城市发展史——起源、演变和前景》，韩连庆、倪文彦译，中国建筑工业出版社2005年版，第67页。
④ ［德］海德格尔：《海德格尔选集》下卷，孙周兴选编，上海三联书店1996年版，第1196页。

场功能，但空间的磁场含义不仅仅如此。有一位学者在讨论物理学意义的磁场时，就认为磁场不是作为一种实物存在，即连续性的物质形态，而认为磁场是一种空间。那我们同样可以借鉴性地说，技术物体的磁场也不仅仅是技术物体的空间功能，而可以把它直接理解成为空间，它应包括技术物体辐射性的空间部分，或者作为技术物体实体占有的空间与外界空间的中介过渡性空间。即磁场也隐喻着容器空间的连续性与外界的交换性，表现为容器空间向外界的广延程度。

除此之外，对城市的磁场空间的理解最为主要的，是它的吸引趋势。对吸引空间的理解，不仅仅在于上述的汇聚，它还有以下两层含义。一是吸引不是单向度地把外界物纳入城市的空间中，而是城市中的某些元素经常被引用到其他城市空间中去，从而这部分元素在另一物体空间中在场，并进而形成混合空间的融合进化，这就是磁场的反向吸引。吸引在于被他者所引用。二是磁场的吸引空间，还可以理解为趋势和引诱。磁场的空间本质在于它是一种准备接受的状态，也就是说，磁场的吸引不一定就是一种主体实践活动的主动行为，而可以是一种被动行为，是趋势和引诱。例如，工程师发明的主动行为的结果即技术专利，是在技术物体空间中已经隐喻的，即发明的空间进化轨道早已经在德绍尔所说的第四王国背景性空间场中存在。发明的主动行为是对已经客观潜在存在的显现。而城市的趋势和引诱就在于各种元素被城市的进化基因引诱而来，他们看到城市进化的希望，从而汇聚于此。

其实，芒福德在《城市发展史》中将城市的本质看成是具有容器和磁场的物质，这样的隐喻性描述有着深刻的背景和缘由。现代城市发展的重要基础和根本推动力量并不是来自外界的促进性因素，例如贸易、政治等，就一般意义上说，它是一种自然的历史的物质过程，它的根本动力是技术物体的作用，特别是近代大城市的形成，基本上是建立在大工业形成和发展的背景之下的，而大工业总是与瓦特蒸汽机、珍妮纺纱机这些技术物体相关联，因而人们很容易联想到，现代城市是技术物体的折射和躯体的扩张，是技术物体的投影。正是在这层意义上，城市有如芒福德在论述技术的本质特征时提到的，犹如一台巨机器或巨技术物体。

在这里，把城市看成是技术物体的另一个更为本质的原因，就在于技术物体的容器和磁场物质折射出的城市容器与磁场物质，是具有内在的相通性和一致对应性的，也就是说，我们上述对城市的诠释，实际上揭示了技术物体容器和磁场这一更为深刻的话题。这必然性的巧合现象，实际上在芒福德的技术理论中已有所涉及和隐喻。

一方面，芒福德将现代社会隐喻成巨技术、巨机器，使我们联想到现代城市就是巨机器式的技术物体，而另一方面，芒福德又从技术本质这一视角进行深刻透视，发现城市特质与技术物体的特质是相通的。芒福德发现，对技术物体容器特征的考察，对于揭开技术的进化与文明的进化是首要的，然而诸如语言、炉、彩陶等的容器特质却因为人们过分重视介入性技术物体，而被不恰当地忽视了。① 所以从这一点看，芒福德在描述城市的容器和磁场时，仅是技术物体容器与磁场概念的延伸。

所以，我们的视角开始从城市的容器与磁场转向技术物体的容器与磁场。

有一个现象最能说明城市与技术物体发展相关联的事实。在农业社会中，城市的极限也就是几百万人口，而有了蒸汽机和珍妮纺织机这些技术物体系列后，百万人口的极限很快被各种技术物体的集聚所打破。

机器一方面在向自然的生物个体进化的同时，另一方面在空间上也在不断地扩张，特别是以机器为基础的辅助结构在不断地随着机器的发展无限地扩张着。手工业作坊开始变成工厂，再变成厂区、工业区，机器在一开始就是相互依赖的体系。在动力上，机器进一步进化，特别是电力能源的变革、交通运输以及汽车等动力的发展，使机器进一步分化了，在空间中开始进行实体性和虚拟性的扩张，机器开始把自己的自身元素有组织地向城市空间中抛洒，使其生根发芽。例如机器把动力部分让位于发电厂，从而形成众多机器的共同性联合，于是机器就如庞大的章鱼一样，所到之处，都会化为机器的一个附属，机器产生了一个无限容器的灵魂，向空间的各个地方扩散，进而形成现代社会的一个巨机器空间，即城市空间。

---

① 吴国盛：《芒福德的技术哲学》，《北京大学学报》（哲学社会科学版）2007年第6期。

也就是说，机器体系已经形成了城市聚集的各种必需的因素，并且能够形成新的规模，在这之前，以农业工具形成的手工业作坊已经形成乡镇的会聚，但是以机器为基础的城镇工厂所具备的有利条件已经完全抵消了乡镇的诱惑，所以曾经以风车和水车为动力，大量积聚在水磨房周围的原始手工业群落在发展到一定规模后，就难以进一步地积聚，因为这些单一的工具或者机械体系所能涉及的工种是有限的，所以也不可能把更多的人口积聚在一起，更不会产生相关的人口积聚效应。

以瓦特蒸汽机为动力的机器，拥有巨大的动力，特别是能够在一个集中的空间提供动力。它要求在高度聚集的工厂群落中发挥其高效能，所以从空间上说，它要求工厂的附属部分与动力中心的距离都不能太远。因为，每一架纺纱机和织布机都需要接受蒸汽机通过传输带和转动轴传来的动力。这样就形成了第一个工业行业纺织业向巨型化空间方向的过渡。

这样的机器城市与人口积聚的作用是相互的，因为机器体系的积聚需要在一个有限空间中有大量的人口来依托，所以必然选择到人口集中的地方。机器的因素会折射在交通道路上，会带来仓储等要求，还要求漂染工业体系和工厂空间的形成，等等。但同时机器体系的发展又能够消化已有的人口，特别是人口之外对生活体系的要求，也大大地促进了人口在空间上的积聚。也就是说，人在空间上的积聚是两个关联的因素作用的结果，一个是按照机器的逻辑的空间积聚，另一个是更为广泛的人的生活积聚，机器体系在本质上为人口的积聚提供了最为基本的动力。所以说，人口招来人口，聚集引起更大的聚集。聚集一旦形成，就会引起一连串的新的聚集，这样城市的空间就开始形成。所以说，城市的空间是机器的发展的折射，是机器空间的进一步扩张。当然，一旦机器化的城市空间形成，就会形成自身的惯性，按照自己的机器内涵来进一步地发展，这样新的巨空间就开始出现，巨型的人口城市就开始产生了。在这里对于新的城市来说，它的机器内涵还包括资本的扩张，它也是机器化的城市发展的基本动力之一。

城市在展现容器和磁场功能时，确实也存在一个相反的趋势，即技术人工物展现的空间是无限向外扩张的，有一种向外展现的趋势，而它的结构性磁场却希望将这一空间加以压缩，以便于磁场功能的发挥，让技术物体的功能更加容易产生新的磁场。这种向物体内部的，即以技术物体为轴心的磁场力（axiate priciple），与技术物体进化过程中不断地需要外界的材料作为功能整体化扩张的物理学基础之间的张力，被西蒙栋的技术物体空间概念给巧妙地解决了。西蒙栋的技术物体空间，是一种先于实物主体存在的技术物体空间，即在身空间。我们说的空间扩张，在传统上主要是地理定义的扩张，但在现代技术中，这种扩张只是技术物体空间扩张的一个方面，或者说，是主要的磁场和空间的参照物。但西蒙栋认为，技术物体新空间扩张的内涵，由于技术物体构成的是事件性空间以及技术物体存在于其中的虚拟空间，也就是说在技术人工物中，空间问题一直存在两种属性的空间，即物理学的实在位置的空间和主要发挥技术结构功能的抽象空间，实际上技术物体在发挥磁场功能时，物理位置的实在空间和虚拟意义的抽象空间[1]都在发生不同性质的变化。技术物体的各种元素在虚拟空间内更加靠近了，但它的物理实在空间却不一定在一个具体的一个范围内。[2] 一方面，技术物体不断地扩展城市的物理空间，技术物体的进化动力是向外扩张的源泉；另一方面，技术物体内在结构的紧密化也为城市空间的收缩提供了依据。

---

[1] 这种空间实际上就是心理或后边提到的身体为视角的心理感觉空间，或者从功能意义上说，是更加准确地发挥技术物理功能的功能空间。

[2] 专利索引也为这一物理空间和虚拟空间的变换性和多场合的在场提供了完美的佐证。在对德温特专利引文索引数据库的分析中，可以发现技术专利并不仅仅局限在本行业专利簇中被引证，它还被其他行业的专利簇交叉引证。这充分说明技术的显现并不局限在一个物理空间，而是在各种形式的空间中。

第 三 章

日常生活中的时间

许多论述时间的书籍都常引用奥古斯汀的一段话:"时间究竟是什么?谁能轻易概括地说明它?谁对此有明确的概念,能用言语表达出来?可是在谈话之中,有什么比时间更常见、更熟悉呢?我们谈到时间,当然了解,听别人谈到时间,我们也领会。那么时间究竟是什么?没有人问我,我倒清楚,有人问我。我想说明,便茫然不解了。"[①] 在日常生活中,时间是一个最为平常不过的概念。但我们今天却遇到了一个克洛诺斯问题,即有一种力量正在创造新的时间,同时它又在吞噬时间。这种力量就是技术!

从技术作为一种工具的目的性来说,技术是对人在日常生活中的时间的不确定性的征服。技术的目的性预示着未来时间的开放性。例如我们的许多发明都预示着将来我们可能得到什么,即现在我们可以看到未来的许多时间暗示和线索。尽管当人类还没有掌握某些技术时,未来的时间,即在日常生活中发生的事件可能是不确定的。但我们不恰当地把日常生活系统看成了其在未来的时间进程中的进化系统,我们以为它像云一样,是非常不规则、毫无秩序的,是在时间进程中难以预测的。现代技术下的日常生活,对所面对的系统中的事物和时间进程的把握,就如时钟运转那样准确,在现代技术作用下的未来生活,是规则、有秩序和高度可预测的。在日常生活中的我们,作为个体的人,就如鸟群里的个体,以各种惊人的不规则的方式运动着,也像鸟群那样聚在一起。在

---

① 吴国盛:《时间的观念》,商务印书馆2019年版,第98页。

鸟群中，虽然各个个体很不规则地飞向四面八方，但那些发现自己离群的鸟又会往回飞向最密集的地方，这样就完成了群体的迁移进程。我们无规则的日常生活个体与鸟群一样，也是一个有规则的整体，而整体行动的决定力量就来自技术对未来的决定性规划，因而日常生活就变得如时钟那样有规则性。

那么，怎样知道自己存在于时间之中呢？我认为以下两个维度的视角是必需的。第一个时间透视维度是个体行动者自身作为存在者而考虑的时间内涵。在日常生活中，作为存在者以何种方式而存在，这是一种自我审视的时间，即作为生命价值的时间，相对来说，作为生命而赋予抽象时间的内涵是价值意义，即事件发生的过程和内容在时间上的价值是什么。例如一个智者在边远的农村生活10年，那么这10年在他的整个生命历程中有什么地位和作用。实际上这一时间维度的考察，才是人在日常生活世界的本质意义。第二个维度则是从个体时间视角的考察转为社会意义的存在角度的考察，即人的活动时间是怎样嵌入在那个时代意义的时间之中的？在他所处的那个社会时代，行动者是以何种状态在生活着？

从上述的两个维度看时间，只有采用时间的分析视角才能将我们日常生活发展过程中断裂的各种现象，归为一个连续性本质内涵，这样才能在现代技术背景下，得出对这一断裂的日常生活有理论深度、有逻辑性的分析。我们才能在日常生活的时间模式和时间观点中，看到情境性、环境性内涵，从而在现代技术架构下的日常生活中重新确定时间观念。

所以很自然的，我们要回答的，是除了社会实践时间之外，时间到底还意味着什么。这里我们还应回到对日常生活世界的考察中。事实上，对自然环境和人的身体自身性的时间维度考察也是日常生活世界的一个重要部分。这正是胡塞尔现象学注意到的，即时间必须存在实践主体的构建，我们在考察外部时间之时，实际上也正是在用内在时间心理尺度去构建外在尺度的时间，即赋予人的主客体时间观念，这对于时间的考察会更为准确。

第一节　线性时间

大约在中世纪，欧洲人已经感觉到时间观念在日常生活中的巨大变化。一些城市居民开始关注他们过去在日常生活中经常忽视的时间。时间在每日的事务活动中也经常被询问到，同时对时间的需求和节约也显得越来越重要。人们对上帝的崇拜，似乎已经转向对世俗的时间的追求。

到了现代，在社会的共同生活中，人们会运用各种与人类行为相关的时间标度。这些时间标度中，从很久很久以前的神话到可直接接触到的当下，可谓应有尽有，相应的时间长度从数万年到不足 1 秒，有的已经超出了人类的感知能力。当然在人类日常生活中，时间测量的精度也得到了提升，时间的可及范围也有所扩张。推动这一事实形成的，不仅仅有全球范围内经济和政治活动的日益交织，以及为更快、更大规模的物、人、信息交流提供保障的现代技术，还有适应工业生产方式普及而逐步形成的生活方式。不仅诸多事情在世界各地同时发生，而且我们也能够了解同一时间地球上其他地方发生的事情，这都推动人们在社会共同生活中接受统一的时间。

今天，我们对时间的关注，主要是源于我们感知到的在日常生活各个方面速度的提升，我们每一个行动和决策都被技术所促逼，它常常以技术工具的方式，不断悄悄地侵入我们的日常生活中，或者以一种理直气壮的执法官角色，用一种规则和制度植入我们的日常生活，而个体在它的面前根本无法反抗。技术的快速变化会导致我们的日常生活快速变化，我们必须在无法观察周围的一切人事物时，应付这一切的变化。

更为严重的问题是，我们还迷恋这一变化，我们认为我们节约了生命而相对地延长了生命。这种观点尽管有时候也掺杂着文化悲观主义的倾向，但我们对于"惜时如金"的人还是怀有钦佩之情的。相当多的心理学研究者在研究期间碰到了患有焦虑和焦虑性神经症的患者，他们无法适应时间上的需要而患上了某种文化忧郁症。这些心理学者对迷醉于输入速度的灾难性后果发出了预警，指出这个时期的许多病症都与之建立了因果联系。然而，正是这种对速度的狂热崇拜在未来主义者那里得到了明确的赞扬。未来主义者认为，是机器时代的动力学把能量转到了自我毁灭的速度中。

一　线性时间与循环时间

我们的日常生活时间，其结构大多是不断重复的工作时间和休闲时间，其时间特征主要表现在一种节奏性上。行动者感受到的时间特征更多的是一种循环式的日复一日，也就是说，我们对日常生活事件的感受是循环往复的过程和状态。到了近代，特别是大机器工业形成以来，由于新技术带来的生活世界变化，在我们日常生活中，许多事件的发展是快速的螺旋式上升的，事件在发展中不再能够回到过去的状态，人们会感觉到日常生活时间在向一个新的维度变化，即过去、现在和将来区分得相当明确，时间的内涵开始逐步强化为线性时间。

在日常生活世界中，对循环时间和线性时间的感受是两个最为基本的时间经验。由不同技术构建的日常世界，随着技术人工物介入的程度不同，而表现为不同的两种时间混合模式。一般来说，循环时间发生在人类的生产和生活工具比较稳定的时代，例如在游牧社会和农业社会，技术工具在人的一生中基本没有发生变化，人在早年和晚年，在日常生活中所遇到的事情基本是一样的重复的，有时候，把一个事件放在宋代和唐代并没有什么差别，因为决定事件的技术人工物是一样的，因而它所构造的空间和时间在内容上并无太大的变化。而到了现代，现代技术构造的生活时间是处于快速变化中的，50年前我们的日常生活时间可能会大量地消费在收音机上，而到了30多年前这些时间可能就转而消费在电视机上，而在当下，则是消费在手机和互联网上，故事的时间是向前的、不可逆转和非循环的。

循环时间是一种日常生活的经验性时间，日常生活中发生的事件是时间的标尺，同时，由于天文时间也是循环性的，如季节变化、昼夜的轮转等，所以循环时间的形成也与天文时间有关。而事件的发展具有随机性，所以这种时间观多少有一种永恒轮回的感觉，即把事件看成是存在、消亡与再生的过程，事件本身不断地重复。

应该说，与线性时间对立的循环时间对人们来说更具有自然性和有机性,更容易与人的更深层次的情感发生共鸣,它更加有具体性和真实性特征,因为它是用自身发生的事件来标识自身所意识到的时间,但事实上,现代社会时间的主流存在形式却不是循环时间。到了近代,大机器的技术进入我们工业生产和生活的各个方面,例如电机带动的许多电器设备等,它们建立起来的时间可以叫作线性时间。线性时间是工业化的客观的按一种固定顺序排列的时间。这种时间与人类早期生存的循环时间有质的区别。

二 技术与线性时间

现代技术对时间的构建,最为常见的时间类型就是线性时间。对线性时间的体验最为明显的例子,是现代日常生活中的计划编排表。一个人如果在日常生活中,能够严格按照他每天制订的计划行事,那么我们就会感到这个人是有条理的,是适合现代生活的人。这一点与耕田的农夫在时间计划上的松散性和变动性有质的区别。编制计划是一种向未来看的活动,为了某种目的,通过安排一系列行为,达到未来的目标状态。当然,计划里也会有一定的变动性和调整性,但这种变动本身就是在计划之中的。也就是以一种线性时间模式,组织起事件发生过程中的各种相关元素,放在一个最优控制系统之中进行运筹学式的优化,从而制定时间进程。线性时间存在于按照最优顺序形成的程序和行为中,程序和行为在一个确定的时间序列中,在一个确定的时间范围内必须相互紧跟,这就是线性和连续性。

这种技术系统的精细安排使我们对时间的不确定性有了一种抵抗力,我们的未来是可预测和可控制的。这样我们就进入现代技术决定下的一个最为明显的时间特征——线性时间体验。

虽然技术为我们的未来日常生活开辟了一种新的时间经历,但却因为是线性的控制时间,使得我们未来的可能性反而变成固定的不变的东西,即我们现在已经知道了未来时间,时间反而变成了一种逻辑显现的时间,已不再具有生活内在的意义。所以技术开辟了未来的一种开放性意义,已经不再具有日常生活的审美意义。

由于现代日常生活的总体趋势被技术人工物这种严格的逻辑架构和

抽象的内在一致性，即技术原理所决定，所以带有自然性和生物性的循环时间节奏性和周期性与现代日常生活越来越相背离。例如电视机的普及消解了人们的日落而息和日出而作的生理习惯，这就是新生活本身的特征，从根本上把生理时间的循环连根拔起，转而形成一种线性时间。

我们在时间之中存在方式的决定权是由现代技术体系赋予的。技术体系逐步建构着我们日常生活的时间实践。特别是在机器化时代，个体必须严格按照技术体系的运转节奏来安排自己的行为时间。上班选择何种交通工具，汽车、地铁还是自行车，并不是个体所能决定的，因为你若想做最优化选择，就必须要按照技术物给予的时间来安排。因此，这样的时间安排实际上已经不是个体决定和计划的后果了，他被迫服从于技术人工物，服从于技术人工物功能化安排的结果。根据这样的时间安排，每个人都必须服从于人工物使用时的时间逻辑，并且将各个时间段有机结合起来。个体被迫在每个社会领域精确地按序确定他们的行为，并且与每一个人工物的节奏保持同步。现代时间已经不再是过去那种以个体的事件而决定的时间，我们很难再听到"一袋烟的功夫""一顿饭的时间"这样的话语，即把一个事件从头到尾发生的时间作为日常生活的时间标志和参照物，现代时间具有同步性特征，我们必须通过精确数字确定时间段，如"7：35到9：23"。我们的行为与我们同一技术系统链条上合作的同事的行为，保持一种高度的协调，或至少在某一时间节点保持协调，这种协调意味着人们各自在这一时间节点失去自我，失去个体的事件性时间，而让位于系统整体的时间节律。这一节律是强制性的，否则它就会失去系统功能，因而生命个体时间就会被肢解，变成碎片时间，而当其中的一部分时间被系统采用后，一方面这部分被采用的时间必须要在形态上做一个调整，以便于系统进行更优化匹配，而另一方面，肢解后留下的碎片时间，将无处安放，这样就会造成一方面时间是如此的紧张，而另一方面，不太能利用的空隙时间就比较难以整合，从而带来新的空闲和时间压力。

也就是说，对于个体来说，他并不反对节省完成一个任务的时间，工作的加快当然是有利的，但会产生一种速度失控现象。在节省时间的同时，具体的时间排序出现了许多问题，节省时间常常导致日常生活的某一个方面的加速，而整个系统并不能同步地跟上这一速度。这会导致我们日常生活的许多方面，特别是在文化和心理方面，出现许多与这一速度摩擦的地方，从而导致我们难以忍受。

三 线性时间案例

这里以一位直升机修理厂工程师的时间为例来说明日常生活的线性时间。很显然直升机要形成一定的集团规模才能形成战斗力，因而它要进行大修的时间常常是在同一个时间段，所以直升机修理周期一方面要满足军队的训练周期，另一方面又要满足直升机大修的周期，因而，工程师的工作和休闲周期，其实和他的个人日常生活没什么关系。一旦进入修理周期，就必须加班加点，一切的时间，都让位于工作时间，而当你与他们交流，赞扬他们这种献身国防的精神时，他们会感到一脸茫然，他们会认为这话是过誉了，因为这种生活不仅常见，而且也只能这样！另一个事例更能说明技术物决定日常生活时间的问题。火箭在厂里装配好后，由于箭体太大太长，无法依靠火车或普通公路运输，因而只好在临近海边的 D 地区办一分厂，在海边修建一条宽阔的大路把火箭运输上船，但这就导致原火箭厂工程师的日常生活时间发生很大的变化。他们星期一到星期五在海边的 D 分厂工作，周末又返回原居住地处理家庭事务。很显然，这些时间的安排计划表都是由火箭生产和发射的特点决定的。同时应该看到，火箭作为大系统技术，各个部件之间的运行存在不同步时间，常常会因为有一个部件研发的时间与原有的计划表时间不同，而导致其他部件研发时间从紧张繁忙状态突然变为休闲放松状态。例如某型号的火箭正在极其紧张地研发，以追赶某一天文发射的窗口期，这一窗口期当然也就是某年某月那仅有的几天，如研发进度追赶不上发射窗口期，就会导致发射推迟到半年后的次窗口发射期。但就在火箭装配好后的加电测试阶段，发动机却出现异样情况，必须从 A 地运回 B 地进行检测。而主发动机这一异样情况导致火箭厂安装部门和 C 地发射基地的整个工作时间突然地松散下来，同时，它还导致使用这台航天器的科研部门的工作时间也做了大量调整。这时，对于发动机系统人员来说，时间压力突然比原来倍增了许多，因为来自整个大系统的时间压力都集中于此，可以想象，这些工作人员的整个日常生活世界都发生了彻底的变化，一切时间都聚焦在发动机生产上。这一案例说明技术物体运行的特点决定了日常生活时间的特点。

当然，也许有人会提出一种质疑，认为这只是在军用、航天等高集成的复杂技术系统才会出现的现象。而事实并非如此，我们的日常生活系统只要是建立在现代技术系统构成的生活世界中，就必然存在上述现象，只是程度会有不同，而性质都非常相似。

许多复杂的系统常常会突然停止运行，导致众多部门突然处于休闲状态，原因就在于技术所构架的日常生活世界模式与实践者自身需要和能达到的模式，以及生活者自己特有的时间消费观念之间发生了矛盾。例如，在一般机器时代，人们比较习惯于线性时间，而到了现代技术中，随着多任务和片状时间的出现，开始出现弹性时间的结构，更适合现代技术建构的社会生活，特别是通信设备和网络信息处理技术的发展，也为这种时间模式提供了可能。但长期以来养成的生理时间习惯不可能在短期之内立即转换，这就为矛盾的产生提供了可能。这里还有一种比较特殊的情况，那就是在日常生活中，原本由各种人工物安排的时间体系和行动者对其时间系统的平衡适应，常常会在现代技术面前表现得很脆弱，主要的原因就在于，在系统中不时地会有重要的技术人工物出现。例如，在天然气开采技术中，20 世纪 90 年代煤改气技术的应用，使得天然气使用大规模化成为可能，成为节省时间的突出部，而这一突出部的发生，必然会导致与其相关的其他时间结构发生质态变化，我们可以发现，改革开放以来，以洗衣机、天然气等为代表的时间突出部技术，带来了日常生活时间结构的巨大变化。这一时间创新的突出部，使得消费、休闲时间等都发生了彻底的变化。

随着时间创新突出部的出现，原有的系统在整个信息和功能处理的通道中就会处于落后状态，这样就会出现时间滞留节点。这就如在城市交通网上，突然在某一条线上建立了快速通道，而与其相接的岔口和道路并没有发生大的变化，这样我们就会发现，在不变的道口，堵车就会变成经常性的事件。这也可以说是对时间突出部的一种反应。一般情况下，会对节点原有道路进行修正，以便适应这一快速通道带来的变化。

四 线性时间的产生

线性时间的特点是将时间分割成无意义的抽象的数字时间，一天分为 24 小时，小时本身不代表任何意义，只是一种计数单位。而我们要把每天需完成的事情安排在这 24 小时的时间段内。在过去是事件来显现时间，时间隐藏在事件之中，而现在是抽象的时间来安排事件，事件按照时间的排序和计划运行。由于时间在日常生活中表现为技术性的，因而它与自然时间是分离的，线性时间独立于人的生理时间和周期性时间。当然，线性时间也有周期性和节奏性，即在其中的事件具有循环往复性，但这种循环往复不是自然节奏和旋律的循环往复，而是机器运行下的周期性律动，类似于机械钟表的周期律动。线性时间也不是平铺直叙的，它安排的事件也有涨落，有事件发生的高潮时段，也有事件发生的低谷时段，这就是线性时间的律动。例如在一家医院，其时间运行就有涨落。每天刚上班时间是事件发生的高峰时段，夜间无法进行诊断的病人以及其他需要协商安排的事情，如早间的联合会诊等，都需要在这一时段解决。经过一段时间的工作，各个部门和诊室开始进入时间运行的平稳状态，而有的科室，例如呼吸科等可能因为气候原因，峰值会延长一段时间。到了中午是事件发生的低潮期，这种状况会一直持续到下午，当然中间有的科室也会有一个短暂的事件发生高潮期。在临近下班时，由于许多工作需要在当天完成，特别是有的科室的事务关系到其他科室事务的运行，因而在下班的时间节点，又会出现短暂的高潮。

线性时间的产生因素比较多，是一系列因素共同作用的结果。一般来说，有三个主要因素，一是社会的文化行为，二是现代技术的使用，三是社会生产中时间与价值的关系影响。

首先是文化行为对抽象的时间概念产生的影响。抽象的时间观念，在现代技术没有产生之前已经存在。抽象时间的观念为抽象时间的具体展开提供了适宜的环境。在大机器没有普及应用的时候，中世纪的欧洲在寺庙里已经有线性时间的生活实践，同时在神学观念中也有抽象时间观念，这些都为线性时间在后来的生活世界创建提供了坚实基础。

其次是现代技术的使用。当时间在均匀地流过技术人工物时，它就会产生褶皱，使得时间变成许多新的形式，这就是技术对时间的过滤。抽象的时间依赖于现代技术而存在，时间寄寓于现代技术之中，时间与技术的关系表明时间与技术之间的拓扑关系。也就是说，时间是渗透在技术之中的。时间随着技术物体的存在方式不同具有不同表达形态。如果把线性时间形象地放在空间中加以表述，那么可以说时间是随着技术物体的不同伸向空间多维角度的。换句话说，技术可以把时间拉伸和变形，这有点类似物理学中相对论表述的时间，时间随着物体状态的变化而变化，物体的存在方式会导致周围的空间发生变化，而时间在其空间中展开，当然也会有新的存在方式。所以说时间是技术物体流逝后过滤下来的时间。

最后是线性时间的产生，还要考虑到在生产过程中时间与价值之间的关系，这就是马克思对劳动时间中的必要劳动时间和剩余劳动时间的分析。因为资本对剩余劳动时间的追求，使得时间成为一种稀缺性商品，时间成为资本榨取的有限资源，它是一种有价值的商品，即时间就是剩余价值。而资本是单纯的抽象的东西，是可以用数量表达的，所以对应的时间也可以用数量表达，即时间必须被数量化和抽象化，使生产中的时间转化为抽象的时间。当然，资本必须通过机器对时间内涵进行深化，因为只有通过机器等现代技术才能使得工作和日常生活事件变得更加集中和彼此隔离，对不同的事件按照重要性程度给予具体的时间顺序安排。因此，线性时间的精确性计划性，就取代了以生产任务和事件安排时间的随机性，时钟时间就成为一种新的时间。

五 线性时间与生理时间的文化比较

时间计算系统一直是人类文化活动内容之一。行星的反复出现及其容易被观察到的运动提供了时间形成的自然基础。行星运动的所有节奏背后都会形成一个悠久的文化传统。几乎各个古代文明国家，都有着比较发达的计算时间系统，这些系统要么基于太阳年，要么基于月亮年。而时间观念的差异，也揭示了不同文明和文化的差异。古希腊人用他们对空间的抽象概念，通过对运动的描述，转而推导出时间的抽象概念。古希腊的亚里士多德认为："运动和时间之所以称为量和连续的，是因为以运动和时间为其属性的事物是可分的。我这里所说的可分不是指运动的事物,而是指运动的事物所通过的距离;由于距离是量,所有运动也是量。由于距离是量,所以时间也是量。"① 也就是说,物体在运动中,可以把时间比喻成线性时间,我们透过一条无限延伸的线条来表示时间的序列,我们从这条线的性质推断出时间的连续性,并可用来考察时间的所有性质。而古代中国对时间的思考,是建立在人的价值观的哲学文化上的,在中国传统文化中,由于把事物看成为始终处于流变之中,所以并不太关注事物的起点和终点,所以我们没有在流变之中形成时间这一抽象概念。中国人对时间的描述是对时节变化的感受,这是其整个思维文化的中心,中国人不认为把抽象的时间概念运用在生活中会得出什么有意义的内容。在中国的时间观念中,时间反映的是万物之动,是自然的变化,人是从自然界进化而来,人的生理活动周期是其身体自然性的体现,它与自然界的运行周期是合拍的。从人的动物本能上说,人比较适应自然的天文时间。自然界的一天,经历白天黑夜,而人则日出而作,日落而归,这是天人合一的完美嵌合。时间在人的内在层面上表现为情的变化,情与万物之间相互接应和回应,从而使得时间具有人与自然的诗性话语,时间是主体意识与技术人工物之间的相互共振和共鸣的产物。"盖阳气萌而玄驹步,阴律凝而丹鸟羞,微虫犹或入感,四时之动物深矣。"② 所以说,中国人的时间观念实际上是对自然特性在人的内心世界感应现象的描述。在时间的运演中,把自然的运行内容渗透到对生命意义的展现中。

现代技术构建的日常生活时间,必须服从技术运作所展现的节拍,这样才能使日常生活中的各项工作有条不紊地进行。这种时间创造了一种新的日常生活文化,这是在前工业化文明中不可能有的一种精神文化。这种时间的特点,就在于它的线性化。工业化的线性时间就在于它的同步性、精确性,每天的日常生活必须按照钟点的刻度来进行。在现代社

---

① 张卜天:《质的量化与运动的量化》,商务印书馆2019年版,第78页。
② [法]朱利安:《论"时间":生活哲学的要素》,张君懿译,北京大学出版社2016年版,第54页。

会交往中，不遵守准确的时间，就会冒着与社会脱节的风险。因此，按照准确的时间行动才能为群体所接受。无论是个体还是群体都必须服从线性的时钟时间，在日常的社会交往中，尽管我们可能与相互合作的人并不熟悉，但如果我们有守时意识就能让彼此的合作愉快和顺畅。

由于经过几百年的发展，线性时间早已进入人们的社会生活的各个方面，线性时间对日常生活的支配性影响被表达为就像它本身。结果，任何时间表达的新形式，如同时性、多样性、时间碎片等特征，都必须要通过线性时间的居中过滤来予以理解。今天的线性时间常常通过社会制度和实践的规范而被强加给日常生活。那么，一个关键的问题是，现代技术运行的时间原理是通过什么机制进入社会实践之中的，并且最终占据社会时间的统治地位，让社会秩序顺从于这种时间秩序的呢？

六 线性时间里的时间佯谬

在日常生活中，由于借助于各种现代技术的支持，我们在日常交通、通信和生活物质资料的生产中，相较于以前在时间节奏上都大大地加速了。现在做许多事都比以前节省了大量的时间。然而，当我们反思节省时间的过程，就会惊异地发现，我们节省的时间并没有我们感觉到的那么多。我们不知道节省的时间跑到哪里去了，相反，我们会觉得现在在时间安排上会更加紧张，我们比以前更缺少时间这一财富，这种现象正是现代生活的时间详谬。

产生这一详谬的表面原因在于，我们现在在使用节省时间的技术时，必须额外地花费许多时间进行学习才能顺利地使用这一技术，也就是说，用现代技术手段节省一些时间，但必须额外地花费一些时间去学习这些技术。例如用挖土机挖地会节省大量的时间，但我们必须事先用半年的时间去职业技术学校学习挖土机操作技术，这其中还要学习挖土机的机械原理和修理技术，而这些技术的学习，又需要储备普通高中水平的知识，很显然这些都是为节省时间付出的额外时间成本，但不管怎么说，从整个技术使用的过程看，额外付出的时间相对节省的时间还是比较少的。那么，上述的时间详谬产生的主要原因，就不可能是为使用复杂机器付出的学习时间成本造成的。

事实上，这一时间诡谬的产生主要来自新技术使用后，打开了另外一个新的日常生活世界模式，这个新的日常生活世界模式是用旧技术永远打不开的，我们对时间价值的认知和利用开始发生质的变化。使用新技术后，节省时间会导致更多的任务和机会的出现，而这会导致节省下来的休闲时间价值发生变化，从一种不能产生利润但却能产生精神愉悦的时间，变为经济化、资源化和商品化的时间。因为使用新技术后，如果工作量不变，当然会产生大量的可供自由支配的休闲时间，但当我们用节省下来的时间休闲时，会发现已经得到手的许多机会（主要是发展机会和进一步休闲的机会）都会迅速地消失，我们在逐步失去进一步发展和节约时间的有利机会，也就是说，一旦打开节省时间的阀门，就会发现更多进一步节省时间的机会，带来更多的经济利润，就会更加高效地利用节省下来的时间。一个一生在海边打鱼的渔民，是不会发现他的空余时间还有什么进一步发展的机会的，而一个现代企业管理者通过办公自动化节省的大量时间，可以用来去做更多的有经济价值的事情，如果他不抓紧去做，就会发现有竞争对手去做，因此，他不得不加快他的工作节奏来利用这些休闲时间，以便站在竞争的制高点，从而进一步节省更多的时间。而这正好产生了一种矛盾的情况，即参与节省时间者，也就是参与时间竞争者，节省时间仅仅是手段，节省时间是为了做更多的工作。如若片刻休闲，就会被别人利用更新的技术手段超过。节约时间，并不是为了成为一个真正意义上的休闲者，而是为了更多地压榨时间，因而使用新技术带来的时间性质变化的关键点就是，节省时间反而带来了我们日常生活的加速，它不仅增加了我们的工作时间，而且使得我们原本拥有的休闲时间也变成商业化的和可被谋划的时间，从而使我们失去了真正意义上的休闲时间。我们省下的时间越多，拥有的时间就越少，正是由于工作加速，使得我们休闲的速度也加快，在现代社会，时间成为一个最为紧缺的资源。

第二节 机器时间的嬗变

有一个常见的误解，即认为机器时间的形成应该在机器产生之后，人们对钟表时间的精确化追求，是机器运作的需要。应该说，这一观点并不完全对，在机器没有产生前，由于清教徒们对清规戒律的要求和商人对时间的经济价值的追求，到 18 世纪，在教会寺庙里和许多城市，对时间的精确化计算已经发展为普遍的文化现象。新教伦理和资本对时间价值的追求都为机器时间提供了严丝合缝的对应关系。①

经过几百年的发展，机器时间早已进入人们社会生活的各个方面，机器时间对日常生活的支配性影响，使机器时间被表达为就像生活本身。结果，任何时间表达的新形式，如同时性、多样性、时间碎片等都必须要通过线性时间的居中过滤来予以理解，今天的线性时间常常通过社会制度和实践的规范被强加给日常生活。

那么，一个关键的问题是，机器运行的时间原理是通过什么机制进入社会实践之中，并最终上升为占统治地位的社会时间，让社会秩序顺从于他的秩序的？即这种客观的、无生命性的、刚性的时间是如何进入社会时间之中的？

一 机器时间是什么

机器时间的本质是时钟时间。日常生活从自然的生理时间建立为节奏均匀的无差别的机器时间，经历了一个漫长的过程。从社会劳动与社会时间的关系视角看，两者的关系是从劳动主导的时间关系转换为时间主导的劳动关系。以工具劳动为代表的依据人的自然生理为主体的劳动时间，向客观的不容置疑的、由外部机器强加的，按照钟表运行加以严格控制的"非生理性节奏"的时间转变。

当然，在现代机器使用之后，作为一种铁的规律发展的社会力量，使原来已有的机器时间特点得到了进一步的强化和深化，机器与资本的融合发展，为机器时间内涵提供了新的内容，精确的钟表时间成为机器时间是顺理成章的。在教会寺庙里确定的精确计算时间，或多或少地还带有主观规定和自然生理时间的痕迹，而机器时间是机器展开的客观性

---

① ［德］哈尔特穆特·罗萨：《加速：现代社会中时间结构的改变》，董璐译，北京大学出版社 2015 年版，第 209 页。

要求，机器时间的客观性已不容改变和侵犯。尽管随着电子技术的发展，特别是信息化技术的发展，时间的内涵发生了许多新的变化，机器时间的存在形态也发生了许多改变，时间成为一连串的"现在"，线性的时间叙事功能受到很大的影响，许多的时间事件变成偶发的、碎片的，但机器时间并没有彻底破碎。由钟表构成的机器时间，仍然作为日常生活的背景而被保存下来并发挥着重要作用，许多非线性时间事件是通过机器时间建构的场景体现的。

机器时间是线性时间，可以均匀地划分和流逝。机器的运作特点决定了线性时间的分配。由于机器运作的内容是客观的、独立于社会事件之外的，所以机器时间并不随人的主观需求而改变，它可以量化，是单向度的由机器决定的时间。在信息技术没有充分参与到社会运行之前，机器时间追求的是在一个时间节点做一件事，时间的最优规划是在两件事之间没有时间间隔。机器生产把工作活动结构化，将每一件要做的事安排到特定的时段，并将重要的事情安排在优先的时段。

钟表时间与自然时间和人的生理时间是有区别的。人的生理时间是根据人的身体自身具有的节律形成的，它与自然时间之间和谐且协调。钟表除了将一天的时间分为 24 个等份之外，完全独立于自然的时间。不可否认的一点是，由于钟表时间早于机器的产生，在机器产生之前，钟表时间作为寺庙僧侣对组织活动的苛刻要求，[1] 使得机器时间与自然时间有一定的关系。但当机器出现之后，钟表时间是依据机器节奏和节律加以确定的。它与自然时间具有背景性不同，它的运行的背景是机器。钟表时间的无差别的抽象性与人的生理时间存在着质的区别。[2] 这种区别表现在两个方面：首先是机器时间的节奏从自然时间节奏中分离；其次是工作时间和休闲时间的分离。[3]

---

[1] [美] 刘易斯·芒福德：《技术与文明》，陈允明、王克仁、李华山译，中国建筑工业出版社 2009 年版，第 14 页。

[2] [德] 哈尔特穆特·罗萨：《加速：现代社会中时间结构的改变》，董璐译，北京大学出版社 2015 年版，第 195—197 页。

[3] [德] 哈尔特穆特·罗萨：《加速：现代社会中时间结构的改变》，董璐译，北京大学出版社 2015 年版，第 199 页。

机器时间可以商品化。对于机器时间的无差别特征，马克思从资本主义生产这一角度，敏锐地发现它是抽象的无差别的时间，时间可以商品化，即机器时间的本质和资本对时间价值的追求是相同的。之所以强调机器时间的抽象性、去背景化和去语境化，是因为只有这样，时间在资本主义生产中才能成为商品。只有基于没有内容并且可计量的时间，将时间作为一种抽象的、标准化的单位，才能将其作为抽象的交换价值。计量的无差别的机器时间是从内容和背景中分离出来的劳动时间。这样机器时间才能成为价值交换的中介，成为衡量机器效率和利润的参照物。

二 机器时间的介入机理

机器时间已成为今天社会运行的主要时间形式，机器时间的嬗变是一个漫长的过程，这个过程是从两条相互交错的路径逐步展开的。一条是机器时间通过对现代生产组织形式的逐步确立，成为现代社会组织运行最为基本的规则。另一条则是机器时间作为一种理念，在日常生活中逐步上升为世俗的、群体的、流行的行动指导思想。

首先是机器运行对机器时间的确立作用。任何一个机器系统之所以能够把各种要素联结在一起，是由于机器内在结构中各个部分之间存在的机器原理作用。机器原理的显性形式就是社会时间的协作性和一致性。从动态上看，技术系统的内在逻辑显现过程，就是机器的时间脉动过程。机器时间合理地利用了自由时间。泰勒主义所遵循的原则是一系列劳动与机器所执行的一系列运动完全等同一致，两者都由其必然的先后次序所规定，并且用时钟时间来衡量。在劳动中，所有时间都要被合理地消耗，无论隐蔽的停顿和怠工看起来是多么的微不足道，都要被彻底地去除。由方法、组织机构和制度化而获得的生产速度才是符合机器运行的最为本质的要求，脆弱的主体生命时间内涵必须在机器的生产中被挤压出去。同时，整个社会在各个方面也开始机器化，在社会建构上模仿机器化的结构，在社会运行上模仿机器化运行，追求机器化效率已经成为当下的一种最为流行的时尚。

一个值得注意的现象是，除了僧侣们和资本家们创造了线性的、无差别的时间，在机器生产没有出现的时代，物理学家在实验室中也创造了无差别的抽象的时间观念，如牛顿时间观就是抽象的时间观。在实验室里形成的时间观是独立发展的，并影响了机器时间的形成和社会时间理念的改变。而且机器也成了这种物理学时间的自然载体，机器按照物理学运动原理建构，所以他的运行时间特点与物理学的时间特点一致并不偶然。通过机器的使用，物理学中的线性均质化的、可被任意划分的连续体时间结构，就自然地被转移到社会生产理念中，并进而转移到社会日常生活中。

三 机器的时间节奏

机器的时间节奏，是与音乐节奏相似的有韵律变化。它利用机器体系中的内在技术原理，把机器系统中的各个因素的有机地组织起来，构成前后连贯的有序整体，从而产生有规律的脉动。机器体系运行的节奏是机器的本原和灵魂。

节奏是整个机器系统运行中的共同的、一致性的东西，它对机器系统中各个部件要素的时间运行具有支配作用。节奏是指挥系统行动的指针，个体必须对它绝对服从。这就如电影《摩登时代》中的卓别林，他必须服从大机器生产流水线的节奏，甚至他的生理运行节奏都必须绝对服从。节奏告诉机器中的每一个个体应该如何做，它也给机器体系中的每个人提供了分享它运行中的多样性时间的体验。个体根据各自在机器体系中的环节和地位不同，在享用同时性时，所体验的时间内涵也具有多样性。事实上，机器节奏是隐性的，有时候节奏就是一种工作纪律或者习惯。例如在卓别林工作的流水线上很少看到工人们在闲话或随机休息，而在仓库岗位上时间节奏就会缓慢下来，工友们在有的时间片段可以闲聊几句，所以说节奏是机器技术体系运行的显性表达。

这里讲的机器时间的节奏，并不单指机器体系在时间周期内的循环性运动，它更多的是机器内各个部分集合的信号和指令，各种元素突然保持了高度的和谐性和一致性。

尽管机器的时间节奏是客观的，但处于机器运行中的个体会积极主动地适应它。对于主体来说，他会有意识地、创造性地寻找机器体系的运行节奏，努力让他的时间与机器时间的节奏合拍。因为个体只有把自身时间放在整个节奏中，才会产生舒适感，所以说"节奏化的意识被理解为活动性和自发性"①。这就如一位听众在听一段音乐时，总是积极地寻找这段音乐的节奏，然后调动自身在过去生活中形成的乐感，使它与这一段音乐的节奏合拍和共鸣，这样才能形成愉快的感受。

机器的时间节奏意味着系统内各个要素是协调的。机器运行的协调性并不要求个体消除差异性。协调性能够让个体真正地感受到机器的统一节奏，因为个体在感受到机器运行多样性时间的同时，又明显地会感受到一种同质性的、共同的、无差别的东西在作用于个体时间，这让个体时间有了归宿，节奏中的协调性内容是社会个体时间融合机器整体的关键。机器时间的节奏协调性是无差别的同质的东西，是机器整体性的灵魂，它代表着机器技术体系的显性表达内容，是社会生活的一种新的规则，它成为协调社会活动和创造社会秩序的关键因素。

节奏还代表同时性内涵，它是一种新的抽象的时序时间，能够将个体时间的各种不同展现形式整合成相互关联的、非同步的同时性形式。同时性允许个体时间存在差异，它只是将个体时间的差异性、非同步性有机地嵌合在一个同时性节奏中。它的方法是将各个个体时间安排在线性时间序列中，即安排在无差别的、量化的线性时间中，通过精确的量化，使它们尽量无缝地连接起来。让这些个体时间与机器体系的部件运作尽量合拍和对应。所以说，同时性和节奏性不仅没有消除个体时间的多样化形式，反而使之更加多样化，个体时间内容也更加专一化。

高度专一化的机器时间节奏渗透着无差别的共同时间。共时性本身并不一定消除个体工作时间的个体差异性。机器时间的节奏是把时间节点，即时刻当成一个行动的命令。事实上机器的节奏能够让个体真正地感受到同时性，因为个体在忙于多样性时间感受之时，又明显地感到一个同质性的、共同的、无差别的时间在作用于自己。机器体系的运作原理、节奏和同时性，实际上都是无差别的同质的东西。节奏性是社会个体时间融合的关键，是整体性的灵魂。机器原理所要求的同时性，代表

---

① ［英］理查德·惠普、芭芭拉·亚当、艾达·萨伯里斯编：《建构时间：现代组织中的时间与管理》，冯周卓译，北京师范大学出版社2009年版，第226页。

着机器技术体系运行节奏的显性表达,它成为社会生活的一种新的规则,成为协调社会活动和创造社会秩序的关键因素。

  从动态上看,机器时间的节奏是在机器体系进化过程中形成的。按照西蒙东的理论,技术物体在进化过程中,不断地把各种不同的部件组合在核心部件的周围,从而使得技术物体的功能得到进一步优化和加强,这和生物有机体的进化模式是一样的。也就是说,在技术物体组合过程中,各种部件之间的依赖程度加深了。那么现在就出现了这样一个结果,即新的技术物体会把各个个体的一些特殊的东西优化掉,从而使得个体失去独立的部件功能。就如手机按钮是分配给各个部件共享的,而不是只给照相机拍照或给微信输入文字的。机器部件在进化过程中,有很强的共有性,[①] 各个个体时间由于彼此依赖的加深,同步性就会加强。当然这样也出现了一个新的问题,即技术体系中的层级时间和机器整体时间的矛盾。机器整体时间在机器进化过程中,不断地挤压层级时间中的个体化时间,让层级时间更具有机器的部件化、元素化时间特征,同时上一个层级时间也强烈地挤压下一个层级中的个体化时间,最后就转化为对具体的个体——人的个体时间的挤压,这样在机器体系化过程中个体时间就会逐步地式微。同时,对层级之间的一致性要求,也增加了各个层级之间的同步性压力,个体时间与层级外其他附属部件之间的同步性要求也在增加,这会导致在机器体系运行时,留给劳动者的冗余的可以支配的时间相当少,劳动者会感到在机器进化过程中,不仅没有享受到节约的时间,而且时间已变成相当稀缺的资源。因为各个层级对时间稀缺性的压力,最终都会落到个体时间之中。个体时间的稀缺性会导致劳动者感到沮丧和无能。

---

  ① 西蒙东认为,技术物体进化是技术物体的具体化行为,技术物体通过自身的聚合和适应周围环境而进化,它根据各个技术物体内在的共鸣原则聚集为一体。机器的各个部件之间存在着共同空间的内容,它们之间存在着许多一致性、互补性,因而各个部分之间具有相互吸引的趋势,它们在进化和整合过程中,各个部分逐步把带有个体痕迹的东西去掉,成为一个更大的机器有机体中的一个元素。可以说,机器体系的进化过程是消灭个体,进化为新的更复杂的有机体的过程,当机器中的部件被彼此分割时,例如手机中的任何部件被拆开时,它们在功能上就难以以一个独立的个体而存在。

机器时间的节奏规定了各个个体在整个机器系统中表现的力度。在日常生活的社区时间中，个体时间并不受到过多的约束，但是在机器技术体系中，所有的组件之间必须小心谨慎地保持平衡，每一部分都必须能够在一个由其他相关部分设定的约束范围内运行，每一个个体时间必须要在其他组件形成的公共时间环境内有机地嵌入并发挥作用，所以个体既要考虑到核心技术模块的时间约束，又要考虑到系统其他层级的时间约束。

机器时间的节奏性，意味着机器系统中各个要素在运行速度上的统一。马克思在谈到使用劳动工具的手工业同使用机器体系的大机器工业之间的差别时写道："据说，蒸汽机推动机械织机快速运动，迫使在织机上操作的工人用同样的速度才能跟上它；而在家里干活的织工则不受这个自动发动机的不停的动作的约束，他们自由自在地投着梭子和蹬动踏板，完全随心所欲。"① 这里我们应该这样理解机器运行的速度，即机器原理涉及的机器各个部件工序的运行速度之间应该相互协调。机器速度的一致性是指各个部件之间和谐协调的速度，由于各种工序人员和工具在工作时所花的时间并不一致，他们的速度协调是为保证各道工序不窝工，所以说机器时间的节奏与交响乐中各个乐手演奏的节拍是一样的，机器时间的节奏应该是这样的："只要它的机械不形成连续不断的体系，或不受同一个发动机推动，都不包括在这一概念之中……这个术语（工厂）的准确的意思使人想到一个由无数机械的和有自我意识的器官组成的庞大的自动机，这些器官为了生产同一个物品而协调地不间断地活动，并且它们都受一个自行发动的动力的支配。"② 从机器运行的动态性时间序列讲，节奏意味着机器体系中的各种要素之间的不间断联系，在其中有一个机器体系核心的东西，例如马克思此处提到的自行发动机起支配作用。也就是说："这些工人本身只表现为机器的有自我意识的器官……他们同死器官不同的地方是有自我意识，他们和死的器官一起"协调地"

---

① ［德］马克思：《机器。自然力和科学的应用》，中国科学院自然科学史研究所译，人民出版社1978年版，第172页。

② ［德］马克思：《机器。自然力和科学的应用》，中国科学院自然科学史研究所译，人民出版社1978年版，第173页。

和"不间断地"活动,在同样程度上受动力的支配,和死的机器完全一样。"①

四 机器时间的节律

机器时间不仅有节拍性,还有节律性。机器的时间节律是指技术体系在一个长时段序列上,其时间特性显现的内容风格。机器时间的节律代表系统组织每天的工作和时间节奏风格,如不同时间节点工作的紧张和松弛程度、时间节奏的涨落等。这就如一部音乐作品,它总有高潮和平缓部分,有独奏和合奏。因而在整个机器体系的运行过程中,各个成员的时间属性也会在事件发展过程中表现得不一致。作为机器时间中的个体时间,有时候会成为整个机器系统的独奏员,有时候又是一个合奏员,各个个体结合在一起就形成机器运行的风格。

机器的节律还包含着机器运行的韵律。机器的韵律是构成机器系统的诸元素形成系统重复的一种属性,也是使一系列大体上并不相连贯的时间感受规律化的最可靠方法之一。由于对规律性的潜在追求与把握,人们能将不同机器的生产风格区分开来。机器时间的风格不同于手工业生产的风格,从静态上看,机器的技术体系结构,对应于它的工作组织形式和具体化的时间特点,但这并不能构成机器生产的韵律。从动态上看,机器只有在进化过程中,在技术体系进化的各个代际的样品谱系中,才能真正展示它的内在逻辑体系。机器的韵律就是机器内在逻辑体系的体现。这就如某品牌手机,它的内在逻辑只能在其各个产品系列中显现。相应的,技术体系在具体的生产运行时,机器时间的具体形式也是一个形态不断变化的谱系。机器原理是深藏在结构之中的,它只有在进化过程中才能显现。显现的东西作为一个过程,就是节律中的韵律,就是机器原理。

机器体系的时间节律很不符合个体时间的特点。因为个体时间有生理时间背景,生理时间节律是按照自然时间节律形成的,它并不与机器

---

① [德]马克思:《机器。自然力和科学的应用》,中国科学院自然科学史研究所译,人民出版社1978年版,第173页。

时间的节律一致。机器时间韵律中的高潮和平缓变化,并不随人的生理时间变化而变化,事实上恰恰相反。对于机器体系来说,它的节律在于高速性和准确性,手和身体已经退化为机器的附件和符号,"现在只有人的外端积极地参与功能化的环境"①。在当下,现代技术体系在运行过程中速度变得越来越快,对于人的生理节律来说,过快的运行速度会引起身体的不适反应,特别是当身体在应付机器高速运转的同时,还要在每一个时间节点做到动作行为的精确化,这当然会导致人的生理和心理的时刻高度紧张,因为人的生理节律是非精确化的。机器可以二十四小时运行,并总是带着一种急迫的要求,希望每一个时间节点必须完成什么任务,根本没有考虑个体生理时间的需求安排,这种时间节律是生命个体不能承担的,所以说机器节律把个体生理时间排斥在机器之外,使人成为机器的奴役,人为了保持跟上这种节律,"不得不跑得更快,仅仅为了留在现场"②。

五 马克思的时间观点

尽管我们无法简洁有效地对社会时间概念进行严格的定义,但当我们在讨论具体的日常生活问题时,对时间概念的界定仍然是首要的必需的,这可能是讨论时间问题的难点之一。马克思主义从社会实践出发,把对时间考察的落脚点放在社会实践中,因而时间总是具体的社会时间,时间反映、规范和安排着日常社会生活。时间的具体内容只有在日常生活实践中才能够显现,它随着实践内容和方式的改变而改变,表现为不同的形态。时间的本质就在于它的社会性和社会叙事性,社会时间与社会实践内在地具有同一性和归属性。

马克思主义者基于实践唯物主义观点认为时间是客观的,时间的客观性是我们认识时间的基础。实践不仅创造出诸如循环时间、生理时间和天文时间观念,而且马克思在研究资本运行时,注意到实践也产生了

---

① [法]让·鲍德里亚:《物体系》,林志明译,上海人民出版社2019年版,第51页。
② [英]理查德·惠普、芭芭拉·亚当、艾达·萨伯里斯编:《建构时间:现代组织中的时间与管理》,冯周卓译,北京师范大学出版社2009年版,第230页。

时间与价值之间的抽象关系观念。马克思认为社会必要劳动时间与商品价值凝聚关系建构了客观社会关系。在机器生产过程中,马克思没有把时间看成是一个具体物,而是把它看成与货币一样的抽象物。事实上,马克思已不证自明地认为时间具有了抽象时钟特点,抽象的时间和具体的社会时间,以及由机器大生产决定的机器时间之间具有内在统一性和联系性,是资本主义生产的最基本的元素。随着实践的深入,抽象时间已深深地渗透到我们的日常生活世界理念中。

从政治经济学视角看,马克思在分析资本运行的伦理道德问题时,看到了机器时间带给工人的心理压力,看到了这种机器时间所带来的日常生活世界的本质性改变,看到了劳动工作时间以及为了工作而必需的休闲时间的异化。马克思从伦理学维度对日常生活世界中的时间的关怀,至少为我们在分析社会时间时打开了一个新的研究窗口。

六 机器分工与同时性

现代社会的同时性是大机器时间的同时性,它是近代工业革命以来逐步丰富和完善起来的。尽管马克思在其文本中没有专门对资本主义生产的同时性问题有专门的论述,但在《1861—1863年经济学手稿》[①] 中,特别是在后来的《资本论》中,有多处提到了资本主义生产的同时性问题,并认为同时性产生的物质基础,来自机器运行的相互依赖性,来自机器系统相互密切的关系。在马克思那个时代,随着机器复杂性程度的提高,对线性时间的切割更为细致化、复杂化了,同时随着机器系统运行速度和精度的提高,以及机器内在的有机化和系统化程度发生了质的变化,导致了我们对同时性的理解更加深化了。[②]

马克思认为同时性问题实际上是由于机器的生产导致生产组织发生

---

① 在马克思1859年出版《政治经济学批判》后,为了写作《资本论》,于1861—1863年写了二十三本笔记,这里选择研究的是手稿的一部分,即《机器。自然力和科学的应用》。在这部分手稿中,马克思分析了机器在资本主义生产组织中的作用,为《资本论》第十三章的写作奠定了基础。

② [奥地利]赫尔嘉·诺沃特尼:《时间:现代与后现代经验》,金梦兰、张网成译,北京师范大学出版社2011年版,第23页。

了结构性变化，特别是组织分工和协作发生了质的变化形成的。

简单分工与机器时间的同时性关联程度并不大。有许多学者把劳动分工后的生产条件需求看成是同时性产生的原因。其实，并不是所有类型的分工对同时性都有需求。在马克思所描述的工场手工业那里，许多商品生产对同时性的要求并不强烈。例如，做一把扇子有许多道工序的分工，它们涉及的材料和加工工具也不一样，同时这些材料和工具又分布在不同空间的所有者那里。尽管它们的生产时间是独立的，但它们之间的工序衔接却是完美的。在晚清江南一带有许多大规模的手工作坊，它们对制作的工艺流程都进行了细分，但各道工序的生产时间都具有很强的独立性、个体性。随着城市中各种专门材料生产的出现，在许多集市、巷坊，生产工序中的许多中间产品在空间分布上都具有很强的独立性，多道工序的产品在流通过程中可以分属不同的空间生产者，因而很自然地，对生产一件商品的多道工序的分工并不等同于对生产时间的同时性要求。

当然，在使用简单工具劳动的手工作坊，有时为了节约成本，也存在劳动空间的汇聚和简单的生产协作，进而产生一些同时性要求。但这样的同时性要求在生产中是不强烈的，也不是生产过程中主要的时间消费模式。

马克思认为，只有在机器产生后才对同时性有了强烈要求。机器的产生导致了对工具性生产分工的扬弃，机器劳动的形式不同于简单工具的劳动形式。对此，马克思用轮子推动纱锭的脚踏式纺车与一般纺纱工具的区别，来说明机器是一种新的分工类型。[①] 因为机器形成了各种工具内在的共同一致的统一和同一，而这时负责各道工序的分工不再是松散的组合，而是具有内在一致性的组合，它们在共同的统一和一致性下，要求生产组织形成高度一致的协调性，即机器生产的内在一致性是形成社会时间同时性的根本原因。

在机器生产中，各道生产工序的存在空间不是独立的，而是服从于

[①] ［德］马克思：《机器。自然力和科学的应用》，中国科学院自然科学史研究所译，人民出版社1978年版，第54页。

机器内在一致性的空间，它要求各道工序即便在物理空间上是分离的，也通过在生产中时间的一致性来保持机器内在的统一性。当然，最好的方法是用一台机器的共同空间来消弭这种时间上的差距，这就是马克思所说的，为了共同时间，为了时间的协调性和一致性，用时间消灭物理空间的距离。

所以说是机器的发展需求形成了同时性，机器分工产生了一种新的生产组织关系。在工具分工中，人与工具之间的关系是人操纵工具和控制工具。人的生理时间起着支配时间的作用。而在机器生产中，时间分配的主人变成了机器，它是以一个内在统一的不可分割的东西，即机器原理来分配社会生产时间的。在按照机器原理分工的劳动中，人的劳动操作简单化了，机器把劳动者看成机器的一个部件，劳动者是作为碎片化的部件而存在，这导致劳动者作为独立的有机个体时间的消解。所以在对机器的生产过程的分析中，应看到机器生产带来了一种新的东西，即使是早期的机器，它的各个部件来源就是原来的工具，但生产的性质还是发生了变化。正如马克思所说："以前曾是独立的工具，现在仅仅作为一整套同类工具的一个组成部分而起作用；或者在于：随着动力功率的增大，现在的工具获得了巨大无比的规模。而任何一种机械的本来的任务，始终就是改变由动力产生的初始运动，把它变成与一定的生产目的和传给工作系统的运动相符合的另一种形式。"[①] 所以，原来占有工具的劳动者的时间性质与现在在机器生产中的劳动者的时间性质是不一样的。在机器生产中的劳动者，即使仍然使用着和原来差不多的工具，但他的时间已经变为公共时间，变为整个机器劳动者的时间，是被提高了效率的时间。

那么，机器分工产生新的生产组织关系的特点是什么呢？按照机器整体性原理，机器的工作具体体现在各个部分空间中，即它们工作的时间必须保持相互之间的连续性。在机器中有一个共同的东西，即协同性的东西。这种东西主要表现为：作为一个机器体系，可以在各种工序中

---

① [德] 马克思：《机器。自然力和科学的应用》，中国科学院自然科学史研究所译，人民出版社1978年版，第56页。

保持生产的连续性不间断,其实这就是同时性内涵中的时间节奏。机器生产的一个最重要的特点是生产的连续性。机器是能够连续生产的机器。一个产品,从它被机器加工的第一个阶段到最后阶段,可以不间断地进行。连续性带来时间的紧凑性,把各个工序中的人紧紧连接起来,前一道工序和后一道工序必须在同一时间中同时进行,就如卓别林在生产线上劳动一样,各个部件的组合必须连续性地发挥相应的职能。正如马克思所说:"机器本身体现出:生产的连续性,自动化;运转迅速。由于使用机器,更可以同时作业。"① 为什么连续性要求同时性呢?这是因为连续性把各道工序统一在一起,它要求机器运行是一体的、有机的。机器生产的连续性和现代机器自动化带来运转的迅速性,② 使得同时性是机器劳动必须具备的条件。

正是机器生产的连续性要求,使它产生了机器生产过程中各个部件之间所要求的新的协作关系。所以在这里我们讨论机器时间产生的原因时,我们分析的视角发生了转换,从分工转向为对协作关系的考察,这样我们才能真正地找到机器时间产生的根本原因。分工的作用并不是产生机器时间的根本原因,分工是产生同时性的表面原因。尽管机器生产带来了新的分工,但机器生产的本质在于新的分工带来了新的协作关系变化。

这里不以分工为视角,而是从协作的视角来看待机器与手工工具的劳动差别,是符合马克思的论述的:"机器一旦被资本主义使用,已经不再处于其原始阶段,大部分已经不再只是比较有力的手工业工具——必须以简单协作为前提。而且简单协作,对机器说来,比对以分工为基础的工场手工业来说,是一个更重要得多的因素,在工厂手工业中,简单协作只表现在实行简单的倍数,也就是说,不仅把各种不同的操作分配给各种不同的工人,而且也有人数比例,即把一定数量的小组工人分配

---

① [德] 马克思:《机器。自然力和科学的应用》,中国科学院自然科学史研究所译,人民出版社 1978 年版,第 83 页。
② [德] 马克思:《机器。自然力和科学的应用》,中国科学院自然科学史研究所译,人民出版社 1978 年版,第 82 页。

到各种操作上，而每一个这样的小组工人都从属于某一种操作。"①

马克思认为机器的科学原理代替了人的技巧，机器分工协作代替了工人的技能，新的机器的组合协作在于：第一，许多工作机器与同完成准备作业相应的为多台机器服务的机器完美地衔接，这还不单是动力机器部分，还有厂房、取暖与管理等，在一个空间中节约成本，所以从劳动时间角度讲，个体时间转化为群体劳动时间；第二，机器是自动机，不随个体劳动控制，是运转控制人，而不是人控制运转，因而它的规模越大，对人的同时性协作要求就越大。"在机械工厂中，机器（原动机）的运动和速度支配人的劳动，在工场手工业和手工业生产中，情况则相反"②，这是机器时间内在的关联性和彼此依赖性产生的原因。

机器原理和生产运行的本质否定了个体时间，产生了机器的群体时间。实际上，机器否定简单的手工业分工，机器使手工专业化技能被机器的连续性代替，其特点是工人被动地重塑在机器的运动中，机器的分工协作让劳动者完全顺从机械的需求和要求，工人被动地从属于机器本身的运动。

最后，机器建立了新的协作关系。机器的新的协作关系原理对劳动者的影响，可以通过劳动者在手工工场和机器工厂的地位差别中看出。在机械工厂中，总体机的骨架是由各种类型的机器本身组成，其中每一个机器完成的是总生产过程所要求的特定的个别工序过程。在这里不是特别发达的劳动力作为能工巧匠来使用特殊的劳动工具，而是自动工具需要专门的固定配给它的人。在手工工场工人使用特殊的劳动工具，在机器工厂特殊的工人小组看管完成各种特定过程的机器。技能的等级是手工工场的特点，而在机器工厂中却被消灭了，③ 在工场手工业中，分工的形成是由于待完成的特殊作业只能由特殊专业化的劳动力来完成；因

---

① ［德］马克思：《机器。自然力和科学的应用》，中国科学院自然科学史研究所译，人民出版社1978年版，第4页。

② ［德］马克思：《机器。自然力和科学的应用》，中国科学院自然科学史研究所译，人民出版社1978年版，第110页。

③ ［德］马克思：《机器。自然力和科学的应用》，中国科学院自然科学史研究所译，人民出版社1978年版，第161页。

此，这里不仅应该按这些专业配备活动，而且应该按这些专业进行真正的分工。相反，在机械工厂里，专业化的是机器，而由机器进行的工作尽管完成的是同一总过程的顺次进行的阶段，却要求为它们分配特殊的功能小组，每一小组都始终完成同一的、同样简单的职能。"这与其说是专业化的劳动力之间的分工，倒不如说是把工人分配给专用机器。在前种情况下，专业化的是使用特殊劳动工具的劳动力；在后种情况下，专业化的是特殊的工人小组所看管的机器。"① 操纵机器的工人所完成的这些动作的特点是被动性，对机器本身的作用和运动的适应性，对机器的从属性。这种被动性的专业化是其个体专业化本身的消灭，是机器劳动的特点。机器已发展成为机器体系，他们完成顺次经过的各个阶段的不同过程。这里自然会出现机械工厂所特有的新的分工。② 在工场手工业中，尽管各个劳动工序的构成也是连续的，但这样的构成仅仅是为了满足公共空间生产成本的降低而连续的。而在机器中，人的连续性与机器的合节奏、机器生产的连续性相关联，机器运作的时间节奏决定了人的整体的时间。③ 新的协作关系主体发生了变化，"在作为整体来看的工场手工业中，单个工人构成总体机器的有生命的部分，即构成本身是由人组成的机体的那种工厂的有生命的部分。相反，在机械工厂……中，人是总机体的有生命的附件，而这个机体是以机器和自动的机器体系的形式存在于人之外的。但是，总的机器体系是由各个机器组成的，每个机器都是这个体系的一部分。人们在这里只不过是没有意识的、动作单调的机器体系的有生命的附件，有意识的附属物"④。

也就是说，协作的本质在于个体时间的附件性、随动性、物质化、齐一化。机器时间是群体时间，它不仅仅是人的组织同时性，而且是机

---

① ［德］马克思：《机器。自然力和科学的应用》，中国科学院自然科学史研究所译，人民出版社1978年版，第162页。
② ［德］马克思：《机器。自然力和科学的应用》，中国科学院自然科学史研究所译，人民出版社1978年版，第157页。
③ ［德］马克思：《机器。自然力和科学的应用》，中国科学院自然科学史研究所译，人民出版社1978年版，第162—163页。
④ ［德］马克思：《机器。自然力和科学的应用》，中国科学院自然科学史研究所译，人民出版社1978年版，第163页。

器运作的部件的同时性，这就是机器生产的时间协作。协作是一种规范、是步调一致。"实行（简单）协作和把协作工人当作一个巨大的总自动机的活动附件和仆人而分配到这个自动机的各个部分上，工人象从属于自己的命运一样从属于机器，从属于机器的动作和作业，各种劳动的划一和被动性，缺少专业化或至多不过是单纯按性别和年龄的差别发展专业，——这一切，就是机械工厂的特征。纪律和隶属关系在这里不仅是由协作产生的，而且也是由工人对总机器体系的从属而产生的。"[1] 整齐划一是机器各个部件之间和谐统一的要求，因而时间的同时性就通过这种更为简单的协作而实现。

在机器劳动中，每一个劳动者的时间都是不独立的。简单的手工业协作仅仅是生产工序的空间连接，而机器协作是有机整体化协作，各个部分在空间上都不独立，不论是劳动的方式还是时间都不独立。协作是整个工厂相互联系的基础，由于机器体系构成是发动机推动的、包括整个工厂的统一体，所以工人就由工厂统一体支配。而工厂统一体显然不依赖于工人并独立于工人之外，因此机器时间实际上是劳动异化现象。

七　机器时间在日常生活中的确立

机器时间从各个维度进入我们的日常生活，并进而形成日常生活时间理念。机器生产与人类的活劳动相比要更胜一筹。正如上文提到的，机器要求人们适应它的运行方式，人们在工作和日常生活中使用机器及其产品时，必须具备一些机器的知识、技能、观念和行为方式，机器理念以各种方式嵌入社会并导致社会许多组织和生活方式的改变。机器对社会组织进行形塑，用内在的机器尺度建构社会组织。在机器制品的使用中，通过与社会组织建立反馈机制，进而形成复杂的社会运行模式，机器时间被内置在社会组织的活动目标、规范思想中。

机器时间是自动嵌入日常生活的。机器时间在日常生活中建立的最为关键的一步是由货币经济带来的。对雇佣劳动者进行仔细的预期收入

---

[1]　［德］马克思：《机器。自然力和科学的应用》，中国科学院自然科学史研究所译，人民出版社1978年版，第163页。

的计算，从而把劳动者的劳动时间和社会关系简单地连接起来。生产中的社会关系简化为劳动时间的关系，雇主必须使用他所雇佣的劳动者时间，而不能在雇佣之外使用，雇主与被雇佣者之间没有情感和其他的联系，时间被抽象为相当单一的价值关系，时间就是金钱，是资本追求的东西。关键的一点是，资本雇佣的时间可以用抽象的数量表述，生产什么，即在生产中生产什么产品或不生产什么产品资本并不关心，资本把时间分割成各个时段的时间，如工作的时间和休闲的时间，时间不再具有具体的事件性意义，而成为相对于自然时间日渐异化的机器时间。

在资本的帮助下，机器时间开始真正存在于工厂，独立于人类经验性时间。时间的自然经验因素受到压制，机器时间成为一种被感知的客观力量，把人们禁锢于其中。从伦理上说，资本主义的伦理观对时间的不准确性现象持批判态度，认为其是旧的习俗。过去用一种漫长的等待准备一个叙事的到来，现在由于现代化大机器的使用，络绎不绝的事件纷至沓来，事件必须被安置在时间之中，所有的事件必须程序化，不守时和乱七八糟的时间顺序，会被当作有违良好品德的行为，是一种道德上的堕落。由于组织的活动常常是在同一时间节点上进行，线性时间计划表开始出现，并成为大家争相赞美的东西，时间—效用—资本，一切围绕着这一程序化的规范实现。而随着农业时代的逐步式微，自然的时间观念逐步从生活舞台的中央走向边缘，成为机器时间的配角。

在机器使用中，通过对机器的加速，通过时间上的领先而取得市场优势和利润，通过人们对更为廉价的日常人工制品的消费，人们在日常消费中触摸到了机器时间带来的好处并进而对其产生好感。机器时间成为一种受人赞美的诱惑品，由于人们在生活中消费机器生产的制品，机器时间就悄悄地"溜进"日常生活世界，以一种不证自明的合理性状态嵌入日常生活。与此同时，机器制品在提供人类使用的消费品时，也要求消费者提供相应的工作劳动模式，或为其服务或操控它们，人们必须适应机器运行，结果机器时间和人类生活时间由于相互依存的关系而搅在一起，两者的交集变得越来越多。

第三节　现代技术视域下的社会时间同时性

尽管现象学家认为，时间的本质是人的主观制造的感觉，即通过"滞留"产生时间感，[①] 但对于社会时间的同时性来说，现象学的时间仅能作为社会时间同时性形成的基础和背景，它并不仅仅局限在人的主观感觉中。社会时间的同时性从本质上说，是人类在深层次上集体形塑和刻画的符号产品，服务于人们相互之间的行动协调和社会互动意义上的需要。在这个意义上讲，即便同时性以一种特别的方式被某个个体感受到，它也会超越形态与目标各异的个体对时间的体验。

社会时间的同时性并不等同于公共时间。同时性与公共时间是一对在内容上有交集的概念，有时候公共时间的显现并不要求个体之间具有同时性，甚至容许许多个体以一种松散的时间活动方式融入公共时间活动中。例如，同在一个公司上班的各个部门工作人员，他们的时间既具有同时性又具有个体性。尽管他们上班的时间属于公共时间，但公共时间是否要求个体在时间上具有一致性，主要看集体组织的活动方式。在一天的许多时间中，工作人员按照自己的时间计划处理公共事务，有很强的控制时间自主性。

同时性也不等同于个体行动的整齐划一。同时性并不一定要求各个个体在同一时间进行相同的工作，或在不同的空间进行相同的行动。[②] 在现代技术视域下，社会组织人员的时间划分是围绕着工业技术时间客体需求进行的。[③] 社会组织的结构和活动，由渗透在社会组织中的技术系统决定。技术系统的各个部件在整体逻辑展现和具体化的过程中，[④] 要求这

---

① [德] 埃德蒙德·胡塞尔：《内时间意识现象学》，倪梁康译，商务印书馆2017年版，第68—69页。

② [奥地利] 赫尔嘉·诺沃特尼：《时间：现代与后现代经验》，金梦兰、张网成译，北京师范大学出版社2011年版，第17页。

③ [法] 贝尔纳·斯蒂格勒：《技术与时间：2. 迷失的方向》，赵和平、印螺译，译林出版社2010年版，第277—278页。

④ 许煜：《论数码物的存在》，李婉楠译，上海人民出版社2019年版，第11页。

个系统在同一时刻，针对一个事件的发展，进行协调性的互动。就如工厂流水线的生产，各道工序和工位之间是和谐协调的。在同一时刻，各个相关工序节点的工作要精准对接，并使整个系统的运行具有统一的节奏。所以说，同时性意味着系统各个部件在混合空间运行的协调性。

现代技术下的同时性从空间范围上看是世界范围内的同时性，个体能够同时处于世界任何地方并参与正发生的某件事情。同样，在任何地区发生的事件都可以很快传播到世界各地。因通信技术的发展，一些戏剧性的事件，如"泰坦尼克号"沉没就不再是一个地区的独立事件，当时周围数百海里内的大量船只都收到了它的求救信号，而第二天早餐时，大西洋两岸的都市居民都从报纸上了解到了这个戏剧性的事件。同时性使得世界范围内原本独立的事件开始紧密地联系起来，别处正在发生的事情，有关其他地方、其他事件、其他人的信息都成为人们关心的事情。

一　不在场的在场

从社会空间视角看，同时性代表着空间中的许多要素在同一时间节点远程在场，是不在场的在场。在功能性意义上讲，这些要素构成了一个虚拟和实体的混合空间。例如，当火箭发射时，发射场、远洋测控船和中央控制大厅等人员都被囿于同一空间中，他们分属于不同的远隔千里的物理空间，但这些要素构成了一个虚拟和实体的混合空间。在混合空间中许多要素被带到近前，被压缩在一个新的功能性空间之中。混合空间对各种要素的压缩与传统的单纯的物理空间压缩不一样。物理空间压缩是借助于技术工具的承载速度，把物理空间中的要素，如人和物品带到近前，这是实际的物理移动，它带来的是时间感觉的收缩效应。例如高铁技术会把联系松散的两个城市在空间感知上变得紧密起来，让它们的社会关系交往变得更加频繁，相关的社会事件急剧地增长起来，有限的时间需要处理更多的事务，两地的人需要在同一个时间节点完成许多共同的事务。

单纯的物理空间压缩，也会对社会同时性产生巨大的影响。但是物理空间压缩并不是整个实体要素在物理空间中收缩或被压缩，它主要是在空间距离上借助影响速度的技术工具，根据某种特定的功能需要，单向度地对一个整体事物中的某些因素进行空间压缩。例如汽车行驶在高速公路上,人对高速公路的感知就忽略了对公路两旁物理空间中的许多景色的感知。对于驾驶员来说,两地之间的空间仅仅剩下单调的时间维度感知。极端的情况就如乘地铁的人,会把丰富的各个地理空间站点变为一个个单调的空洞的时间节点。标在车厢内的站点空间指示图,其实就是一连串的时间节点组成的直线。所以仅仅从物理空间的压缩,我们已经能感知到社会时间同时性具有单向度的抽象含义。在物理空间中个体的许多要素并不参与空间汇聚,仅仅是个体中某个单一性要素参与汇聚在场。

而在现代技术下,除了上述的物理空间压缩外,还有虚拟性的空间压缩。虚拟性的空间压缩,是通过电子化和数字化将地点和物品虚拟地进行复制,使得混合空间事件的中心点能够在远程不断地获得它们的功能,这样就造成了空间要素不在场的在场。即物品是不动的,动的是数据流。对于新空间来说,物品处于物理空间的何处,是在远方或者近前意义并不太大。因为对于这一功能性空间来说,所有的要素只要能够发挥它的功能就行。[1] 事实上,正是现代技术给我们带来许多数据"制服",如手机、电脑、电视机等许多超越身体感觉空间的技术人工物,带给我们身体之外的一层数据外衣,使得各个方面传输过来的数据信息构成了一个"真实的空间"。是技术人工物这一代具系统,[2] 导致了我们对空间感觉的真实变化。

同时性意味着可以组成一个新的空间,在速度上它能穿越用身体感知的真实的物理空间。借助于现代技术工具,即电子信息数据的传输技术,在光速水平上,彻底消除物理学意义上的空间距离之墙。在不同物理距离中的各个空间元素,在混合空间的整体脉动中,统一地在一个时

---

[1] [德]哈尔特穆特·罗萨:《加速:现代社会中时间结构的改变》,董璐译,北京大学出版社2015年版,第120页。

[2] [法]贝尔纳·斯蒂格勒:《技术与时间:爱比米修斯的过失》,裴程译,译林出版社2001年版,第60页。

间节点汇聚起来，空间距离墙的感觉突然没有了。[①] 在以感觉性的身体为中心的空间中，有谁还会关心电话那边的人是在千里之外还是在隔壁的房间呢？例如，在远程网络培训中，如以会场的直播中心为圆点，它与全国各地的分会场构成一个虚拟与物理的混合空间。如若参加会议的人员认真地参与会场的互动，在一段时间过后，在大屏幕前的他就会对远在千里之外的主会场人员失去距离之感觉，仿佛他们就在同一时间和同一空间中讨论一个问题。确实，通过光的信息传播，时间上的距离墙被透视而过，参与者就会真正地进入一个"真实的"虚拟空间，这个"真实的"虚拟空间，由于有身体的真实参与和感知，要比真实的物理空间还要真，真正的地理空间反而隐藏在幕后，代之而来的是互动信息的传输与交流的功能性空间，这就是光速透视下的真正的无时间差别的虚拟空间。

我们可以在空间的动态变化中，看到同时性形成时物理空间与虚拟空间的转换。未来参与的各种元素是分布在某个空间的各个地理方位的，在空间上也并无更多的地理联系和依赖。而一旦出现虚拟空间中的一个聚焦物，这个时间客体就能够导致某些空间中的各种元素参与整体同时性脉动，即导致空间中的各种元素参与整体性的律动，这时就出现新的功能虚拟与物理实体的混合空间。

这里特别应该注意的是在混合空间中有一个虚拟之层，它常常具有身体感觉的中心意味，它是身体感觉性空间，但这里说的身体感觉性空间不是说身体一定要身在其中，它是一个身体意识到的空间，是一个感知性的空间。在这里为什么特别强调身体在空间中的作用呢？因为只有通过身体在场的虚拟，以自我为中心，通过一个此处和此时的身体的存在，才能真正体验到仿佛像实体一样的在场，即为感性经验所特有的在场。

虚拟的混合空间具有伯格尔曼技术焦点物的意蕴，它具有以下两个功能：首先是容器功能，它是各种元素产生功能的虚拟位置所在地，在

[①] [法]保罗·维利里奥：《解放的速度》，陆元昶译，江苏人民出版社2004年版，第35—38页。

虚拟的空间因为没有实体的空间位置，所以它是虚拟元素产生的一个功能性空间的虚拟层；其次，它具有磁场功能，它是空间中各种元素一起律动的信号发起者，对各种元素具有结构性和主导性作用，它不断地吸入对空间功能具有增强性作用的元素，即吸纳分布于空间各处有价值的元素并进行有效的排序，同时也排斥虚拟空间进化过程中的冗余元素。虚拟混合空间要完成的是同时性律动和节奏，那些不能参与同时性的因素会受到社会群体的排斥从而退场，"组合中技术物个化的原则是在缔结环境中循环性因果关系子组合的原则。所有具有循环性因果关系的技术物都应与其他分离开来，并且以保护缔结环境独立性的方式相关联"[1]。

不在场的在场，即远程在场，是在一个事件发生过程中，大家同时会聚在一起，像真实的物理空间在场，并且各自发挥着各自功能因素的作用，并不因为物理空间相距太远而产生功能作用的衰减。远程在场，即一种既缺席又行动（远程在行动）的存在者，它是在远距离做出与在近距离一样的在此存在的现身，实现同时性的功效。

二 社会时间同时性与社会关系的脱域

从技术与社会之间的关系看，社会关系中的同时性内容是技术体系在社会系统运行中的客观性要求。按照马克思主义历史唯物主义观点，生产力的存在形态和作用方式对生产关系的存在形态和作用方式具有决定性影响，因此生产过程中所使用的技术系统存在模式与生产中所组成的生产关系模式是镜像关系。具体地说，在更大的社会系统运行过程中，技术系统中各个模块之间的技术嵌合关系会镜像地反映在从事模块工作的团队之间。[2]

为此我们把上述社会同时性的空间分析视角转换为社会关系分析视角。那么社会同时性的本质意味着什么？要回答这个问题还必须回到上文的分析中，在上述分析中，一个关键的问题是空间中的各种元素汇聚

---

[1] 许煜：《论数码物的存在》，李婉楠译，上海人民出版社2019年版，第49页。
[2] [美]布莱恩·阿瑟：《技术的本质：技术是什么，它是如何进化的》，曹东溟、王健译，浙江人民出版社2018年版，第14—15页。

到虚拟层面，使得各种元素形成了同时性的律动和节奏，那这在社会学视域内到底意味着什么呢？也就是说把抽象的对混合空间的分析转化为对实际的社会关系的同时性分析，其具体的内容是什么呢？我们认为形成社会空间的同时性，意味着各个独立分布在不同社会空间中的功能要素在它所存在的社会关系中，已经"脱域"。

这里使用的脱域概念是借用了吉登斯社会学理论的核心概念，当然吉登斯这一概念也是建立在现代时空理论基础之上的。单从社会学理论视角看，吉登斯的脱域概念指的"是社会关系从彼此互动的地域性关联中，从通过对不确定的时间的无限穿越而被重构的关联中脱离出来"[1]。也就是说一种标准的稳定性的具有地域封闭性的社会关系，其社会关系中某个方面的内容，可以在现代技术所构成的社会时空下从原有的社会关系中脱离出来，在另一个新时空域内进行嵌入和重构，即参与组成新社会关系的原有社会关系在其时空存在的方式上脱域，在各个区域内的各种社会关系元素向新社会关系空间汇集。

社会关系的脱域，在具体的社会关系互动中意味着社会关系从地方空间向更大的社会公共空间的转换，社会关系要素从实体的自然空间转化为有身体实体以及虚拟抽象的功能性混合空间，即从地方（place）叙事转化为空间（space）叙事。在地方的空间中社会关系的存在是和地理空间重叠的，社会关系是具体的、感性的。一个长期生活在钢铁厂生活区大院的人，他的社会关系的许多部分都能够在具体的空间中找到实实在在的物理位置。谈到上班，他会想到1.5公里处的车间；谈到孩子上学，他会想到1.1公里处的学校，也就是说一切社会关系都是实在的、可感知的。而在更大的虚拟空间中，个人的社会关系是多元化的，人与人之间的社会关系由于超越了地方空间而是去情景化的。所谓去情景化，其实是去固定情景化的随机情景化，也就是说，在地方空间中某一有固定身份关系的人，由于现代社会空间的流动性而并不永久地固定在一个不变的空间中，他的身份会随着他所在的社会空间的变化而不断地变化。当然他的这种社会关系角色的变化，可能仅仅是在某一个时期或者是他

---

[1] ［英］安东尼·吉登斯：《现代性的后果》，田禾译，译林出版社2011年版，第18页。

的某一个方面的社会关系角色发生了变化，但这一身份的变化在现代的虚拟性社会空间关系中却是常见的。

　　社会时间的同时性也意味着社会关系在空间层次的动态进化，即社会关系的本质必须要在动态的时间维度显现，这不同于功能主义学派对现代性社会的解释，因为在功能主义学派看来，社会关系并不存在空间维度和时间维度的进化，而是在一种稳态社会中社会关系结构的分化和功能的专门化。在吉登斯看来，社会的同时性就意味着在社会关系的各种构成中，社会时间是无差别的抽象的东西，它只具有时间性，可以在不同空间中进行交换和嵌入，社会时间就如马克思所说的货币那样，可以在各种经济活动中成为中介性的东西。同样，社会时间也是将社会关系的交换从具体交换的社会关系中脱域出来，进行嵌入和重构。从而形成新的社会关系空间。"它们使社会行动得以从地域化的情境中提取出来，并跨越广阔的时间—空间去重新组织社会关系。"[1]

　　当然，脱域并不是说身体的物理空间不起作用，身体的物理空间是新空间构成的背景和参照系。在这一参照系中可以考察虚拟的功能空间的脱域程度，而且新的功能空间毕竟存在自然空间的因素。但现代社会关系组成的新空间的社会角色在许多情况下可以轻盈地抽身而去，是去情景化的。

　　实现社会时间的同时性，就必须满足一些社会关系的脱域的条件，首先就是各个个体从固定的社会关系变成碎片化的社会关系。在新的同时性状态，碎片化的社会关系是待汇集的蓄水池中的颗粒，等待上述所说的核心社会关系空间，也就是在新的空间中对同时性起到核心作用的宗主社会关系来整合。宗主社会关系处于整个系统社会关系的核心地位，而蓄水池中的颗粒随时等待着宗主时间的召唤来上场和退场。例如在火箭发射过程中，与火箭运行相关的发射、观测追踪、遥控就是碎片化时间，北京中央大厅指挥中心的时间是宗主时间，具有优先权，而发射场等其他关系都是由火箭发射原理确定的宗主时间决定。其次，脱域的社会关系在社会关系去固定情境化后变成了液态的情境化和随机的身份化。

---

[1]　景天魁：《时空社会学：理论和方法》，北京师范大学出版社2012年版，第46页。

这就是说，尽管个体作为身体或者社区的身份经常在一个固定地理空间中生活，但它能随时抽身而去，其虚拟之身的部分功能与身体情境下的身份断裂，进入另一个社会关系蓄水池中，随时准备以新的身份进入宗主时间的脉动，这种脉动的身份切换是非常快捷和顺利的，当这一事件完成后，它可以很快回到它常在的身份情境中，即回到稍微固定的社会关系区域，回到日常生活的单位中。

其次，同时化的社会关系脱域代表主体可以在同一个时间域内扮演多任务工作的角色。本来多任务工作是由于技术带来的时间压缩，特别是在线性时间中大量的被压缩的时间而产生的，即马克思所说的机器和资本把工人的劳动时间充满在每一个时间毛孔之中。但现在不一样，多任务社会关系只能说明一个人确实能够在同一个时间内身处各处。因为虚拟的空间关系，只要身体的一个功能虚拟在场即可。例如，一个大学的教务员可以一边在工作群发通知等待处理意见，一边汇编成绩表单，同时打印相关会议资料，她可以在同一时间为各种事务进行角色变换，当然，她同时可能还在听音乐或不时地与家人聊天，即所有关系在同一时间发生多重的同时性，她的社会关系身份是多重的。

最后，同时性导致个人身份和社会关系的不同身份处于不断地切换之中。由于同时性是宗主时间，而宗主时间的时间特性是均匀的同质的，它与身体时间是无关的，因而它可以直接把这种社会关系切换到个人时间之中。而在线性时间中，即早期的传统的大机器时间中，工作时间的社会关系一般不会带到个人生活关系和社区关系之中，而现在个人关系也在碎片化，等待宗主时间随时召唤。从本质上讲，社会时间中的同时性，在社会关系层面，其实就是在一个空间体系中所有相关的元素参加宗主关系的脉动，宗主关系一旦发生就要求各种社会关系做出回应，参与整体节奏和脉动。并且宗主社会关系在现代技术下不仅有需要，同时也有能力将各种关系调动在自己周围。因为这种社会关系是建立在越来越重要的以机器为主的技术体系架构之上的，而技术体系的同时性，其实就是机器存在的技术原理对各个部件之间关系的要求，即是技术原理要求占有各个个体部件的社会关系。在这里，所谓同时性就是技术原理要求个体部件在整体上的一致性，即技术体系中的宗主技术原理带来了社会关系碎片的整体脉动。

三 社会时间同时性与个体化碎片时间

所谓个体的碎片时间是相对于机器化生产的线性时间而言的。线性化时间是由机器生产流程确定的，它的时间切割是计划性的，由于各个生产程序是连续的因果联系，因而时间的各个点是连续的。但在现代技术下，原本被生产线凝聚或者说禁锢在一起的人们，由于原有生产流程被打破甚至被肢解，特别是以互联网为代表的技术的出现，使人们可以在不同的时空进行交流，甚至相互协作完成工作。这样人们就有可能从那个被机器装在一起的线性时间盒子里走出来，使一切事物发生的时间碎片化。

（一）碎片化时间的特点

从上述的分析中我们已经看到，要想做到社会时间的同时性，个体的时间特点还必须是碎片化的，因为个体时间参与社会时间的同时性意味着个体时间的有机性和整体性的肢解。它要求个体某一方面的功能能从个体中及时地抽身而去，在时间分配方式上更为随机，以做到招之即来、挥之即去。例如一位老师在家中看书写论文时，手机上突然发来一张工作单位要求填写的表单，由于要求所有人员要马上填好，所以这位老师看书写论文的时间就被抽出去几分钟。

抽身而去，是指作为各个元素的个体化时间可以抽身而去，即时间碎片可随机参与新的空间的社会同时性组合。碎片化个体时间其实就是对原有的已经存在的社会时间域进行解构，是对原有的有机整体的肢解，它要化为独立的、轻盈流动的元素，化为可以再组合的东西。当然也可以这样说，碎片化的个体时间在碎片化时，已经包含着另外一个整体社会化时间的内涵，新的整体社会化时间常常以社会事件中某一核心时间客体为轴心，如生产流水线、大型社会活动事件等，对远处的各种元素进行近前的控制。实际上，从这里也可以看到，社会时间的同时性要求新的虚拟与实体的混合空间，不仅仅要具有磁场的功能，即能把各个空间中的碎片元素带到近前，而且自然地也要有容器功能，即能够把相关的有待整合的元素放在一个蓄水池中。

时间的碎片化意味着社会时间倾向于无差别化，就如钟表时间的抽象性和数字性一样，即社会关系空间中的各种个体元素时间具有一致性和协同性，这样时间才能被切割成厚薄不同的时间薄片，适合于抽取和排序。这种对时间的切割甚至在工作之外的个体休闲时间中也在进行，个体的自由时间也开始碎片化、去情境化。[①] 社会时间与个体时间的界限被打破的新时间必须具有弹性，这样碎片化时间才能具有适应性和柔韧性。碎片化时间在其内部的时间安排上具有很强的刚性，例如，一个程序员必须要在明天上班之前花一个小时把某一程序编辑出来，在这一个小时的工作中，他的时间是高度有序和计划性的，是按照其所编辑的程序的特点来分配时间的。但这一小时是安排在晚饭之后还是安排在晚上做运动之前却是自由的。同时，在空间上，他是回到办公室还是在球场旁边的休息室工作也是自由的。这一点，只要我们在高铁上看到有些旅客在笔记本电脑上紧张地工作就可以理解了。也就是说在碎片化时间的两个端点，即与其他时间的接口处，个体化碎片时间具有很强的嵌合性，端点具有很强的柔性和可通约性。尽管切片时间之内的时间具有一定的整体性、个体独立性，但它会随着主体时间的脉动，灵活而又最优地切入机器技术系统的时间之中。

碎片化的时间具有流动性、液态性。这些被切成片状的时间片段，按照工业技术系统自身的运作方式与技术对组织形式的技术逻辑连接起来，这些碎片时间巧妙地最优地被塞进整个线性化的科学管理时间之中，即这些时间切片已经被技术体系的脉动而深化、谋算，这样这些切片的时间就具有液态的流动性特点。例如在高铁上工作的人，他的工作时间被嵌入高铁的旅行时间段中，这段工作时间随旅行时间可短可长，也可以根据列车运行情况和他的身体状况随机嵌入。也就是说，有许多具有某种功能的时间片段，即个体所掌握的时间碎片，当在某一个时间节点需要在技术系统脉动中立即在场时，它就能做到灵巧地立即在场，而当下一个时间节点技术系统的脉动暂时不需要这一片断时间，或它在下段

---

① ［德］哈尔特穆特·罗萨：《加速：现代社会中时间结构的改变》，董璐译，北京大学出版社2015年版，第277—282页。

工作时间中已经成为系统时间的冗余时，那么作为实体性的个体也可以灵巧地抽身而去。从这一点可以看出，切片在整个线性规划系统中的接口特别的重要，接口两端要求十分的平滑，即对技术系统变化的反应要快，个体的碎片化的瞬间切换要快，这样它的同时性特征就能得到比较好的体现，所以说碎片化时间的端口是液态的。

碎片化时间仿佛是散落在身体周围的东西，在任何时间按照机器运行的需要被取用。

（二）同时性的假象

碎片化时间使得社会时间特性不同于传统的由线性空间产生的社会时间特性，线性空间产生的时间特性是同时性假象。因为传统机器体系在运行时要求事件的时间顺序是从 A 项目到 B 项目再到 C 项目，C 项目的结果在时间逻辑上不影响 A 项目的运行。但在实际运行中，由于机器生产是不断的周期性重复过程，B 项目、C 项目的完成会反推 A 项目的完成，更为主要的是由于现代机器体系处于高速运行状态，生产过程中从 A 到 B 再到 C 的时间间隔变短。另外，由于现代机器体系的复杂性，在生产过程中产生的有待处理的信息量显著上升，这样由 A 到 B 再到 C 之间的时间间隔变得更为紧凑，所以导致劳动者能够感受到的空余时间接近于零，在每一个时间节点他都必须完成特定任务，这样导致 A、B、C 三个时间节点出现了相互制约的关系，好像 A、B、C 三个节点是同时性的。再有，在传统机器体系运行中，由于在生产过程中有物理空间的封闭性和严格的考勤制度，个体和个体时间被囿于同一空间之中，厂商会尽可能在有限的 8 小时内占有它，不让外界时间因素进入这一空间，因而我们很容易把这种传统的时间理解为同时性时间。

近 20 多年来，由于机器体系的空间扩张已经虚拟化，生产的空间围墙已经"透明"，参与劳动的时间碎片可能来自围墙之外的某个地方，所以 A、B、C 三项任务有可能是在不同空间同时完成的，特别是由于现代社会空间的虚拟化，虚拟空间是功能化空间而不是实体性空间，它对参与空间中的元素，在时间顺序性和逻辑性上都大大地降低了要求。许多过去发生的事件仍然能够参与当下事件的活动，做到不在场的在场。许多事件的真实时间意义性在降低，这就如电影中对一段故事的蒙太奇处理技巧，对事件的时间主要看在何种背景下进行何种解读，不同的背景就会形成不同的空间和时间意义。也就是说，过去、现在和将来在一个时间节点上达到了同时性，所以说这种同时性尽管是感觉上的同时性，但它比真的同时性还要具有"切近"的感觉。

现代技术系统在运行中处于不断变化状态，它能使碎片化时间在某一时间节点达到最大功能化，但同时在不需要它的时候，又能使得这段碎片时间隐身在技术系统背景之中，让技术系统不断地整合新的碎片化时间。碎片化时间具有的这种特征，使得机器生产中的各种碎片化时间伴随着技术系统的宗主时间形成同时性脉动。当然，碎片时间在原先的线性时间内可能是个体的封闭时间和自由支配时间，但由于同时性已经深深地进入到个体时间之中，所以个体时间必须随着技术系统的脉动和需求而改变，个体时间必须成为碎片化的弹性时间。

这里，时间的碎片化是指在技术系统运行中时间以一种编码化的形式切入到技术系统中。用鲍德里亚的理论诠释，碎片化时间相当于片断式数据包，如基因切片，数据包内的时间具有个体性、功能性，但对外时间碎片的存在形态仅是一个等待更大有机体组装的数据包，它需要用蒙太奇的编辑方式，使得时间片断产生新的意义。"时间作为一种位置函数，特别是自我参照的一个层面，在这些后现代广告活动中是断裂的、多样的非连续的。……自我，被存在于一个自我参照的时—空背景中的'纯'符号所取代、瓦解和破碎，并且……自己仅仅是符号。"[1] 碎片化时间作为被解构和重构的社会时间符号，它的主体格式和结构会发生不断的场景变化，场景的变化会赋予这些碎片化时间新的意义。碎片化时间有两个特征，一个是弱时间因果性。碎片化时间的顺序并不太重要，甚至这一时间事件可以是在过去某个时间发生的也可以参与到当下的事件之中，如电视上播放的节目有可能是几年前就录制好的。而在虚拟网络中，不同时间发生的事件或图片大量地参与到当下热点话题的讨论中，应该说这种现象比比皆是。第二个特征是事件文本产生的时间碎片，在

---

[1] ［英］理查德·惠普、芭芭拉·亚当、艾达·萨伯里斯编：《建构时间：现代组织中的时间与管理》，冯周卓译，北京师范大学出版社2009年版，第96—97页。

不同场景可能会发生重大的意义变化。正是由于时间的碎片化，新的社会时间同时性被赋予了新的内涵。碎片化时间通过重构，使许多个体时间在原社会系统中被忽略的因素，即在原来的社会系统中显得并不那么重要的因素，甚至是一些隐性价值部分，现在被重点化、显性化了，[①]也就是说，新的社会系统构序会对已有的技术系统中的宗主时间进行价值意义的改写。由技术系统的脉动产生的社会时间，悬置了原有的社会时间各个个体的背景，使得碎片化时间在这些背景中脱位，并且在新的时间客体中被重新背景化，按照新的运行节律的环境重建其特征。

（三）社会时间同时性与社会等级识别

碎片化时间只具有组合社会关系的意义，它不能构成独立的社会关系，但由于群体等级次序是按照机器运行的等级次序自然形成的，因而它对于实际占有这段时间的人和群体来说，是占有者社会身份标志的代码。碎片化时间显示社会关系的等级。

碎片化时间还给社会时间带来另外一个特点，它使得这种社会地位关系更加简化，社会地位是技术体系运行的秩序在社会关系中通过镜像形式确定的，所以其他的原有的社会关系在这一技术体系运行中都被这种技术等级的关系所压制或取消。例如在工厂化技术体系运行中，亲情、年龄、朋友等社会关系都要让位于技术体系所形成的组织关系。此外，这一碎片时间编码具有强制性，碎片时间构成的社会关系不具有随意性，它是构成社会身份识别符号体系中的一员，它让传统的以血缘关系为特征的身份识别体系受到了进一步削弱，并进一步构成社会的最为普通的基础性等级体系。参与社会等级识别的人只能以他的社会碎片时间的地位切入进技术体系，进而决定他的社会地位。

碎片时间使人的社会身份得到多元分解，在主体中多元化的碎片时间参与不同的社会时间就会产生多重身份认证。主体的社会主要身份决定着他有一个宗主时间，但主体在其他时间也有其他身份。主体自身是一个有内在逻辑的整体，但主体的社会性却由这种高度抽象化甚至数字

[①] ［英］帕特里克·贝尔特：《时间、自我与社会存在》，陈生梅、摆玉萍译，北京师范大学出版社2009年版，第86页。

代码化的碎片时间来确认,因而主体的整体性被严重地肢解。正如海德格尔提到的,主体作为一种材料参与社会技术体系的运行并被单向度地抽取。①

碎片时间的编码化,一方面使得社会的运行更为畅通,使得社会关系液态化而不是僵硬的固态化,社会关系随时都可以发生快速地变动以适应更快变动的液态化社会。②但同时社会由于加入了编码化和数字化,从而使得那种以直观的可感受的,甚至具体的人与事物之间的一一对应社会关系削减了,社会关系反而在加入精确的数字化、编码化之后变得不透明了。编码式的社会关系给我们一种虚假的透明现象,其实内在的社会关系结构反而是不透明的、被遮蔽的。编码满足了社会关系的同时性,但更多地排斥了社会关系的意义,而只有赋予意义的社会关系才是透明的。

---

① [德]冈特·绍伊博尔德:《海德格尔分析新时代的技术》,宋祖良译,中国社会科学出版社1993年版,第74—75页。
② [英]齐格蒙·鲍曼:《来自液态现代世界的44封信》,鲍磊译,漓江出版社2013年版,第1—2页。

第四章

作为消费的时代

对消费社会的批评本身可能沦落为消费品，今天的社会从整个社会文化系统来说，是一个比较彻底的消费社会。对消费社会的批评，在于消费者欠缺的、不"完美"的消费。这就如我们消费手机，进而形成手机文化消费模式，但我们在消费手机文化的同时，却又要对这种文化模式进行批判，并产生大量"严肃"的责备性言语，而这正是部分消费者需要的。①

第一节　现代消费品的特征

拿着可乐瓶子与拿着茶壶在喝水，感觉总是有点不一样。可乐瓶子被优秀的工程师团队设计得精确、恰当、无瑕、简单和经济，在这些特征中情感性因素很少能成为设计师团队考虑的因素，而优美的数学方程式，一系列材料性能相互关系的科学必然性，物品内在的严密的结构与逻辑关系都在商品设计中显现出来。茶壶不一样，茶壶留下了制壶师的手工痕迹，它要彰显的是制壶师个人的情感与审美。可乐瓶子在团队设计中不能留下个人的东西，否则便是缺陷和不足，设计团队要表现的是产品，要表现物的性质和群体审美。

---

① ［法］让·鲍德里亚：《物体系》，林志明译，上海人民出版社2019年版，第1页。

一 现代的消费品是单向度的极致追求

从人类的起源看,人与技术是一个事物的两个方面,两者互为定义。在日常生活世界中,人的进化路径比较趋向于文化价值取向,而技术的进化路径比较趋向于对自然本质的展现。到了近现代,由于科学技术的快速发展,技术对日常生活已具有决定性影响,反映在日常消费理念上的变化就是人们的消费更趋向于客观化、理性化和技术化。

在技术发展的儿童时期,即芒福德所说的始生代技术文明时期,[①] 消费品包含着身份、地位等文化特征。例如明代家具,表现为士大夫们休闲雅致的生活追求,它表现了士大夫们在这个生活圈中的身份定位,而不单单是日常生活中的功能性家具,人与消费品之间存在某种共同的一致性象征符号。即使在几百年后,我们在博物馆看到那一件件明代家具,仍然能够解读其中的文化追求。明朝范濂在《云间据目抄》中有这样一条记载:"细木家伙,如书桌禅椅之类,余少年曾不一见,民间止用银杏金漆方桌。自莫廷韩与顾、宋两家公子,用细木数件,亦从吴门购之。隆、万以来,虽奴隶快甲之家,皆用细器,而徽之小木匠,争列肆于郡治中,即嫁妆杂器,俱属之类。纨绔豪奢,又以椐木不足贵,凡床橱几桌,皆用花梨、瘿木、乌木、相思木与黄杨木,及其贵巧,动费万钱,亦俗之一靡也。尤可怪可,如皂快偶得居止,即整一小憩,以木板装铺,庭蓄瓮鱼杂卉,内则细桌拂尘,号称书房,竟不知皂快所读何书也。"由此可窥得明代后期苏、松地区家具风格与文化风俗之一斑。明代家具朴实高雅、秀丽端庄、韵味浓郁、刚柔相济,特别是在用材上大多数为黄花梨、紫檀等高级硬木,其色调和纹理都是自然形成,工匠们费时巨大,力求做到精工细作而又不加漆饰,这种风雅追求。与世俗居民的生活功能需要截然不同。

消费品是人的社会关系和身份定位的代码符号,体现了消费品主人在社会中的角色,人的内涵与消费品的内涵具有内在一致性。每当我们

[①] [美]刘易斯·芒福德:《技术与文明》,陈允明、王克仁、李华山译,中国建筑工业出版社 2009 年版,第 101 页。

在博物馆参观时，看到那些"死"的已经没有生命功能的家具，经过我们仔细地体味，都能产生一种"深入其境感"，即它们能把我们带到那特有的时空文化氛围中，这时这些家具主要表现的就不是其日常使用功能，而是特有的文化价值功能。

现代消费品追求的是物的功能性解放，并且是对物的某一方面单一化功能的解放。从表面上看，对物的单一化功能需求似乎是消费风格的改变，这与现代技术的发展并无瓜葛。其实不然，现代消费品的单一功能化追求正是现代技术建构起来的。与其说是消费需求促进了现代技术的发展，还不如说是现代技术诱导消费需求朝向功能单一化商品发展。

消费从文化价值取向转化为物的单一功能化取向，其原因涉及现代技术本质的展现。海德格尔认为，技术的本质在于"座架"，"座架"从语义学上解释，并不单纯是一个名词，而更接近英语中的动名词，即"座架"只有在技术活动中才能显现技术的本质，从遮蔽状态走向解蔽。所谓解蔽就是技术原理或者说技术发展轨道的具体展现。由于座架本身在解蔽过程中是自主性的，导致它会单向度地而不是有机地抽取物的部分功能，不是整体纳入物的全部功能。

有一个很具体和直观的例子，能诠释现代技术在解蔽过程中是如何对待它所利用的物质的。肯德基的食品原材料是普通的鸡，但它的整个生产模式和销售过程是利用现代技术方法，与农妇养鸡的技术方法有本质的差别。首先是在鸡的选种方面，肯德基使用的白羽鸡是通过光电孵化批量生产出来的小鸡，并不需要母鸡的孵化，于是母体与后代的自然的联系被割裂了。小鸡从出生开始就被当作技术加工的材料，作为生产中的物而存在。鸡作为生态物质的有机化整体结构已经被消解，因为只有鸡身上的一部分材料被肯德基取用，它只承担生产鸡肉这一角色，而它作为生物体享受的自然生命时间，作为生物种系享受的向下一代基因遗传的权利，都在现代技术的单向度的谋划中丢失了。在现代技术消费中，鸡作为一个生物种的特性，作为一个有机生命体的本质已经失去，它是作为肉的特征和材质被处理的，它已经不再具有更高一级层次的生物属性，在肯德基那里，所有的有生命的有机物变成了一般的物理物质，物质被齐一化了，它的自然等级，即作为生命体的价值消失了，沦为有待技术取用的一种材料。

而对于餐桌上的消费者来说，他们在取用鸡块和鸡翅时，消费模式也发生了变化。消费者显现的只是人的生存功能，最多的就是满足人的单一化口味的功能，肯德基作为快餐，具有食用方便的特点，更不需要吃饭的礼节和仪式，在这里具有中国传统舌尖文化意义的东西，消费者已经找不到了、失去了。对于农家的鸡来说，它是通过母鸡生产出来的，母鸡与小鸡之间有着自然生活状态的联结。传统农业饲养的鸡，在生长阶段就与农妇、孩子有着生活的交流，它作为家的一部分文化内涵而存在着，农妇、孩子对鸡的个性特征都有所了解，甚至于能够在生活中进行互动。鸡、狗、牛与农具等，一起构成了家的文化。在农妇那里，鸡生蛋、带小鸡长大，即使鸡最后被食用，也是作为一只整鸡被取用。相反，养鸡场中的鸡，在生命中看不见阳光，只看见现代技术使用的灯光照射，吃着能更快生产肌肉的饲料。技术仅仅是为了取用鸡肉，取用的只是鸡的经济效益最优部分，因而鸡的这部分功能得到了非自然性的扩张放大，而消费者当然不可能享受到自然状态下的饮食文化，消费者获得的只是口腹之欲的满足。正是因为在鸡的功能取用上是部分的片面化的，因而消费者也被功能化了，消费者展现的也仅仅是自身的某一功能。对消费品和消费者来说，在现代技术下的消费解放，只是解放了物的功能而不是物的自身，物被部分地畸形化地展示，而同时人也只是功能解放的助手，而不是消费者自身。

在消费过程中，无论是消费者还是消费品，在技术展现面前都已经不存在高低等级之分，都变成单纯的物质展现，即一切都化为千篇一律和无本质的东西。在技术展现面前，根据事物的自身性、独立完整性、尊严和独特个性去对待事物的消费观念已经丢失。人们本应该对鸡的消费有一种起码的情感交流和尊重，例如像农妇那样，对一个再也不能下蛋的老母鸡有一个简单的感情交流，流露出可惜、可怜的感情。不仅是对有生命的动物，即使是对无生命的植物，也应该如此。例如农妇对待冬天冻伤的白菜，能说出它受罪了这样拟人化的话语。这些话语在现代技术消费面前都已完全消失。现代技术下的消费仅仅是从与技术关联、关切的方面去构建事物，并且强制性地使各种事物齐一化。同时，当现代技术与另一个在现代消费中起重要作用的因素巧妙地结合在一起时,物的等级地位就更不可能建立了,这一因素就是市场消费中的资本经济效用原则。实质上,资本效用带有一般等价物的意义,即在资本效用面前,重要的不是消费什么而是这种消费能不能带来具有一般性的无差别性的价值。消费什么、供应什么并不是消费、生产的主要目的,目的是资本的实现,事物的使用价值被谋算为市场价值的实现。更为巧妙的是,资本实现的最佳手段就是现代技术,技术也不关心事物自身的价值和等级地位,不关心人、动植物、大地、水流的区别,所以资本与技术二者巧妙地结合在一起。例如养鸡场的鸡,为了资本追逐的利润失去了自身独特的生物性,以便无障碍地出现在技术的谋算中。"作为齐一化的方式的这种金钱化不是什么偶然发生的东西,而是在新时代技术中事物如何表现和展现自己的方式。具有个别性和特殊性的事物消失了,这是由于普遍等价物金钱的缘故。"[①] 正是由于这种双重的谋划,或者说是一个事物两个方面的谋划,[②] 使得人所面对的自然物质在变为消费品时被机械性地取用。例如有的鸡被单向度地取用鸡蛋,有的鸡被单向度地取用鸡肉,把鸡定位在蛋或肉上,这种限定是为了使得这些单向度抽取出来的东西失去自主性,让它们被功能化、被谋算和适应技术的展开。

现代消费本质上是消费者与消费品之间关系的逆转。在现代技术产生前,消费者的价值观可以进入事物之中,即作为消费品的东西多少都存在着人的主观价值的介入,传统的消费物具有对生产者和消费者的内在价值的吸纳功能,即物之作为审美的价值。例如宋朝人对于家具的明快简洁风格的偏爱能为消费品生产所吸纳。消费物是消费者的镜像反射,两者之间具有内在本质的一致性和相通性,消费物实际上是我们身心内部的外化。而现在不论是人和物都成为技术展现的对象,成为技术展开时技术功能计算的东西。

现代消费品排斥和拒绝身心的外化过程。这里以拉琴来说明消费者

[①] [德] 冈特·绍伊博尔德:《海德格尔分析新时代的科技》,宋祖良译,中国社会科学出版社1993年版,第45页。

[②] 资本对技术是如此的偏爱和狂热,而技术在资本的支持下也持续不断地展现出自己的本质。

与消费品的关系。消费者对物的属性是了解的，物只有在人对其性质了解的情况下，才能够显现它的功能。拉琴的人只有对琴有了很深的了解，才能显现琴的本色，而琴的本色实际上也是拉琴者自身具有的本色，如果拉琴人对琴的特性不太了解，很难用技巧驾驭琴，那么就很难拉出美妙的音色。

像琴这样的消费品，是人与物间镜面式的反映。对于琴来说，它允许有主体价值意义的容纳。对于消费者来说，琴除了物性功能之外，还有想象力价值，消费者能够把某一方面情感寄托在物中。例如茶壶在多次使用后会形成一层厚厚的茶垢，有许多喝茶爱好者并不把这层茶垢清除，厚厚的茶垢包含着对已有的过去生活的回忆。琴、茶壶是消费者内在情感的容器，人与物的相互关系明显超越了物本身的功能关系，这种关系来自自然本身。在文化意义上人的地位要高于物，人作为消费者不会去算计消费物，他对物有着一种自然性的敬畏，因为他知道，这种消费关系实际上都来自自然的一种赋予，有着自然之道展开的隐喻，"意义和价值"来自实体间的遗传继承，并受形式所裁判，人对世界的体验方式是把它当作一项既存的赠予，而人的消费便是揭露它的奥秘和设法使它永久存续。因此，这种消费关系应该是以自然为基底，而不是以技术展开为基底的，"人和形成环境的器物因此是在同样的一种肺腑与共的亲密感中发生关联"[1]，作为消费品的物，它的发展应该是物之自然属性，朝向物自身的进化谱系，而技术展开正是对自然进化规则的背叛，物不再是自然的赠品而是技术的制品，物被安排、抽取、重新组合和控制。对现代技术来说，重要的不是提供给消费者什么，而是物和消费者能够在何种程度上被控制。在现代技术物中，人和机器之间不再通达，从某种程度上说，指导和控制两者活动过程的，都不在物性和人性方面，而是技术的实现。所以主体价值性的东西被退隐到幕后，主体因素无法渗透到对象物之中，对象物"纯洁"地由技术组织安排。

---

[1] [法]让·鲍德里亚：《物体系》，林志明译，上海人民出版社2019年版，第29页。

二 消费品的流动性

英国社会学家鲍曼在对现代社会特征的考察中发现，现代社会与现代技术革命前的社会有比较大的差异，后者是一个相对稳定的固态社会，现代社会则是不稳定的液态社会。鲍曼把由现代技术展开而形成的现代社会形象地描述成流动的社会，液态性和流动性是现代社会最基本的特征。对于所谓流动性和液态性，他是这样解释的："液体不像固体，能够轻易控制和保持它的外在形状。可以说，流体既没有固定的空间外形，也没有时间上的持久性。尽管固体有着明显的空间维度，不过却能抵消时间维度的影响，并因而降低时间维度的意义，即有效阻止它的流动。流体则不能长久保持它的任何形状。其形态易于改变或者往往改变不居，因而对流体来讲，正是它时间上的流动，比它占据的空间更为重要：……对液体来讲，具有价值的主要是时间维度。"[①] 对于流体来说，它能轻易地流动或溢出。现代社会中的许多事物在开始形成时就已经具有液态性特性，它能够轻盈地改变自己存在的方式。

现代社会的流动性特征比较集中地表现在日常消费生活中。对于今天的消费者来说，他并不在意在消费品的经久耐用，而常常表现为对一种消费品的谱系化消费。谱系化消费就是更换和使用某一个商品的新型号的目的，并不仅仅是提供新的消费功能，还有另一个不易察觉的企图，即促使旧型号的快速淘汰。旧型号的淘汰速度应该与该技术的创新速度合拍，这在本质上暗藏着技术的一个阴谋。例如我们现在使用的智能手机的电池，往往在使用一两年后就不能正常使用了，迫使消费者不得不更换新的手机。这就是现代性的消费方式，即尽快地购买和尽快地消费。

我们说，对某一消费品的消费是系列型号谱系的消费，只有在系列繁衍中才能显现和发现消费的本质。为什么这样说呢？这是因为单个的某一消费品型号尽管已经包含了技术的基本原理，即技术进一步展开的内容，但它并没有成为技术的现实，技术原理的东西还是潜在的。潜在

[①] [英]齐格蒙特·鲍曼：《流动的现代性》，欧阳景根译，中国人民大学出版社2018年版，第24页。

的东西不可能在一个型号中全部展开，成为技术事实，它只有在所有的型号系列中，即作为谱系的东西才能展现技术原理。而以谱系方式展开的消费刚好与资本追逐利润的目的合拍。资本要想实现最为简单的再生产，即不断地实现最为稳定的利润，就要求生产是不断连续的。然而问题在于，任何一个产品所使用的周期都远大于资本再生产周转的周期，这样资本的运转连简单的再生产都难以为继。所以为了建立一个可持续性市场，就要求产品被替代的周期与生产的周期保持一致。而唯一的方法就是在消费品的制造上和消费者的消费方式上，即在时尚与过期的消费理念中，实现资本的运转。

正如社会学家鲍曼所说："在流动的现代社会，垃圾处理业在流动生活之经济中居主导地位。这种社会的生存及其成员的幸福，取决于产品迅速地沦为垃圾，以及处理垃圾的速度与效率。在这个社会里，没有什么可以免受用之即弃之普遍规律的支配，也没有什么可以被容许在过气后继续存在下去。无论有无生命，一切事物的恒久性、持有性、坚韧性，都是无以复加的危险，避之不及的恐惧、深恶痛绝的靶子。"① 所以，对于产品设计来说，设计师们要对产品的功能进行计划性的控制，像智能手机生产商一样，将产品的某一方面功能设计得有所缺陷。同时不断地设计、生产出新型号的产品，促使消费者不断地更换手机。也就是说，消费仅仅是为了便于型号对应的技术谱系的展示，由于技术是不断创新的，所以就客观上必须出现新的手机型号。而型号的变更对于消费者来说，就是要不断地使消费者喜新厌旧，对旧有的物品绝不能"睹物思情"，不能对它有过去生活的回忆，物本身不能沉淀生活的文化价值意义。所以那种长久的耐用的似乎是静态不动的消费品，似乎可以当成传家宝似的消费品，是与现代意义的消费观念格格不入的。

消费品的流动性，让消费者永远保持一种不满足感，一种方法就是使用消费品的信息持续不断地轰炸人的所有感官，让消费者无法回避地接触到它。例如在电视剧的片头、片尾甚至中间，甚至演员在演绎故事之时加入广告，反复加深消费者的印象，激起消费者想要试一试的欲望。

---

① ［英］齐格蒙特·鲍曼：《流动的生活》，徐朝友译，江苏人民出版社2012年版，第3页。

三　被控制的消费者

如果我们将消费批评分析的视角转向消费者，就会发现以下这几个问题。首先是物对消费者身体的虚拟性环绕。环绕代表着物体是招之即来挥之即去的。没有哪个时代的消费者比今天的消费者更容易获得消费品了。你可以通过手机购物软件在虚拟而又真实的世界中，从世界各地找到你想要的物品，甚至你看到的物品可能比你开始想要的还要多和齐全。从而激起消费者更多的消费欲望。挥之即去，实际上与招之即来有着同样的目的，便于消费者欲望的实现，当商品成为一种消费多余，甚至仅仅是过时了，生产商就会告诉你如何以旧换新，这样原本无法实现的新的消费和欲望就又扑面而来。对于消费者来说，消费品几乎都是急匆匆向你压过来，让你在无暇思考中选择。

马克思在对物役性的解释中提到，物的消费主要是为了满足在生产流通过程中交换价值的实现，而不是使用价值的实现。对于消费者来说，他看似在进行使用价值的消费，实际上在承担着交换价值链条中的一个环节。消费者被消费品环绕，消费品努力在消费者身上抽取价值交换的权利，强迫着消费者进行全方位消费。所谓消费者被全方位消费是指，由于消费者在消费过程中为了实现某种符号价值意义的消费，不得不消费相关的其他物品。因为某种符号价值绝不单单是一个具体的消费品，而是整个这一类消费品的总和。比如说，一个普通工薪阶层的纺纱工人，如果她穿着工薪阶层消费水平的衣着，那么她挎着一个奢侈品牌的提包就会给人穿戴错位的感觉。因为奢侈品牌的提包应该与相关的衣着、首饰等象征符号相连。特定的商品代表特定的价值符号，它们之间存在价值链的关联，正是由于这种关联，在现实意义上消费者不可能被一种商品包围着，而是被一类符号价值意义基本相同的、衣食住行玩各领域的商品整体性地包围着。当然，消费品的符号价值的分类，也可以用年龄、风俗等其他的符号进行价值意义的分类。

消费品谱系已经从物品自身的型号谱系，即技术赋予的结构意义，拓展到消费品以价值意义为基础的结构体系，物与物之间相互支撑和定义。一般情况下，当一个人从一辆豪华跑车上下来，不会穿着普通的工作服或者 10 元钱的老头衫，相反，从普通的面包车下来，也不会戴着几十万元的名表，这就是物与物之间的相互定义。所以当消费者被一个商品所吸引时，那么随之而来的是一系列商品的围困和诱惑，消费者很容易从一个商品转向对另一个商品的消费。

消费品从单一的型号系列的消费转向同类价值意义的消费品消费，与技术展开有关吗？事实上是有的，因为正是现代技术能够提供一个价值体系下最为充分的各种功能的产品，才会形成某一系统的消费风格，或者说它为某一消费风格的形成提供了物质基础。技术展示提供了一整套的暗示性话语，这些暗示性话语会诱惑消费者的消费欲望。应该看到，不论是资本还是技术都需要创造新的消费符号。然而新的消费符号及其意义在原有的消费品体系中，仅仅依靠产品外观和消费方式的小小改动实现，常常给人一种旧瓶装新酒的感觉。而要能真正地在物的总体系中创造出一种新的消费谱系，即新的风格谱系，最为根本的解决方案，就是创立一种新的技术产品体系。所以关键的是技术谱系在质态上的进一步展开，就会自动带来新的消费欲望，带来新的风格。在这里我们也应该看到的，新的消费也是一种对功能性消费的否定，它又转向符号意义的象征性消费。即消费品已经不再只具有产品的功能，而是一种象征意义的财富、地位的表达方式，即由一系列同质的物品形成的一种代码构成的象征价值。

四 消费品的象征意义

现代技术下的消费品的象征意义，不同于原始的在技术产品产生前的商品消费的象征意义，两者看似都是符号的象征代替商品功能的消费，但前者是一种否定之否定过程的超越现代技术下的消费品象征意义，[①] 它有以下特点。现代消费符号更类似于计算机中的代码。现代消费符号要比物性礼仪符号的抽象程度复杂得多，物性礼仪符号表达的象征意义比较单一、直接，它就是表示财富的多少，由财富的多少而产生等级与荣

---

① ［法］让·波德里亚：《象征交换与死亡》，车槿山译，译林出版社 2006 年版，第 80—81 页。

耀的差别。例如在打羽毛球时背一个旧球包用一副旧球拍，以显示自己是一个资深的球友，或者在球场上炫耀球技。这些都是直接的表达。现代消费符号象征意义则比较复杂，它需要转译与解读。而且单一的物品不能完整地表达消费品的象征意义，它需要一组相互关联的物品在价值意义上相互指向和揭示，从而构成一组象征意义。例如，化妆品是经过市场宣传的代码符号。化妆品的符号意义需要解读。因为化妆品经过了两次物的变异。第一次是从普通物的有用性，变成一般的等价交换的物品，在这次变异中它达到了去情境化和简化的水平。香水不再是普通的香水，它与生产它的环境之间形成了脱域，即与它的来源空间形成割裂，把香水从产地的具体的时空情境中提取出来，这种提取割裂了香水所包含的当地的文化，同时又为它重新进入新的文化空间提供了新的机会。不同地方的花品种并不一样，因而不同的地域的香水应该具有不同的生活文化，香水素来是具有地域性、文化特性的，这就像不同地域生产的茶一样，然而这样的情境并不利于作为一般等价物的现代消费品的实现，一般等价物的实现要求消费打破地域的限制，通过现代提炼和加工技术，使得香水能够在任何地域加工生产，从而形成世界性的市场。同时这一过程不仅使得物质与其环境脱域，而且为了能够方便灵巧地在其他消费环境中进域，就必须删减香水中多余的内容，而这些内容是从地域或者物的自身特性中带来的，但在新的定义中却不能作为一般性的符号被嵌入进去。也就是说，只有适合作为某款香水的属性在生产和产品设计中被保留下来，而其他无关的属性则被抛弃了。

  第二次物的变异就是再情境化和进域化的过程。这里涉及库里肖夫效应。对于已经符号化的消费品，如果把它放在不同的消费场所，存在于消费者群体的不同欲望、偏好、心理等背景下，消费物所显现的消费含义就会有很大的不同。例如一个化妆品取名为"芳芳"，并加上花式的字母 FangFang，这在汉语文化消费圈中不会有什么过多的联想，而在国外，它会与人们并不喜爱的犬牙、狼牙联系在一起，这一消费品就会令人生厌。这种现象类似于芬伯格所说的次级工具化技术现象，相同的集成电路在不同的设备当中可能会产生不同的功能。所以当一个部件从一个技术体系环境中去情境化，要进入另一个技术环境中时，就存在解码和转译的过程，转译就是再入情境化。

对于现代技术来说，再入情境化是一种代码的植入，这种植入不同于前技术时期个别的意义的脱节和再入。实际上，代码与具体的新区域之间有可能不存在相干性。这就如在某牛奶广告中，播放了半天与奶牛无关的风景，而只是在最后10秒钟才将牛奶的浓香展示出来，这就是广告的技术展示方式，将消费者带入一种虚拟的而又是消费者似乎努力追求的梦境中，然后将牛奶植入这种梦境中并强加给消费者。

第二节　消费品及其进化原因

在我们的日常生活中，众多的消费品可谓是琳琅满目，对其进行分类确实是一个比较困难的事，通过分类，揭示消费品的本质，揭示消费品与消费者之间的关系，更可谓是难上加难。在经济学家眼里，对消费品的进化原因并没有达成统一的认识，绝大部分学者都把它归结为两个因素，即需求拉动和技术创新的推动。在市场经济行为中，需求的拉动是人们在日常生活中最为直观的、透明的感受，其对消费品发展的影响好像不容置疑。但现代许多消费商品的开发，早已超过消费者在日常生活中的想象力，特别是一些超复杂、超微观的现代技术商品，消费者在没有看到商品前是无法想象的，更不会有相应的需求。这就如一个在边远地区居住的摇着芭蕉扇的村民，如果连电这个名词都没听过，怎么可能产生对空调的需求。

一　消费品的本质

要想看清消费品的本质，必须首先对消费品进行分类。马克思在分析资本主义生产关系体系时，从最为一般的商品这一抽象而具体的物品出发，揭示了商品的内在本质，并以商品的本质为突破口，看到了资本主义生产围绕商品内涵展开的生产关系本质。同样地，对日常生活消费品的本质进行分析，也不能停留在对牙刷、布鞋、汽车等个别商品的分析上。尽管从现象学理论说，对个别商品层面的分析也能够理解被遮蔽的商品本质，从而直接通向对消费本质的理解。但说起来容易，做起来难。现象学的还原，其实也必须进行前期的理论分析，因此，我们构筑一个合理的理论分析视角，对于消费品本质的分析是相当重要的。

首先，能否从物的功能性上对物进行分类呢？当然可以。从功能性上对日常生活的消费品进行分类，可以使得日常生活繁乱的现象有其逻辑性和条理性，如根据衣、食、住、行、娱乐等对消费物品进行分类，可以使日常生活现象归于一种系统化、层次化的分析。然而每一件物品代表一种功能的系统化分类，尽管非常细致，却不能揭示消费者与消费品之间的本质意义。例如我们在交通出行工具中分出一个自行车类，又在自行车类中分类出 28 寸、26 寸、24 寸等各种型号的自行车，这种型号的分类，尽管能够标明消费品的功能性以及技术结构的特点，甚至也能够从中分析出技术变革和创造与社会日常生活之间的现象性关系，但并不能显示消费者与消费品之间的真实关系。事实上，在任何现代技术消费品中，消费者的文化背景以及价值体系在其日常生活的消费中发挥着不可忽视的作用。我们分析的以现代技术为基础生产出来的消费品，可以单从功能上很便捷地进行分类，但这种分类忽视了人与物之间复杂的心智关系，忽视了人究竟是通过何种程序与技术物之间产生关联的，以及由此而来的人的行为和人际关系系统是如何构建的，所以这种分类对于认识消费品的本质并没有什么重要作用。

既然不能从表象性的功能层次对消费品进行简单的分类，那么能否从技术层面对消费品进行分类呢？因为功能性的分类尽管考虑到了物的使用价值层次，但一旦分析到经济学的价值层次就会戛然而止，商品价值的文化层次本质并不能够显示出来。从技术层面对消费品进行分类，要客观和深刻得多，技术层次的哲学化分析，对于日常生活中的消费者来说，是抽象的、符号化的，是在消费品的使用中难以直接体悟到的东西。

现代技术生产出来的消费品，如手机、飞机、汽车等，其最为本质的性质是技术本质的性质。单从一般的现代消费品的进化谱系看，它显现出来的是技术的进化谱系，技术的进化谱系其实就是物品的进化谱系，前者的进化逻辑决定着后者的进化逻辑。

可能会有这样一种反驳性的观点，即技术实际上是因心智的需求产生的，它因人的需求而被发明创造，而消费品只不过是利用了技术这一中介工具折射了人的心智需求。所以说消费品的进化谱系本质上应该折射的是人的心智进化的谱系，这两者具有内在本质的一致性和逻辑的对应性。其实这样的说法尽管是对的，但并不全面。它忽视了这样一个前提，即人的心智与技术之间的关系比较复杂，两者的关系并不能直接表现出来。斯蒂格勒在《技术与时间》中认为，在人的创造和进化过程中，技术作为人的第二生命时间的物质性内容，至少与人是相互规定的，至少我们不能决断地单向度地说是人创造了技术，因为技术作为人的一个拐杖，有其自身的生命性，这一生命性依附于人的身体，即技术好似人肉体的一部分，并在肉身自身的退化中，得到了进化，因而把技术看成是人的心智的折射，这一逻辑推论的前提就是不全面的、简单化的。①

这样，我们就有可能得出一个奇怪的结论，消费品的本质并不一定是人的心智，即作为人的文化消费品，可能是技术自身的进化结果，消费品系列是技术不断演绎出来的消费品进化谱系。同时因为人与技术之间的互为决定和定义，人本身也强烈地受技术进化的影响。对技术进化谱系的考察，才是考察消费品本质的正确途径和视角。也就是说，消费品最为本质的一面是技术本质的折射，技术结构的进化与物的进化实为一体，技术的进化是本质，在技术的谱系中，即在消费品的样品谱系中所展现出来的逻辑与规律，才是本质性的。例如手机产品的更新换代，就体现了技术内在的逻辑，而不是消费者的需求逻辑。

消费品看似由日常生活的具体需求确定，其实它是一个抽象的物的进化史，是技术原理的展开。人的消费需求对物的进化谱系的影响，每一个产品样品向一个更好的功能样品的整合，其实是技术内在意志进化的客观显现。在样品谱系进化中，每一个功能元素的增加，实际上都是一个基本单元的技术元素，即"技术元"在其中的复合，它是技术元按照物形成的自身原理，即技术从抽象层次到具体层次，从无机化到有机

---

① ［法］贝尔纳·斯蒂格勒：《技术与时间：爱比米修斯的过失》，裴程译，译林出版社2000年版，第158页。

化层次进化的一种客观过程。①

按照这一原理，对消费品本质的分析，正如西蒙栋在分析技术物体时所说的，应依照消费品进化的复杂程度进行分类，即从无内容的、简单的、抽象的消费品，到内涵丰富、结构层次复杂的、具体化的消费品来进行分类，进而认识到消费品的本质。消费品在其初期不论在功能上还是结构上是不充分的、未展开的，而在其进化过程中，要不断地弥补这一缺陷，进而在功能和结构上不断完善化。例如，早期的汽车结构是简单的，其结构可以一目了然，但随着汽车的速度越来越快，它的减震系统、刹车系统以及发动机的辅助系统开始复杂起来，人的感觉系统越来越难以驾驭汽车，对汽车速度的把握必须借助减速玻璃才能准确感知，这就是消费品的进化逻辑路径。当然这一逻辑路径的确定，或者说决定消费品进化的基因，是在早期样品中就已经存在的东西，只是它还处于未充分展开的状态，即从汽车诞生开始，只要它的驱动原理不发生变化，那么后期的所有汽车样品，不论多么高级和复杂，都是早期原始汽车的逻辑路径的展开。这就如早期的二极管收音机，它的内在基因里就包含着后期三极管、电子管、集成电路等收音机样品的内容。对于这一点，好多工程技术人员是很难接受的，他们认为这些后期样品是工程师们发明的结果。其实，工程师们不是在发明什么，而是在发现已经事先预定好的技术进化轨道，所以他们不是在发明消费品，而是在发现消费品。那么到此我们就应该很清楚，对消费品的种类，应该从消费品的技术复杂程度加以分析，这样才能认识消费品的本质。

二 需求与技术的矛盾

正如上述分析的，现代技术生产的消费品，从严格意义上来讲，是技术内在逻辑的展现，它减少了人的主观需求对消费品进化的影响。但我们也发现一个不争的事实，即人的需求和消费偏好是明显影响消费品生产的。例如，对手机外形、色彩以及其他许多需求，都影响着手机的

---

① ［美］布莱恩·阿瑟：《技术的本质：技术是什么，它是如何进化的》，曹东溟、王健译，浙江人民出版社2018年版，第43页。

发明。需求似乎通过消费品决定性地影响着技术的发展方向，特别是对于日常生活的消费品，这种影响更为明显。日常生活的消费品不同于飞机、军舰等物品，不可能依循一条不受需求干扰的道路进化。

应该说，解释清楚这个矛盾的现象确实非常困难。在《技术与时间》中，斯蒂格勒从人与技术的关系入手，分析了人的需求与技术的本质性关系。他提到这样一种隐喻，即爱比米修斯在制造人时，使得人无法在自然界中独立地存在，他必须借助于技术这一"假肢"，或者说代具系统，才能得以生存。而生存作为生命进化的基本条件，就使人对技术的依赖更强烈。这样人具有的天然缺陷，就使需求成为人的进化和人的特征最为基础的要素。换句话说，人因缺陷而产生的需求，作为弥补缺陷的代具的技术，两者在本质上是一回事。

但应该注意的是，在具体的消费过程中，在日常的生活世界中，人的欲望和需求与技术的发展取向又不是一回事。欲望表现为一种主观的、一种主体自我决定的东西，它甚至还包含心理学意义上的非理性需求，它不会像技术那样，是按照 $F = ma$ 这样的逻辑推论展开的。从技术与人之间的关系源头上讲，人的需求与技术发展具有一致性，但到了现实的消费世界，生产消费品的技术进化路径是受到需求影响的。

技术对消费品的样品谱系发展的影响具有逻辑性，在决定着它的功能进化的同时提供众多的功能：或者说许多针对人的潜在需求的功能，显现在消费者面前等待消费者发现。[①] 而消费者并不一定按照技术理想的进化路径，即由工程师发现的路径提出需求，消费者的需求在日常生活世界中可能对于技术的展开并不合理，它不像在技术产生的源头那里，人与技术是内在一致的。

在消费世界中，尽管我们使用的消费品都是技术功能的展现，即由技术样品的物性结构提供的，但需求会走向文化的价值需求。这样在抽象化技术物体中，即在还未展开的技术物体中，技术结构由于松散、简单，技术的各个部分之间还没有展现严密的逻辑联系，它常常是一个元

---

① 吴国盛编：《技术哲学经典读本》，上海交通大学出版社2008年版，第470页。

件结构对应一个需求,① 在这样比较低级的消费品中,许多技术消费品都处于功能相互隔离的松散状态,但又依照人的需求使松散的功能连接在一起。例如手机的照相功能、通话功能、上网功能开始并不会出现在一个机器元件中,但在后期的发展中,依照人的需求功能,紧密地整合在一个物理空间中。这是按照需求而整合的物体功能体系,但是如果人的多样需要导致消费品功能不断地机械叠加,就会使许多冗余的部件出现,而这对于工程设计者来说是一个巨大的挑战。因为用额外的物品增强某一功能,付出的代价不仅是相关元件整体性地机械增长,而且会导致消费品的整体功能下降。这就如第一台计算机本来就是一个庞然大物,为了增加计算速度会增加许多元器件,而增加许多元器件,仅仅从机器能量这一项指标看,就必然使计算机增加许多额外的能量需求,而巨大的能量需求又要增加电压、电容、散热等其他部件,所以,展现在我们面前的消费品可能面临一个两难的情形,即从人的本质与技术本质的关系层面说(这两个本质在斯蒂格勒那里是同一个东西的两个方面,但在日常生活的表现中却是分裂的),人的日常生活需求,特别是来自人的价值、动物性本能的需求,对消费品进化谱系的影响,与技术内在进化的逻辑对消费品进化谱系的影响,是一个比较难平衡的矛盾。

  这里以冰箱为例来说明这一矛盾。冰箱的技术核心是制冷的压缩机,压缩机在工作中会对其工作环境提出自身的客观要求,例如稳压设备、制冷空间的大小,由压缩机制冷而产生的热量如何散热,冰箱与周围墙的距离等,这些要求是客观的。对于工程师们来说,要想提高制冷指标参数就必须客观地考虑所用材料的性能、结构,以及合理的空间布局。在冰箱整个技术体系进化过程中,每一个样品都应该按照技术原理,即按照相关热力学原理来改进技术设计,从而提高机器功率。但在实际生活中,由于人的特定需要,如对颜色的需要、对控制噪声的需要,对冰箱的双门、单门、高低宽窄等各方面的主观需求,都给冰箱的客观设计,即按照技术原理设计带来巨大的干扰,它使得制冷设计必须在技术最优

---

① [法]贝尔纳·斯蒂格勒:《技术与时间:爱比米修斯的过失》,裴程译,译林出版社2000年版,第85页。

化中加入主观性设计权重，有时甚至不得不以损害技术最优化为代价来平衡这种需求。例如有的用户对冰箱的静音效果有近乎苛刻的要求，那么工程设计师就必须在减震方面进行特殊设计，而这一特殊设计很显然并不是依据技术原理，即按照制冷原理展开的，它是来自制冷技术系统之外的因素对产品设计的影响，这些因素会进入到产品自身的发展和进化中，从而成为技术体系的一个部分，甚至核心部分。

由多样需求而导致的冰箱设计品种的繁多，与工程师的设计发明导致的冰箱品种的繁多并不一样。工程师的选择是基于对技术原理理解不一致的结果，他是在努力寻找一种客观的最优设计，他是围绕着制冷技术原理而展开的，他在设计过程中有一定的自由度，但他必须以客观的制冷技术原理为基础。而需求导致的设计变异则不同，它要求前期技术设计必须做出结构性调整以满足需求。需求导致的设计变异本质上是对技术原理展开的打压，这就是技术原理在进化过程中的离散场域现象。

所谓离散场域，是借用一个符号学的概念。离散场域由一个单元施行的各种变化所构成，条件是这些变化不带来性质和功能的本质性变动，在局部中或者在功能上可以产生一些变体，但这些变体不会在总体上违反技术原理。例如电动自行车这一技术消费品，它的支架是属于自行车整体的一个部分结构，这一结构可以有多种变体，例如有的直接就采用摩托车的车架，有的采用自行车车架，特别是为了满足长距离行驶和速度的要求，整体车架变得比自行车车架重心更矮，这些变体其实都没有破坏电动自行车的核心技术原理，因为电动自行车的核心原理是用电池带动的电动机，而车架、制动则是技术核心外的部件。根据复杂系统技术是部件技术的积木式叠加原理，部件的变体只要达到它的系统整体所需要的功能，那么这个部件部分的设计就为工程师们留下了多样性想象的空间。

工程师们在部件设计方面的变动，对技术体系原理的展开并没有太大的影响，然而却巧妙地找到了解决上述矛盾的途径。局部设计的可变性和无异议性，使得工程师在对部件结构的设计中，加入非技术性要求的因素，如个人喜好、文化价值选择等因素，赋予这些小的局部改动以人的主观生活意义的需求，就会使得这一矛盾在发展过程中变得不那么尖锐，成为人的需求进入技术体系内涵的一个典型化方式和途径。例如在电动车的尾部，即放雨衣的箱子上进行各种文化需求的设计，这都是电动自行车技术原理在展开过程中允许的。当然，这也可以看出任何技术产品本身是有松散的空间结构的。

三 需求影响的式微

在具体的日常生活中，人的需求因素对物品消费机制的影响比较复杂。需求因素一直在技术系统进化过程中对技术物品的生产起作用。由于技术系统中一些物品的技术原理、科学原理，并不能在一个技术样品中一次性完全展开，技术原理的显现必须在整个样品谱系进化中显现，因而在前一个样品设计中，主观的需求因素已经进入技术体系之中，即已经完成主体的客体化过程，在下一代的样品设计中，需求是作为一种客观的因素影响工程师的设计和发明的。当然，需求的主观因素并不会把消费者需求的全部因素都塞入其中，设计师会把需求的一些核心要素，如一些文化风格等元素，融入技术体系的下一代样品设计中，并且在后来的设计中反复如此。这样，特定的需求元素可能在某一地域或者某一时期作为特定的风格被延承下来。事实上，人们消费需求的地域性和文化性等风格，在日常生活的消费品中会随着新技术的使用，慢慢地悄无声息地进入消费品的发展谱系中，文化性等主观需求逐步地烙印在技术原理进化的样品之中，从而形成休斯所说的技术体系的风格。

最为典型的例子就是黑龙江黑河市与对岸俄罗斯的布拉戈维申斯克市的居住小区在空间结构上的技术风格差异。两市仅仅一河之隔，气候条件完全一致。按照房屋建造的技术原理，两个民族都采用火染盒的结构设计，这种设计在使用钢铁、水泥和玻璃材料上符合技术原理的最优化。但布市的房屋小区空间构造是由4幢房屋围成一个中心广场，中间有儿童游戏区和人们散步的地方，这主要是考虑到冬天的严寒而采用的合理性设计，它更多的是出于技术性考虑。而黑河市房屋则采用多条平行线结构，多栋房屋并排形成一个小区，在房屋之间通过围墙形成封闭式小区，它把人们居住的空间与外界空间直接地隔离开来，很显然这是受到民族文化心理的影响，而不单纯是考虑技术和地理、气候状况的结果。

在现代技术消费品中,我们应该考虑到另外一个状况,即随着技术的快速发展,特别是消费品更新换代的速度的加快,使得由需求决定的比较稳定的消费品,其稳定性被技术进化所带来的新节奏给破坏了。人们的需求和消费习惯刚刚在一种文化风格上建立,还没有完全适应由新消费品构建起来的文化消费模式,这种消费模式就已经开始在新技术作用下改变了。如20世纪80年代的黑白电视机生活模式、小屏幕彩电生活模式,其存在的时间都比较短暂,因为新技术不断推出新的产品。当技术系统自身的进化速度超过了消费者需求的迭代速度,产品的文化特征、消费者的心智特征对消费品的影响就会变弱。现在在复杂的大技术系统下的消费,如城市高铁、汽车、移动通信等,主观因素干扰消费模式的力量已经很小,日常生活已经彻底变为技术展现的生活。最为明显的例证表现在手机的型号变换上,其动力基本上都来自技术自身的创新换代,是技术引领消费,当工程师们提供的手机型号快于消费者接受的速度时,消费者只能忙于不停地追赶,更谈不上主观需求因素的介入了。

社会学家鲍曼把"流动的生活"状态描绘成这样一种趋势:"在流动的现代社会,个人的成就无法固化为永久的成就,因为资产很快就变成债务,才能很快就变成无能。"[①] 在这样的社会里,没有什么可以免受用之即弃的普遍规律支配,也没有什么可以被容许在过气之后继续存在下去。无论有无生命,一切事物的恒久性、持有型、坚韧性,都有无以复加的危险,生活在这样的世界里,人们像是在流沙上行走,在薄冰上起舞,必须迅速生活,时刻保持警觉,勘察世界的最新进展,不断去除自身过期的属性,以免死抱着不再被看好的东西,害怕错过掉转方向的良机。

四 物的诱惑和技术之诱惑

现代消费存在非自然性,是对自然的背叛,其本质是技术进化的体

---

① [英]齐格蒙特·鲍曼:《流动的生活》,徐朝友译,江苏人民出版社2012年版,第1页。

现。那么，如果我们把技术进化控制在消费者手中，把技术的展现限定在人的主体活动中，对非自然的技术发展进行压制、制约，如对基因编辑技术商品化进行限制等，这样，现代消费的危险境界不就可以克服吗？

然而，在消费过程中有一个事实我们忽略了，即在人与技术的关系中，人离不开技术。斯蒂格勒认为，人一旦离开技术就不是一个完整定义的人，人的本质是通过技术展现出来的进化谱系，而在这一进化谱系中，确定其边界和性质的正是技术的进化谱系，所以人作为技术存在而存在的事实，决定了人的自身性弱点，这一弱点主要表现在人对自身的生存状态有一个在时间序列上的超前欲望，对当下状态的不满和对未来的计划欲望。

人有欲望是符合自然性的。在希腊神话里，由于埃比米修斯的疏忽，使人缺少在自然界生活的技能，所以人对使用技术的欲望是人的自然性体现。普罗米修斯盗取火的技术，使人能够利用技术对其生存的缺陷加以弥补，因而普罗米修斯所做的并没有罪过，应该是自然的。但这也酝酿着一个巨大的危险，即人类对于欲望本身的无止境追求，会使得人类不断地如毒品上瘾一样求助于技术，人会逐步地丧失身体的自然性并加倍地求助于技术。也许我们可以通过对自身的反省，在生活中克制住这种无止境的欲望，但是我们一旦知道我们能够利用技术实现这种欲望，我们就会欲罢不能。技术就如《天鹅湖》中的黑天鹅舞技，它能够做32圈连转的鞭舞，这意味着美丽的炫技，但同时又代表着邪恶和阴暗，剧中的王子与其说是被迷惑，还不如说是被诱惑，被邪恶的炫技所折服。

由技术制成的消费品并不强迫消费者去消费它，而是诱惑消费者去使用它，它在被使用的过程中揭示了消费者自然生物体生存的弱点。因为技术就发自人本身，它作为人的代具而产生，它的每一个诱惑都准确无误地面向消费者，诱惑借助于物品静静地置放在那里，让消费者难以抵御。例如，有一段5公里的路程，消费者有三种选择回家与家人商量一件事，一种是直接走回去，还有一种是利用技术人工物，即自行车骑行回去，再有一种是利用手机直接与家人商量事情。腿、自行车和手机都置放在那里，那么消费者能抵御住技术物品的诱惑吗？放弃技术工具用身体走回家不是不可以，但如果回家仅仅是与家人商量一件事，这样抵制技术的使用有意义吗？在技术发展面前，技术不断地抓住消费者身体暴露出来的缺陷，或者说制造出消费者的身体缺陷，并从中激起消费者的消费欲望，人在消费品的面前只有消费才能显示完美的人的生活方式。

技术的产生发自于消费者的自身性，技术能够制造出消费者的身体缺陷，它是自身性身体缺陷的折射，并镜像式地制造出完美的代具，代具就是人自身，包括智力和身体的所有部分。所以技术就如套在消费者颈上的一根橡皮绳，消费者可以为了摆脱它而挣扎，可以在反抗和拒绝技术中走得很远很远，例如可以一个月不用手机、游戏机，可以远离这些让人上瘾的技术，但一旦接触过这些技术，他就会在反抗中一直处于不舒服的状态。实际上这种反抗是徒劳的，因为技术诱惑不是像钢丝绳那样套在消费者脖子上，如是那样，消费者可以通过自身意识的觉醒挣断技术的钢索，从而永久解脱。事实上技术总是像橡皮筋那样时刻套在人的脖子上，让人处于不舒适的状态，最后却发现，只有处在技术所划定的圈内，才会觉得舒服和安定。作为消费者的人无法摆脱缺陷，并且在使用技术的过程中越来越具有缺陷，所以也无法摆脱技术的绳索，技术几乎是对人缺陷的镜像式弥补，这才是消费的危险之所在。

在以上分析中，我们更多的是从静态的逻辑关系考察技术与消费问题。其实，我们在考察两者之间的关系时，更应该从静态关系转化为对其动态关系的考察。从马克思的历史唯物论视角，特别是从实践唯物主义的基本观点出发，人与物间的关系是通过工具中介发生的，而工具体系不是死的，它是通过劳动实践加以显现的。物要满足人的消费，其存在的形态就不再以自然的状态显现在人面前，而是以技术工具的存在方式，使得物以"上手性"的状态而存在。在前现代技术时期，工具是原始性手工工具，工具本身的特点具有在手性和自然性，它对物的改变只是简单地塑形。比如，我们在自然界中对符合人类生存标准的自然物进行人为取舍，使自然物种被分为有益物种、无益物种，并在这些物种中，利用手工工具进行强化，从而形成诸如五谷、禽、畜等。

劳动提供的消费品带有生态性的同时也改变了人自身的自然存在方式，人的身体和心智都得到了生活塑形，即人的类本质在发生变化，人对消费品的需求方式和种类也在发生变化。因此，从消费关系可以折射性地看到劳动生产关系。在手工工具之间的结合中，生产关系局限在传统的人与人之间的关系上，而劳动具有上手性特点，工具与工具之间的劳动分工和协作关系比较简单，是一种自然的劳动产生关系。在前科学技术消费品中，生产过程的分工与协作，通常是以代际的劳动工艺经验来传递和重建，而现代技术生产是按照技术最优化控制的分工协作，这种分工协作是为机器本身所决定。也就是说，一种是对物性进行操作，另一种是技术构建操作，甚至于在今天可以虚拟构成或用编码来进行操作。所以今天的消费品作为物的有机构成被打散，以一种低等的元素材料形式被当成消费品的一个因素，物常常表现为被抽取灵魂而无生命，即"石化"的一种物品。例如，对于一条有生命的河来说，如果水电技术以梯级开发的方式把它的水能全部抽走，而对河两岸的文化历史沉淀、对河的生态、对河的流动形态全部不加以关心，这种被抽取水能后的河流，就只剩下空壳，人们消费的就是一个无生命特征的消费品。

应该看到，对消费品的这种批判似乎带有海德格尔的怀乡病，[①] 即对前技术时期，消费品中具有象征意义和人的显现的一种怀念。然而技术的展现把这种浪漫的情愁挤压到事物的另一边，使其成为根本不要考虑的一种多余的消费情感。

第三节　消费者的在场与不在场

对物的消费是消费者享受自由的标志。在现代技术的作用下，物的生产目的并不在消费者这里，消费变成了物对人的消费。现代技术也导致了人在消费物品时，有可能身体被"悬置"，这涉及人的在场与不在场的哲学话题。"在场性"是近代哲学中的一个重要概念，在康德那里，

[①] 海德格尔晚年居住于比较闭塞的南黑森林。所谓海德格尔怀乡病就是"诗意的栖居"，当你居住在一个地方，你就相当于一个能量和信息源，会散发一种东西。你敞开自身后营造了一种氛围，你周围的事物会展现出它们以前没有的状态。诗意的栖居，就是你应该回到一种状态，因为你的状态，周围的世界显现出一种别样的生机。这是一种对现代技术构成的世界的消极回避的态度。

"在场性"被理解为"物自体",在海德格尔哲学中,"在场性"指"在""存在"。"在场"即显现的存在或存在意义的显现,或歌德所说的"原现象"。这相当于汉语中的"在不在"的"在"和"有无"的"有"。更具体地说,"在场"就是直接呈现在面前的事物,就是"面向事物本身",就是经验的直接性、无遮蔽性和敞开性。而欲达致"无遮蔽状态",只有通过"去蔽""揭示"和展现。

一 消费的不自由

消费者在对某种商品进行消费的过程中可能是不自由的,有两个原因导致消费者的不自由。一是物品本身,特别是当消费品进入一个时代、一个时期、一个特定的文化发展模式之中时,物实际上是存在在物体系之中的,如电视机是存在于整个电子产品之中的,而整个电子产品形成的文化消费以及电子文化的消费模式,决定着具体的电视机的消费模式。电子文化的消费模式是一种隐性的因素,是时刻存在和产生影响的因素。这种背景性文化消费模式利用文化批评、流行时尚等对消费者行为进行规范。二是物的本质对消费者具有决定性影响。如果消费者想从对物的消费中得到物的本质的意义,即在经济学上从对物的使用价值的消费中,获得物自身折射出来的消费者的存在价值,那么消费者就是不自由的、受控的。例如,消费者如果想对某一手机游戏进行消费,他首先要消费的是这款手机游戏的真正游戏价值,在游戏过程中,消费者通过对其操作技巧的熟悉,得到消费的心理快乐。然而应该注意到的是,游戏设计者也被消费者所"设计",消费者能达到的消费极限就是设计者事先设计好的边界。

或许消费者在消费时感受到了消费的某些方面的自由性,特别是发挥和享受自身兴趣爱好的自由性。然而在这种自由性后面,应该注意到在现代技术产品中,他努力发现和淘到的消费品,可能是早已预置在消费轨道中的商品,而消费轨道更可能是来自技术产品自身按照技术进化逻辑发展的轨道,是早已预置好的轨道。例如,当手机刚开始出现时,在通话质量、短信传输速度方面,手机消费者有一定的产品质量发言权和决定权,而手机生产商只能努力使产品质量满足这种消费偏好。当消费者看重手机的拍照功能时，手机生产商也满足了这种"自由的选择"，当消费者"发现"需要手机实现智能化，即可以与互联网连接时，生产商似乎也满足了消费者这样的"自由消费"。总之，手机的功能发展一直在想方设法地满足消费者的自由选择。

然而事实上可能并非如此，手机的型号演化实际上存在自身进化的逻辑，即是按照技术内在的自身逻辑来进化的。例如在苹果公司，有大量的同类技术功能的技术专利库，工程师们可以在同类专利库中自由地选择其中一项最优秀的技术专利，把它应用到新一代手机之中，然而，这种自由的选择表面上看似乎是在满足消费者，但实际上并不是。按照G. 多西的技术创新理论，技术进化，即工程师对技术专利的选择，还受到内在的技术范式的影响，工程师的选择并不自由，他是沿着一种隐性的已经预定好的技术进化轨道在选择。[1] 工程师努力发现的可能是这一客观的轨道，他们努力把这一技术轨道周围的功能差不多的专利技术展现在消费者面前，从而使消费者在这一轨道左右选择产品，这就如同价格受供求关系影响围绕价值上下波动一样。这样就给消费者和工程师造成了一个错觉，好像消费者在决定产品的消费。

二　消费者、身体、在场

实体的肉身空间对周围的空间的占有，是身体的心理辐射空间。当外界物靠近人的身体空间时，在某一距离人就会产生不安全的感觉，这是身体的空间延伸，它也是身体的一个部分。而另一种情形是当人使用工具后，由于工具是身体空间的最为直接的延伸，因而身体的空间就从肉身转化为工具能够达到的那个物理空间，即是身体空间和由工具开拓的延伸空间。消费者是在场的不在场者的含义是，消费者是日常生活世界中的消费者，用肉体好像参与了具体的消费活动，但实际情况可能是消费者本身只是作为一个消费行动的木偶人，即仅仅是整个消费运行中的执行者而已，而行动的制定者却隐在背后，是真正的在场者。例如一些产品的生产商常常使用饥饿营销方式，让消费者产生渴望消费的感觉。

---

[1] 吴国盛编：《技术哲学经典读本》，上海交通大学出版社2008年版，第470页。

而另一方面，消费者是不在场的在场者。消费者在场的含义比较复杂，在场者与主体的身体关系的指向有着不可分割的联系，即主体的身体是理解在场者在场的基础。当然，肉身的身体是最能指向和显示在场者的，但应该看到，在现代技术下，仅身体在场很显然并不是消费者的全部在场，不在场的在场者是虚拟身体在场。

不在场的在场，可以理解为：既在所有的地方，又不在任何地方。那什么叫虚拟身体在场呢？

虚拟身体在场是除了上述的以功能身体在场之外的另一种类似于实体感的身体在场。例如 VR 技术，它是把外界世界透过消费者的感觉世界，通过对视觉的绑架，达到身体的存在感和在场感。而像高端的 Oculus Rift、HTC VIVE（两款头戴式显示器）等正致力于将我们整个人带入虚拟世界之中，通过对人体的感官的控制和延伸，让传感器把我们带入现实中的远方世界。

这涉及人的身体与实际空间的关系理论。对于肉体来说，它不仅能占有身体本身的物理空间，还能占有异质的、与身体所能感觉到的空间不一致的空间，但非常巧妙的是，由于人在创造工具时，实际上是在创造一个大写的人类自己，它是将人类自身的肉体器官，或者说是人的群落的生理空间，按照人自身的内在尺度，或者说按照人群体所需要的尺度，创造人使用的工具的。因此，当工具在身体外的空间中延伸时，它是按照人的尺度来改造外界空间的，这样实际上就形成了一个新的客观的人工空间，这个空间既具有与人的身体的同质性，同时又具有与外界的物理空间的相容性，从而实现了人的物理空间在场。

这里以人类建造房屋来说明这个问题。如果是最为原始的岩洞，那么身体对岩洞空间的占有，是群落心理和生理的空间，洞中每一个坐标点意味着个体身体的在场。但随着房屋建造技术的提升，以及对房屋周围群体活动场所的提升，村落空间开始形成，这是具体的每家房屋个体身体的延伸。按照芒福德的说法，村落和房屋就如一个容器，它是身体器官对空间延伸性的在场，这种在场一方面依靠的是技术工具，如房屋和广场以及道路，而另一方面也是按照人的器官延伸的在场，这一空间容器物，例如村落，很显然是与人的身体同质的。但由于它是一种客观的存在，肉身不是在延伸的物理空间之中的，因而身体的在场就虚拟化或者说是功能化地表现为在外界空间的在场。至于身体能够在外界空间中的何处在场，则取决于技术工具所能达到的功能。

所以说，人在何处空间在场的关键是工具，而工具又是与身体器官一体化的，因而在场也就是"工具—器官—身体"三者的同时在场。当然，这是肉体作为实体的在场，它与我们前面提到的不在场的在场并不完全一样，尽管此处的在场已经多少含有不在场的在场的意蕴，然而它还是实体化的在场。因为，正如卡普指出的："在工具与器官之间所呈现的那种内在的关系，以及一种将要被揭示和强调的关系——尽管较之有意识的发明而言，他更多地是一种无意识的发现——就是人通过工具不断地创造自己。"正是基于这一想法，作为肉体的空间延伸，是来自身体的各个方面的空间功能的延伸。"这样大量的精神创造物突然从手、臂和牙齿中涌现出来。"所以说，对人工空间的在场性开拓，实际上是人的内在尺度与身体空间对外界的一种映射。

上述说明的是人体对远处物理空间的一种传统技术延伸。但随着现代技术的发展，这种传统的延伸模式大大地丰富了，变成了生理器官全方位的空间延伸。即在这时，我们已经拥有看到、听到、闻到、尝到、嗅到的感觉，即在场成了全方位的身体虚拟的感觉。而现代许多技术消费品是能控制住这种感觉的，即让身体虚拟在场，在虚拟世界或混合世界中虚拟其身。

当然，这涉及另一个问题，即意识与身体的关系问题。通常在日常生活中，意识与身体之间具有一致性，人们意识到的那个身体，就是实在的意识控制的那个身体，然而现在身体与意识在某种程度上发生了一定程度的分裂。虚拟消费品通过虚拟呈现、虚拟化身、故事叙述、触觉技术以及其他微妙的五官感觉，让意识的感觉从真正的身体中抽身出来，像身体进入另外一个物理空间，但作为意识的物质基础的身体仍然在原有空间中。所以说关键之处就在于技术消费物使意识与肉体之间的联系暂时处于一种割裂的状态。

例如现在正在开发的结构耦合技术，能让身体产生"橡胶手错觉"，通过触觉、视觉和运动之间的感觉同步，使得身体相信虚拟手臂就是自己身体的一个部分。当然或许实际上使用的手抓臂还在几百米外作业，但由于它把相应的身体感觉或大或小地有机融入身体感觉中，从而使意识把它当成身体的一部分，从而在这个维度让身体映射性地远程在场。

这里打一个不太恰当的比方，这就如中医讲的肾的概念，它与西医讲的实体的肾并不完全一样，它可能更多指向肾所主导的一切肾的功能区，这个功能区在中医里被确定为一个部位，但却不是解剖学意义上的实体的肾。虚拟实体的意义也就在于此。真正的肉体之身在场，并不一定就表示在场，它也可以是指，消费者身体的功能所能及的地方都表示身体在场，特别是在现代技术下，身体功能所能及的地方可能远远超越了人的视觉感官的范围。而实体性的功能性身体，可能更强调主体与消费物之间关系的实体性，它可以是"身体—主体"的复合体。也就是说只要达到复合体的在场，即能完成功能性互动，就可以说是在场。

三 在场之不在场例证

在现代技术下的日常生活中，我们对物品的消费都是被规范的。而在现代技术产生前，即在芒福德在《技术与文明》一书中所说的铁木时代，[①] 我们对原始的自然商品是采取直接的、自然性的消费方式。例如对于绝大多数的农产品，要不了过多的解释和说明，就能知道它的食用价值在哪里，我们可以知道它应该被吃多少、如何吃，甚至每个人都可以根据自己的特点找到吃的方法。同样的，对于一把锤子这样简单的物品，尽管在使用过程中，它可以在多种环境中产生多种用途，但消费者并不需要看什么说明书和操作规范，因为商品的使用价值和内在功能已经直

---

① 芒福德认为，可以把机器文明划分为三个连续但又相互重叠、相互渗透的阶段：始生代、古生代和新生代技术时期。按照能源和使用的典型材料而言，始生代技术时期是一个"水能—木材"的体系；古生代技术时期是"煤炭—钢铁"体系；而新生代技术时期是"电子—合金"体系。例如各个时期的书写工具——笔，鹅毛笔基于自然材料由手工制成，它是与手工业劳动技术密不可分的，并在消费过程中，具有个人风格和爱好。而钢制的笔代表古生代技术时期，形式单调、统一，并且批量化生产，使用者基本无法展现个人的风格，但它利于上手，具有高效、便捷的特点。而自来水笔，则代表新生代技术，自动吸水，工艺精密，消费者被带入一个新的消费层次。［美］刘易斯·芒福德：《技术与文明》，陈允明、王克仁、李华山译，中国建筑工业出版社2009年版，第101—102页。

接地显现在消费者面前。但对于现代技术生产的商品来说，它的消费特点则不一样，为了实现人们消费需求的某一功能，物必须经过多重技术的组合。例如洗衣机，为了满足自动洗衣这一消费目的，就必须用电动机技术、软件程序技术、机械运行技术以及水流的湍流技术等，它是技术的组合。而这一组合技术把技术物之直观性，以及它与身体之间的质感性消除了。自动洗衣机不同于洗衣板，洗衣板的直观性、透明性，使其几乎可以直接引导消费者用身体技术进行有机的融合。而洗衣机对于消费者来说，并不面向消费者身体，其技术原理并不需要也不可能直面消费者。它对消费者来说就是一整套的指令，即消费变成了一整套的使用说明书。消费者面向的不是机器的内在原理，而是各种把机器实体隐藏起来的说明书。

然而这份说明书使得人与消费物之间被真正地隔离开来，消费者是在场的不在场者，它对机器的理解被规范符号化了，他面对的不再是具体物，如洗衣板了，在场的身体在物的运行过程中反而被悬置了，他只能消费物的功能，即洗衣功能，但却没有任何机会参与进去，这正应了一位老司机说的话，"开自动挡汽车远不及开手动挡"。而事实上，不论开手动挡还是自动挡汽车，司机都是在场的，但自动挡使得消费主体的身体的一部分被汽车悬置起来，缺少了消费体验的乐趣。

说明书这一中介，把物之物性遮蔽起来，使消费者单向度地消费物之组合后的某一技术。同时，说明书规范了消费者，在获得物的某一功能时消费者必须要做什么。尽管可能是最低限度的规定，然而不能掩盖的事实是，人与物之间的消费关系发生了本质性的变化。可以这样说，在现代技术中如果一个技术物越复杂，它所使用的技术在层次上越向复杂性的多层次的空间靠近，那么消费者的不在场感就会越强。例如消费者在对飞机的消费过程中，飞机这一综合性系统技术对消费者完全是陌生的，尽管它是客观的物体，也是可视的，并且无论是发动机还是舱位，都是可接触的，但是，由于飞机是一个巨型技术系统的组合，消费者不可能像穿衣服、喝茶那样消费，因而他在使用飞机时，几乎都是按照一系列的"莫名其妙"的指令进行的，如系好安全带、手机关机等，当然更不可能有自己驾驶飞机进行空间穿越的体验，甚至对于机务人员也是如此，因而相比较于人用脚的行程旅行，两者身体的存在感差异是巨大的。并且，现代技术商品正朝着电子化、编程化等不可视化方向发展，这是微观层次技术的应用，如手机内在结构的不可接触性，石英表的电子计时原理，都将人的感知排斥在外，使人有一种不在手的状态。

其实这里所说的不在场，就是身体对消费物的不在手状态。消费者主体与物之间的分离状态，会导致主体似无处落脚的处境，主体需要和外界的物之间发生关系，其实也仅仅就是这种关系才能表明存在者是在场的。正因为操作手动挡的司机与汽车之间有了互动，有了相互之间的控制和约束，他才以此为在场，才没有在此抽身而去。手动挡汽车具有上手性，即它不断地在手中，一方面它显现手所指向的物的对象是存在的，同时也说明手对挡位的调节是存在的，即对称性的反射表明人是存在的、在场的。通过主客体之间的相互关系，显现了存在者作为存在、在场以及面向世界的意义，同时正是这种存在关系的建立，才使存在者与其他物之间的关系得以建立。

当然，消费者只有感觉身体已经在场，才有与周围空间之间的其他关系的在场。周边的存在物才好像在自己的控制之中，从而强化消费者自身的在场。我们亲身走过一片油菜花地，闻到了它的芳香，感受到了它的夺目的金黄，同时还可以用手去抚摸它，因而我们确切地感受到了我们在穿越一片油菜花地。但如果我们是坐着飞机飞过那无边无际的油菜花地，我们还能说自己是在场者吗？

在消费物品的过程中，人们为什么更喜欢消费手工物的物品，其原因一方面在于物的唯一性和稀有性，即它不但具有实用价值，而且还更多地附带了制作者个人的审美价值，但另一更为主要的原因是，手工物品对身体的透明性，即物的性能使得消费者能够比较好地参与其中，能够与制造者一起建立有机的消费联系，能够消费制造者自身所能体现的商品使用价值内涵，从而使得消费者与制造者建立一种实在的，即大家共同在场的存在。例如对于茶壶的消费，它可以形成物与制壶者之间的相通，从而将消费者自身的审美价值，即存在者的在场意义融入壶中。相反，现代技术流水线下生产的雪碧瓶，无论包装和设计多么精美，由于它的流水线生产和机器制作性，隔离了设计师团队与消费者之间的交流，机器制造出来的物远离存在者，即人们在喝雪碧时，雪碧瓶的物使用价值并没有更多的存在意义，设计者很难在这种物中融入存在者自身的存在意义，从而导致存在者的不在场，使身体处于悬置状态。再加上存在物的数量的富有性，所以消费者不可能注意到雪碧瓶的存在意义，设计者从而抽身而去。

消费者的在场，在某种程度上，也可以理解为唐·伊德所说的涉身性。涉身性是指物与身体的关系。这是一个复杂的概念，它包括肉身的涉身性，同时也包括文化意识、价值意义的渗透性。不仅是我们的身体渗透到物品之中，同时技术物有时也渗透到我们主体身体的构建之中，这就如盲人的拐杖、近视者的眼镜，特别是在虚拟空间中，身体借助于技术延伸到远方的物理空间在场更是到了极致，人的身体可以触及肉体无法达到的极限空间中。

如果消费者能够获得真正的在场性，实际上它和物之间已经具备了唐·伊德所说的具身性。现代技术所创造的消费物与消费者之间常常具有它者的相异关系。它不像骑手与马之间的一体关系，更像是在马失惊时所表现的那样，处于对未来发生的事件的不可控状态。人对技术消费处于非控制状态，或者时刻处于危险的不稳定状态，使得技术物反控消费者本身，造成失控状态。应该说，失控状态揭示了消费品的不在手性和不稳定性，从而大大地降低了技术消费物和消费者之间的具身性。

第四节　消费梦境

梦境的吸引力在于它能够把消费者全部的想法，用真实的画面和场景展现，或者说，用幻觉消费代替理性的消费。梦境可以让消费者真正地投入到体验之中，泰然自若地接受在现实世界中不可能得到的愉悦。

一　一个比真实还真的梦境

消费，最为关键的是给消费者制造一种梦境，然后将要嵌入的代码置放进去。而具体的方法就是广告的拟人虚构。现代广告的功能在于通过对消费者的诱导制造一种梦境，从而激起消费者进入这种梦境的欲望。

梦境实际上是根本不存在的消费，它消费者的基本生存是不太相关的消费。如香水、葡萄酒。广告不断地制造消费品的新系列名词，每一个后来词都比前一个词更具有吸引力，例如海之蓝、天之蓝与梦之蓝，这种系列虚构符号一直在制造中，其实酒的价值并不严格对应酒的符号，关键在于广告要制造出一种差别，这种差别能让消费者达到一种梦境，让消费者能够把消费者的层级划分出来。"人们从来不消费物的本身，人们总是把物当作能够突出你的符号，或让你加入视为理想的团体，或参考一个地位更高的团体来摆脱本团体"，真正要告诉他者的是我用这个符号进入一个特定符号圈，这就如电影《私人订制》中饰演的司机范伟，梦想使自己从司机的角色进入领导者的角色，就是为了共同拥有同样的编码、分享那些使自己与另一个团体有所不同的符号。

钱锺书在《猫》一文中说道，"宛如一个七零八落的旧货摊改称为五光十色的古玩铺，虽然实际上毫无差异，在主顾的心理上却起了极大的变化。逛旧货摊去买便宜东西，多少寒碜！但是要上古玩铺你非有钱不可，还得有好古癖，还得有鉴别力。这样，本来不屑捡旧货的人现在都来买古玩了，本来不得已而光顾旧货摊的人现在也添了身份，算是收藏古董的雅士了，那时候你只要在北平住家，就充得通品，就可以向南京或上海的朋友夸傲，仿佛是个头衔和资格"[①]。

既然商品的消费已经被符号化、代码化，那么为了方便地进入消费领域，代码存在的方式，最好是借助于现代技术编成最为简单的数字化代码，即 1 和 0，这样梦境的组成就比较方便，因为每一个消费品就是一个数据包，数据包与数据包的连接比较简单、快捷，而内在的功能又能得到完整的保存。现代复杂的消费系统由若干个消费模块构成，而模块之间最好的整合方法就是化为数字化的接口。例如，对于口红和提包的定位，口红和提包存在若干系列，在每一系列中又有若干种型号，每一个都被系列化和数字化，如果对每个型号都用广告创造的符号意义来填塞，那么这些物体系组合起来，就会有若干种消费风格，或者说不同的梦境世界。用鲍德里亚的话说："物体和信息，两者都已经是一种选择、

[①] 钱锺书：《人·兽·鬼》，生活·读书·新知三联书店 2002 年版，第 19—20 页。

一种剪辑、一种取景的结果了，他们已经测试了现实……他们把现实分解为一些简单的元素，又把这些元素重新组成一些调整了对立的剧本，这恰恰如摄影师把反差、光线、角度强加给自己的主题，这种代码就像微型化遗传密码一样，在现实中写入了每个信息，每个物体。"① 所以，在消费中编码的解码，其实就是对已有的数据包进行重新组合和安排，从而赋予这种符号一定的消费意义，如这一符号属于每一个特定消费阶层等。所以个体的消费被强迫地纳入到某一消费符号体系中，在这一符号体系中找到他们的特有阶层。例如有一项调查显示，真正对奢侈品有强烈追求的可能并不是富有的阶层，因为豪车和别墅甚至私人飞机，已经将他们纳入到特定阶层。而对于小资产阶层的消费者，LV包、香水和化妆品，都是他们能够进入到这一文化层次低端的最为经济的入口。

梦境的表现特征，其实就是在一些消费品中找到一种搭配，从而形成一种特有的梦境。这种梦境由广告不断地强行置入消费者的潜意识之中，或者说激起潜意识中早已存在的那个东西。现代消费的符号象征意义不同于早期的由物的价值构成的象征意义，它是通过消费者对其梦境构成的认同，从而形成比真实事件还真实的梦境世界。在这种梦境世界中，物的大部分价值已经从物中隐退转入后台，站在前台的是物与物之间的相互认同，即让一个符号界定另一个符号，一个物品界定另一个物品。所有消费品的符号变成了一致性的东西，这就是海德格尔所说的物的同一性。物作为消费品在现代技术下，完成了一系列的内在含义转化，从单一的物的功能转化为一类物品具有的共同的抽象功能，消费梦境就是所有同一性的物平等地相互连接在一起的符号体系。

消费通过抽象符号划分出等级。在原始消费中受到崇拜的对象是财富本身，财富确定主人的特有生活方式和身份符号。身份符号代表某人能做什么，而不是应该做什么，或者做过了什么。消费者身份受到崇拜是因为他们可以通过财富挑选生活内容，如选择何种居住方式、和谁在一起以及毫不费力随意改变生活状态的能力。并且他们引领着生活的风

---

① [法]让·波德里亚：《象征交换与死亡》，车槿山译，译林出版社2006年版，第91页。

格、走向，这种生活风格可能是另一阶层的人无法达到的。原始消费等级差别体现在不同阶层的消费方式是截然分开的，奴隶达不到奴隶主的圈层，有严格的规则在限制，少数精英人的生活成为引导群体的标准范式，他们掌握着日常生活的趣味和审美方向。

在现代消费中，下一层的人必须生活在为上一层的人的利益所设计的消费世界中，消费者尽管不可能拥有上一层的消费模式，但却可以自由地模仿，来表达对这种生活的羡慕和崇拜。

在现代消费中参与梦境操作的并不主要都是处于高消费层次的人，而是消费群体的全部成员。现代消费中的消费者，在每一个层次仅是担当不同的角色，并不存在重要的价值意义差别，因为现代消费正是我们在上述文中所表述的，是来自技术展现的作用，而在技术面前，每一个层次中的要素都是齐一化的、平等的，是无物质本性的抽象的符号，它们只是听从技术逻辑的调控，被定位在它特有的位置上而已。作为上一层级的消费者，他也是被定位在这一层级的。这种对消费者的层级限定或者说定位是中立的、客观的、自然的，不会亲切地温和地与消费者打交道，更不会寻求消费者独特的个性、独立性和尊严，而是"强迫"消费者进入一定的非自然的心态，达到与技术需求合适的存在形态。

二 梦境形成与资本帮凶

消费者梦境的形成，除了技术的强制性作用外，资本也起着不可或缺的作用。马克思在分析机器的产生时就已经发现，推动机器发展的因素，除了机器自身的技术缺陷使其需要不断地进行改进和完善之外，资本在机器进化中也起到推波助澜的作用。机器追求的是合理化的效用原则，而资本更是对每一个生产要素进行谋算，追求的也是理性化的合理性原则，资本的力量会带动机器不断改进。实际上资本本身也是一种异化的符号，它是一种追求利润的符号，它通过机器生产这种符号的实际意义，借助于消费者的符号消费，即梦境的行程来实现资本的符号意义。

当然，资本与技术参与其中的目的并不一样，对于消费者的影响作用到底哪一个更为强烈一点呢？一般来说，资本和技术在现代技术形成的各个时期对于消费者的影响是不一样的。在现代技术发展早期，生产消费品的技术还没有形成技术体系，技术体系进化和创新还没有形成自身的惯量，技术体系构成的元素分布还比较零散，技术体系难以构成自身的凝聚力，这时资本对消费者的影响要显得更加具有魔力。但在今天，现代技术强有力的"座架"已经从一种遮蔽状态成为解蔽状态，技术体系已经形成，技术体系自身能够产生强大的进化动力，资本的运行必须考虑到技术的运行，资本被裹挟在技术运行之中。由此说，在整个资本生产中，消费社会的动力和控制力主要来源于技术。

消费品的生产变成了一种纯粹的符号的生产，资本实际上是技术的另一面，就像技术曾经是资本的另一面一样。资本曾经是整个社会生产的核心，在日常生活中，作为消费品表象后面的一般等价物，是日常生活消费最为本质和核心的内容，用马克思的话说，日常生活被异化为商品的拜物教，不是在生产什么和消费什么，而是在实现什么。在马克思所处的时代，当资本控制着技术时，资本利用商品的交换价值手段控制着消费和社会生产以及日常生活的全部。而交换价值正是利用商品的使用价值，即作为消费者的功能消费，实现了自身的内涵。"交换价值，只有在作为使用价值的因子时才能形成，但是它以自己的武器取得的胜利却去创造出它自主统治的条件。通过动员任何的人类使用，通过抓住对人类满足的垄断，交换价值最终能够领导使用。交换过程自行等同于任何可能的使用，将使用玩弄于股掌之间。交换价值是使用价值的雇佣队长，最终要为自己的利益而进行战斗。"① 但现在，当技术足以强大到能够吞噬资本，并在其中再构资本时，资本也就成为人们只能观看的金钱，一种抽象的符号，也就是说，资本家占有资本，仅仅变成一种象征符号，它仅仅是代表数字与层级的差别，如身价 1000 亿元的总裁，与身价 100 万元的经理，这两个层级之间形成了以符号为差别的等级阶层，并且对应着相关的技术层级，即 1000 亿元的总裁控制着技术发展的潮流，而 100 万元的经理只是这一技术发展潮流的一滴水。从今天的财富积累趋势也可以看到技术对消费的影响程度要大于资本。今天的财富快速积累的地方主要集中在新技术展开的地方，新技术展开的地方所共有的新财富，

---

① ［法］居伊·德波：《景观社会》，张新木译，南京大学出版社 2017 年版，第 24 页。

正将已有的旧财富挤压出去并使其边缘化。资本在技术展现面前，也成为消费梦境中的一个构成元素，在日常生活中它也是一种伪消费品。

为什么说资本是技术在符号体系形成中的另一面呢？这是因为，从历史的形成过程看，符号价值形成的早期，正是资本作为开路先锋在生产领域中脱域的，资本的具体存在形式是从货币中脱域的。资本是一种象征符号，是最为早期的符号经济标志，他从一般的等价物中异化出来，成为商品的拜物教内容，使得抽象的符号经济体系形成。

这里讲的资本脱域是吉登斯讲的社会系统的脱域问题，而所谓脱域，"指的是社会关系从彼此互动的地域性观念中，从通过对不确定的时间的无限穿越而被重构的关联中脱离出来"[①]。实际上在现代化早期，在社会分化和公民专门化的转换时期，资本已经脱域，符号经济的萌芽已经形成和发展。

货币作为一般性的象征符号，在整个流通阶段能将整个活动，包括生产和消费以及交换等各个环节串联和控制在一起，但它却用不着考虑任何特定场景下处理这些信息的个体和团体的特殊品质。马克思在描述货币时也基本隐含了这一层含义，他把货币称之为多才多艺的妓女，她是这样一种交换工具，无论商品或服务的具体内容是什么，都用非个人的标准去代替他们。货币允许任何东西之间的交换，而不管用于交换的商品是否与所交换的商品具有实际同等的质量。而凯恩斯从一般经济学中发现，货币还具有进一步的脱域特征，即已经从一般的交换价值意义的符号象征及功能性象征，转化为更进一步的债务和债权的关系象征。这应该说是资本市场进一步转入到高级形态后，出现的进一步抽象的脱域，即货币不仅是静态脱域，而且是动态性的在时间维度上的脱域。"货币以一种延缓的方式，在产品不可能直接交换的情况下将债权和债务连接起来。我们可以说货币是支托出时间，因此也是将交易从具体的交换环境中抽脱出来的手段……货币是时——空伸延的工具，它使在时间和空间分隔开来的商人之间的交易成为现实。"[②] 今天的货币是如此活跃，

---

① ［英］安东尼·吉登斯：《现代性的后果》，田禾译，译林出版社2011年版，第18页。
② ［英］安东尼·吉登斯：《现代性的后果》，田禾译，译林出版社2011年版，第21页。

它的存在形态更是以数字化的状态而存在,所以把货币充当一般等价物的最基本部分是对的,但如果仅局限在此,就没看到货币的内涵已经在今天被大大地深化。

三　群体结构对于技术展示的便捷

海德格尔认为只有当事物失去自身的独立性,它才被现代技术所构造。消费者必须失去自我,失去作为个体的存在意义,才能成为消费群体的一员,技术才能成功地在群体中构成梦境。消费群体不是单个个体的机械相加,它会显现完全不同于个体的群体特征。就像单个的蚂蚁在与群体分离时,其活动没有什么存在的意义,而一旦聚集到一定的数量,单个的个体间就会出现分工协作,个体蚂蚁就会出现不一样的特质。一个消费者在群体系统中,在不同地域和时间,如果能够脱域并集合在一起,他们在消费取向和思想方面就会趋于统一,他们的个性就会被个体主动隐藏,个体就会服从群体的行为和行动。

群体的结构尽管由一个个个体构成,但它的结构却是客观的物质的结构,它并不随着个体变动而发生大的变化,群体的物质性内容常常是由它的环境的物质性决定的,而环境的物质性是技术系统构建的,因此,技术系统提供的客观的比真实还真的梦境,在群体那里就能够得到确认,而群体的确认,即大家共同认同,就会成为个体行动的决定性力量。尽管有的个体并没有在群体里失去自我,然而由于群体创造了个体生存的背景环境,有异于群体的个体会受到来自群体的压力,甚至于被排挤出群体。因而个体为了实现自我,就会自动融入群体,进而失去自我的选择并认同群体的梦境。这就如《皇帝的新装》中描述的,每一个个体都是理智的、有判断力的,但一旦在群体中,就会在群体里成为无意识。

四　消费个体理性的丧失

奢侈品提包等常来自某一消费群体的集体意识,正如马克思所说:"人的本质不是单个人所固有的抽象物,在其现实性上,它是一切社会关系的总和。"①

在消费过程中，为什么一个有个性、有理性的人，会迷失自我而随波逐流呢？最为主要的原因是个体是处在群体背景中消费的。群体中的个人，不管是谁，在他变为消费群体中的一个角色时，如变成小科技新贵、家庭主妇等消费角色时，他就会从个体消费者心理变为集体消费者心理。他的推理、个性、人格等，都会变得与群体行为一致。这就如一个在家中看世界杯足球赛的观众，他对电视画面中进行的比赛，能够做出冷静、理智和独立的判断，他能够对球队给出客观而又独立的评价。而在酒吧里或者在比赛现场，即使一个平时很有独立个性的人，也会为他所支持的球队进球而疯狂，有许多的冲动行为在个体独处时是不可能发生的，冲动行为实际上是由一个未发现的自我决定的。群体消费的许多行为现象是由异质个体暂时组成的消费群体产生的，当这些异质个体消费者与同一个信号，如足球比赛、大型演唱会等结合在一起时，就会形成一种新的存在方式，像构成一个新生命体的细胞那样，显现出与群体里单个细胞大不相同的特点。

群体消费者中的个体消费者是异质的。这就如化学反应中的氧和镁，两者完全是异质的，而化合物氧化镁的化学性质以及物理性质也与单质氧和镁的性质完全不同。群体是个体的化合物，它产生的消费结构和心理以及它产生作用时的客观力量并不是显性的，推动消费的技术力量作用在群体中也是隐性的，并且不能一一对应地说明其关联，这也导致了我们无法准确评判群体消费的作用机制。

看似在个体独处时不可能形成的消费，却在我们无法观察到的一系列逻辑的展示中产生了。因为在消费过程中消费群体所特有而个体消费者并不具备的因素在起作用。消费个体在群体中已迷失自我，主要原因在于以下三个方面。首先是群体相对于个体的力量太强大了。个体在面对群体时，他会对自己不合群的行为加以克制，使自己的消费行为合乎群体的取向。就如在马群中如果领头马发疯似的冲向冰冷的河流，那么群马也会跟着发疯似的冲向冰冷的河流。由于群体不是单个的个体，即

---

① 《马克思恩格斯文集》第 1 卷，人民出版社 2009 年版，第 501 页。

使犯了错,例如大家一起抢购食盐、绿豆等,一般也不会让个体独自承担什么责任,因而约束个体的行为比较少。最为典型的就是"双十一"网络购物,在电视直播面前,尽管个体能够理性地抵制群体消费狂欢,但这样做个体多少会有一点失落感,感觉自己被群体抛弃。其次是群体消费有一种强烈的传染力量。消费传染虽然在消费群体中是一种很容易确定其是否存在的现象,但却不易理解。在同类群体中突然流行某种时尚,这在群体每一个方面的消费行动中都有所表现。个体随时准备为集体中流行的东西而压制住自己的偏好,例如一个幼儿园的老师群体中,突然开始流行穿连衣裙,即使某位老师平时穿连衣裙的次数并不多,但因为它已经开始在单位流行,她也会对自己平时穿的牛仔裤有一种潜意识的否定,认为牛仔裤有点过时了,不好看了。

消费群体对个体具有一种暗示作用。在消费选择过程中,个人可以被带入一种完全失去自我意识的状态中,他有时候对群体暗示会不加分析地做出同他的习惯和个性风格完全不一样的矛盾举动。群体对个体消费者具有催眠作用,个体大脑的思维分析处于一种迷幻状态。如对老年人买保健品的诱骗。组织者先制造一种氛围,使老人深深地进入群体场景,通过导购员的鼓动,众多老人在几个老人购买行为的带动下进入一种"无意识状态",有意识的个体判断消失得无影无踪。即使这些老人以前了解过相关骗局,但在相熟的老人消费群体中,在导购员制造的骗局场景中,他的逻辑判断能力也会明显下降,同时个体对群体的维护力和向心力又大大上升,一旦到达某一临界点,群体里的某一冲动行为、催眠化的无意识冲动就难以抗拒,所以我们常会看到,老年人保健品的消费骗局,能够在短期内召集很多老人,因为那些在一个社区生活的老人日常彼此都熟悉,他们感到处于比较"安全"的消费情境中,所以很容易被煽动。而在群体中具备强大的独立消费意识,能够抵制群体暗示的个人寥寥无几,因此这些独立的消费者根本无法逆流而动。

消费群体选择了某种时尚,正是由于个体消费者个性人格的消失,在群体中,思想和感情因暗示和相互传染作用转向一个共同的方向,同时把暗示的观念转化为行动的倾向,这就是消费群体中的个体消费所表现出来的特点。

群体对个体的消费暗示类似于橡皮筋原理。暗示是一种无形力，个体在消费中可以自由地选择，但选择由于始终存在一个向心的拉力，即群体中存在着无形的吸引力，它会使得消费者的选择一旦远离群体的中心点，就会在群体中处于不舒适的位置，会对自己的行为产生一种无形的不稳定感，而当他选择靠近群体这个圈时，他就会感到更舒适一些，远离这个圈会感到阻力和群体排斥力的增加。个体正是要在消费过程中寻找最为舒适的圆圈，因而消费者最终总是要回到圆心的。

群体与个体关系原理类似于机器体系与部件的关系，个体如若想加入机器体系，就不能以个体有机化的整体加入体系，而只能是单向度地抽取自己的一些功能加入体系，其实这就是个体化消失的过程。群体要求系统运行是最优的，因而它不能容忍群体中不符合个体的内容，它要求个体是一个零散的部件，这样群体才能够取用。在消费过程中，个体必须要把肉体整体与思想整体拆解，个体的肉体可以在场，但他的思想却不能全部在场，因为个体总是有鲜明的特征，它不符合群体的特征，个体在群体中应该迷失自我，但并不迷失肉体的自我，而是迷失思想的自我。消费群体不是个体简单的叠加组合，而是各个个体中具有符合群体新特征的东西，即来自个体却迥异于个体的内容，是群体中内在的协作一致性元素的组合，是个体各有取舍地组合。马克思也极其深刻地看到了这一点，个体在新的群体运行中，它的角色发生了改变，从主体的自主性、控制性转化为从属性，这是马克思分析的消费异化现象的一个特征性标志。

总的来说，群体消费是由消费符号决定的，而消费符号的产生由技术系统进化决定。海德格尔把这一过程看成是技术本质的展现，是座架从遮蔽状态到解蔽状态从而形成抽象的技术符号体系的过程。消费群体接受某一消费符号，从而在群体中完成消费群体的层次划分。而消费个体对应于消费群体，个体要想进入某一个消费群体层级，必须先进入到群体之中，对群体消费符号进行认知。而在这一过程中个体失去了自己独特的消费个性，消费成为客观的身不由己的消费，从而最终接受技术的控制，消费变成最为彻底的技术代码的转译工具。

第五节　消费群体的斜坡

有一款很流行的电子游戏叫逃离古庙，逃离者必须一刻不停地奔跑，他会跑得越来越快，无尽地狂奔、跳跃、滑行和转向，他根本无暇顾及其他事情，只要有一个小小的失误，就会落入陷阱，无法复生。现代的消费体验类似于此。消费方式的变化太快了，它已经让消费者无暇顾及消费的快乐。现代消费，就是跟上变化、跟上时尚，不能有片刻休息。

一　消费的斜坡

消费群体的时尚符号一直处于流动的状态，消费群体里的消费意识也处于不稳定状态，就像一直站立在斜坡上。马克思曾经说过："一切僵硬的东西融化了，一切固定的东西消散了，一切被当作永久存在的特殊东西，变成了转瞬即逝的东西，整个自然界被证明是在永恒的流动和循环中运动着。"马克思描述的是工业化资本主义时期社会的快速变化状态，而到了电子、数字化社会，正如鲍曼所描述的，社会是一个全面的液态的流动的社会。

流动的社会当然在消费中会有明显的显现，表现在消费特征上是消费群体意识处于不稳定的斜坡状态。群体的消费时尚和消费方式在向群中的各个个体传播时是没有阻力的，这种传播模式是一种开环控制系统模式①，即一种群体时尚的波浪在向下一级个体传播时会逐步扩大，但这一波浪过去后，再不回头并迅速消失，很少说有一种时尚能够重新回到系统中来，并在系统中实现稳定而长期的聚集状态，因为新技术革新产生的另一波时尚已经接踵而来。开环控制型消费模式会导致消费群体缺少稳定的群体结构，群体中的一切始终处于变动状态，群体结构、成员、心理、流行时尚都处于快速的变动之中。

---

① 开环控制是指无反馈信息的系统控制方式。当操作者启动系统，使之进入运行状态后，系统将操作者的指令一次性输向受控对象。此后，操作者对受控对象的变化便不能作进一步的控制。采用开环控制设计的人机系统，操作指令的设计十分重要，一旦出错，将产生无法挽回的损失。

应该看到，提供给消费群体的消费符号是由技术系统决定的，而在现代技术下，技术元素每一次随机地组合都可以产生各种不同种类的消费品，即在亚种属层次上的技术消费品可以大量地随机出现，尽管这些消费品花样繁多，但统一它们的技术原理只有一个，即相当于 DNA 遗传因子的技术并没有变化，但在技术组合的具体环境中，技术消费品却可以随机组合，因而消费品显示出随机性和流动性。当然，消费品符号象征的具体意义是多样的，在论及具体的种属这一层次时，消费品的多样性变化就如在草原上泛滥的河流，可以向任何方向流动，河流可以相互分开形成不同的流向。由于技术组合的随机性，消费品的具体样式可以任意地组合，在具体的时尚上，对消费群体的时尚和品位进行严格的、精确的控制几乎是不可能的。这有一点像鸡尾酒，其实也就那几种酒的元素，但却可以调制出各种不同的口味。时尚是可变的，技术与调制鸡尾酒不一样的地方在于，技术元素处于层出不穷的状态，因而组合的方式一直在变。

现代技术生产的消费品，它的流动性和液态性特点会表现得比较强烈。而消费群体在面对结构性和文化性的快速变化时，在面对更快的消费品代际更替速度时，消费心理就会处于不稳定的像站在斜坡上的状态。有许多消费品的消费时间都低于消费者在购买时期望的消费时间，消费时间缩短并不是消费品在功能上的退化，它的功能甚至还完好如初，但消费品很快就会过时，它会被消费群体在某个时候突然否定。如在 20 世纪 90 年代末，一些城市在城市的主干道上建了磁卡电话亭，当电话亭刚刚建好后就被弃用，因为这时移动电话已经快速普及。一旦消费品的代际更替时间小于消费品的价值耗损时间，就会对消费群体的确定性和稳定性造成极大的破坏，使得消费群体在消费时不知所措，那种叙事式的、积累性的线性消费模式就会消散。

现代的消费具有小生境（niche）特点。所谓消费的小生境，指的是消费者的风格和类型与当地特有的文化风格和类型的融合生长。这就如小的生物群落通常包含某些种类的动物或植物的栖息地，一个栖息地包含具有一系列特征的特定区域，它可能是一个池塘、一块林间空地或者是一片草场，生活在这些栖息地上的动植物相互作用构成一个群落，这个群落依赖于这些栖息地的非生命成分，即非生物因素，包括营养、温度和水等，这些因素也在一定程度上决定了生活在这些栖息地的动植物类型。有许多消费品发生变化其实是由于小生境的影响，消费品本身并没有发生太大的结构性变化，仅仅是外观、颜色或某些小的功能发生了改变，但这些变化与当地的风土人情相当地合拍。有时候并不是群体价值观在发生根本性的变动，仅仅是时间、地点、民族等因素导致消费品的某些局部内容在变动。小生境的影响会造成消费时尚的不确定性。因为小生境形成的风格在一个不太确定的群体心理中会造成蝴蝶效应，让消费者感觉时尚变迁速度是如此之快，消费者必须花时间付出努力才能跟得上消费品风格的更换。

那么在消费群体中，会不会有反常的群体成员能够停在斜坡上并不移动呢，或者说他们甘愿被消费的符号时尚抛在身后呢？这当然是有的。正是由于现代消费品变得越来越复杂，使得有些人在操作某些商品时，不仅要消耗大量的空闲时间，同时也需要一定的技术知识能力，而这绝非一些老年消费者能够做到的，尽管他有心要追上时尚，但他如果连洗衣机上的功能键都难以吃透，还怎么会有能力追上时尚？对于这些消费群体，他们根本就不想站在消费的时尚斜坡上，他们仅仅需要消费商品的简单功能，他们与追求时尚符号的群体之间确实做到了同在当下，但不同步。使用不同的通信工具、游戏，去不同的地方，看不同的电视节目，穿不同的衣服。同样，这些消费群体的消费理念仍然是功能价值性的。当然，这并不是说他们没有符号消费的时尚追求，但这些内容是比较少的，而且他们的消费特征非常具有小生境风格。

应该看到，其实站在斜坡上的消费者的消费观念几乎都不是从老人那里得来的，而是在消费过程中建立起来的。这和长期以来的消费模式的形成很不一样，现代的消费风格是一种断代行为。在过去，总有一些老人在他们成长过程中，从老一辈那里沿袭消费经验和消费风格，并在后来个人的成长阅历中增加自己的消费经验，从而形成一种稳定的消费风格。但是在新技术制造的消费品面前，前一代的消费者已经不可能将已有的消费经验和风格传递给下一代，在新一代的消费中，不仅代际消费在快速变化，同时每一代的消费风格也都如一阵海浪，冲刷过后即消失。这就是所谓的现代性的消费时间萎缩。

而正是由于上一代人不再能够追上快速变换的时尚符号，他们反而能够完美地站在原地，甚至站在消费的凹处。因为在凹处有一个特点，它不能看到周围的世界，周围世界的风格对他来说是一个盲区，他反而转向"孤立""脱节"的消费。

处在斜坡上的消费者有一种什么样的心理感觉呢？其实在消费的斜坡上，就如同一个上行的人行走在一个下行的自动扶梯上，他必须不停地行走才能上行，停在原地，想歇一歇，是不可能的，否则就会被群体时尚的电梯淘汰。"行为者在永远充满着多维度的变化的条件下进行活动，而通过不采取行动或不做决定实现的静止状态是不可能的。"如果在某一消费群体中的某一消费者，不能适应不断变化的某种风格，他就在群体中落伍。在具体的消费过程中，如果消费者不能从头到尾，在发型、衣着、言谈、社交等各个方面进行不停的变化，那么他就会"沦落"到停滞的消费群体中去。因此，这并非简单的消费品位变化的行为，这就是一种滑溜溜的消费斜坡效应。在一个动态的消费环境和决策环境中，消费者必须永不停息地变化，这导致消费者不再能找到可以停止的位置。

消费群体里消费品不断地更新，新的消费者在完成身份认同后，就可以紧跟步伐，而有的消费者"自甘堕落"，只好被淘汰出局。在滑溜溜的斜坡上，并不是每一个消费者都有精力保持与群体一致的速度，群体中确实有些人在快速消费面前慢慢地显示出消费的惰性，但最终的结果是消费群体中不同步的人被变化的群体淘汰。同时，正是弥漫在群体中的淘汰现象会让有的消费者感觉到竞争的成功，导致群体中消费品改变的速度再次加速。

消费者在斜坡上消费应该有这样的感觉，即对消费的环境和决策处于一种连续的紧张状态，他们必须时刻跟上变化的步伐，不能因为知识能力的原因而失去对消费行为的选择。对于个体消费者来说，对新的消费品的选择需要耗费大量的时间，还需要与已有的消费体系和习惯实现平滑的连接，这造成消费者在时间体验上的压力。因为在有限的时间内，熟悉新产品的技术功能，并解读和植入新产品的符号意义，对于消费者来说并不是一件很轻松的事情。例如要全面熟悉一部新款手机的所有功能，并且把这些功能用在日常生活中，其实这对许多消费者来说是一件很困难的事。再加上在不远的将来又会有更新的产品上市，这可能更让消费者绝望。同样，对于群体消费者来说，消费品的不断变化会导致群体消费成员的变异，成员的再认知和确定也是群体组织中一件很费力的事。群体常常在还没有真正对某一技术产品进行解释并将其植入群体符号中时，新的消费品又接踵而至，必须进行新的确认。群体的确认和接受的速度相对于不断变化的消费品供给速度实在是太慢了。同时，群体消费速度跑得太快，群体里的绝大部分人都会有消费疲惫的感觉，这不是在消费，是在应付群体的压力。

　　消费加速对消费者的压力，就如跑步机给锻炼者的压力。首先是枯燥而单一，在跑步机上跑步，仅仅是为了跑步而跑步，它不是路跑，有风景和新鲜空气。在许多情形下，消费也很单调，为了消费而消费。其次是欲罢不能。当你在跑步机上跑步时，不论你有多快，跑步机都能跟上你，与其说它是跟上你，还不如说它比你更快，所以你看似在主动跑，其实是在被动跑。相似地，消费看似是主动的行为，其实是被动的，当海量商品不断地满足你的时候，你已被它的节奏带着跑。不论你提出什么需求，总是有相应的商品满足你，并且比你能想象到的需求还丰富，使你欲罢不能。最后，跑步机看似在释放压力，其实是在积蓄压力。跑步机是通过体力的消耗转移了压力，而并没有把造成压力的原因解决。同样，对许多渴望消费的群体来说，消费也是一种释放压力的方式，用消费的补偿来弥补工作、生活的压力。但这是一个相当天真的想法，因为在现代消费中消费和工作是独立的，两者的关系并不仅仅依靠钱作为纽带。消费的结果只是在消费那一刻是愉快的，就好像是吸食毒品仅仅是在那一刻飘飘欲仙，在消费过后，他就很快再次陷入更深的压力之中，难以解决压力。所以消费者的被征服感和无力感反而会增加，"由快速的停滞这种似是而非的情境所导致的现代的对加速的渴望，只要仍然认为这种渴望的根源是存在于新教徒的工作伦理中的，那么就没有真正找到对它的确切的理解"①。

二 消费速度的加速

消费速度的加速，主要在于生产消费品的速度以及消费品品种增加的速度都在加速。同时，商品销售渠道也在发生质的变化，商品从生产者流通到消费者的空间和时间都大为缩短。

就空间而言，过去商品从生产商流通到最终的消费者那里，即使两者之间的物理距离并不远，甚至就在一个城市，但商品信息反馈的渠道并不直接，它要经过若干系统环节才能流通到消费者那里。商品从一个系统的空间转移到另一个系统的空间，或许它的物理距离以及中转的存储时间是多余的。而现在由于虚拟网络的发展，消费品的供给从物理空间的供给变成了虚拟空间的供给，尽管在供应端和消费端的两点之间还存在物理运输，但绝大部分空间供给变成了虚拟空间供给。这样，商品的空间转移就变成了点对点的转移，供给变成了点对点的销售，物品的存放和中转时间大幅度地缩短，因而物品从市场端给消费者带来的消费压力大大增加。应该说，迄今为止，工业化生产的最大的影响，就是把物理空间的生产变成了时间的生产，用空间的变化来消灭消费过程中的时间浪费。消费者在消费商品时，完全能够做到要之即来挥之即去。

正是由于新技术革命带来的物理速度的提高，使商品在物理空间中转移的时间大大缩短，成本也迅速下降，对于消费者来说，原来不能在远距离空间中获得的消费品，例如新疆的水果对于江苏的消费者，东南亚的榴梿对于远在北方居住的消费者，现在都成为很平常的消费品。商品生产和转移的物理速度的提高和虚拟网络在消费中的嵌入，把原来不能经常出现在消费群体中的消费品直接地带到消费者面前。原来在生产空间中多余的物品，例如，菲律宾多余的廉价的香蕉，在新的技术构建的消费空间下，变成了短缺的、有价值的商品。

网络数字技术的革命，以及我们称之为信息"链接"技术的革命，

---

① ［德］哈尔特穆特·罗萨：《加速：现代社会中时间结构的改变》，董璐译，北京大学出版社2015年版，第140页。

给今天的消费带来了空前的加速。今天的日常消费活动常常是通过手机、电脑等众多数字信息处理设备实现的链接。链接使我们能够在任何地方任何时间从一个商品世界跳到另外一个商品世界,现代链接技术对各种消费的强大处理能力,使它能把图片、视频、文字等众多不同格式的文件有机地压缩在一个空间之中,因而多种属性的消费商品都能够有机地链接起来,形成一个巨量的消费商品信息库,甚至能把全世界的商品信息堆积在一个虚拟商场之中。我们可以通过点击鼠标,甚至在今后可能只要动动眼睛就可以在商品的海洋中自由翱翔,而且这一商品的海洋是智能的,只要你稍稍表露一下你的喜欢和兴趣,相关的商品就会向你扑面而来,不断地诱惑你,甚至让你对某一事物的兴趣极速膨胀,激起你内在的潜能和渴望。所以说现代的消费就是链接,从收音机到电视机,从手机到万维网,链接就是现代消费的灵魂,它把过去人们花上一辈子时间才能接触到的一点点商品,用几秒钟时间就堆放在你的面前,"物理的过程被所期望的反应时间和进程时间向着虚拟实现实时的方向的加速所替代。当在模拟关系下通常需要几个星期才能识别和满足需要的变化,通过将供应和发货的所有环节被完全的连接成网络——从生产和销售每个环节的供应商到最终的客户,现在这些就能比以前快许多倍"[①]。

快速地放在消费者面前的消费品,是通过将过去的物理过程直接地虚拟化和数字化而实现的。例如过去消费者了解商品信息,是乘坐传统的交通工具赶到市中心,然后在一家家商店里寻找适合自己的物品,之后再一家家地进行比较,消费者在物理空间的移动是有时间成本的。而现在消费者转而在虚拟商场了解商品,只要用鼠标点击片刻,就能把需要的物品全部放在消费者面前,并且每一个商品充分考虑到了消费者的细微要求,同时,一个最为重要的改变是物品不再仅仅限于消费者所在城市空间的物品,而是包含过去消费者身体不可能接触到的全球性空间的物品,由于商品品种的有限性而产生的消费障碍被大大地消除了,许多过去缓慢的消费途径,现在被突然地加速了。因而消费者的消费欲望

---

① [德]哈尔特穆特·罗萨:《加速:现代社会中时间结构的改变》,董璐译,北京大学出版社2015年版,第88页。

从潜意识中被充分调动起来。现在，人与物之间的联系界面，也就是消费者与消费品之间的联系界面，它已经不再是平面的面对面的联系，而是有强大纵深的立体的联系，甚至可以把消费品看成是围绕在消费者身体周围的墙。

消费品在消费者手中快速地变换，也具有符号象征意义。它虚幻地标志着此人孜孜不倦、富有能力。消费速度越快，意味着消费者具有越强的能力和越多的资本以及因此带来的发展优势，同时也意味着消费者面临的事务繁多。工作任务增加，他所需要的消费品也会跟着增加。这就如要舒适地使用汽车，那么汽车配件的变更、年检、修理、洗车以及停车位等相关消费必然产生，以及由此产生的车内装饰品，甚至为了获得车载蓝牙等高级而舒适的使用体验，涉及的消费品就会更多，这种现象反过来可以作为一类消费群体的符号特征。例如对于某些特殊群体，为了应付更为频繁的工作，片刻的休闲时间相当重要，特别是在出差旅行中有许多碎片时间可以利用。由此，就增加了对重量比较轻的笔记本电脑的需求，还有相关的提包和充电设备的需求，而对一个普通的农民来说，这些消费品就都是多余的。可以说，单从消费者特有的各种装备就可以看出他是属于哪个消费群体的。从符号消费以及其中必然包括的价值功能来说，对消费品的更多消费，对消费数量的加速的追求，都使得消费者处于更为陡峭的斜坡之上。

三 消费者的消费体验和经验

在传统的消费中，消费者对某种消费的体验可以转化为经验。例如一个长期使用煤炉做饭的妇女，会通过长期的多次的实践体验，形成自己的一整套经验性技术生活，并以此为骄傲，她还可以把这一经验传给家人。但是在现代技术生活下，每一段时期的大量不稳定、不固定的消费品使得消费者不断地体验新的产品，而由于迭代时间的缩短，使得这种体验很难转化为消费者的经验。其实经验与体验之间的关系是很明确的，至少在面对消费品上两者明显具有相通性。因为经验会将体验到的内容嵌入已经历并已构成的记忆系统之中，它必须对已有的体验进行吸收融化，并对其能够成为记忆的价值内容进行评判，从而使其在下一次的实践中成为经验。只有当对消费品的体验能够对个体和集体的过去和未来产生比较大的价值意义，才能成为具有长久意义的经验。所以说，真正的对消费品的经验，就如一位妇女具有引燃煤炉、封闭煤炉的经验一样，是对其身份和价值的界定。在传统的消费意义上，它是功能价值意义的消费符号，因而它也不太容易一下子形成和消退，所以对某一消费品的经验具有稳定性。但是在当下不断变化的消费品面前，人们不可能把还没有完全消化的体验纳入经验系统。在现代技术商品消费过程中，从商品的使用体验转化为经验是很困难的，新的消费品越来越脱离情境化的体验，它能够激起主体反应度的体验越来越弱，在现代性的消费中，消费者是在不断地经历而不是在不断地积累经验，不是从一个经验变换成另一个经验，而只是从一个经历变换成另一个经历。这种体验的时间如果太短，即很快就转换到对下一个消费品的体验，是无法转化为生活经验的。这就如一个电视观众花费一个下午不停地变换电视频道，从一个节目转换到另一个节目，在一个个孤立的碎片式体验中失去自我经验的获得是一样的道理。

四　消费的错乱

今天的消费之所以错乱，主要原因在于消费并不是按照价值的重要性排序，而是按照消费本身的紧迫性进行排序。最为重要的消费最先进行，之后是次等重要的消费，这种消费模式是一种自然的消费模式。但现在消费是由技术展开的次序来决定先后。由于消费者处于一个有着广泛联系的功能分化的社会里，消费的次序会越来越多地被技术环节的期限所控制。由技术运行决定的消费次序要考虑到整个技术体系的协调和同步化。例如，在中产阶级的象征符号系列中，中档轿车可能是一种标配，而如果对于该消费者来说，一次两年的短期个人学历进修对他未来的事业有很大影响，这时为了达到中产阶级的标配，他的消费选择就会陷入两难境地，这主要还是要看在这个群体中，这种车型的符号价值和象征意义到底有多大。如果车是一个急迫的消费，那么进修的消费顺序就会被打乱。但在日常生活中，随着现代技术的快速变化，一整套的符号体系是处于变动之中的，消费者必须紧紧跟上，否则就会从群体消费的斜坡上滑下来,因而就造成了某些并不太重要的消费,由于期限的原因成为首先要完成的消费。期限的消费决定了消费者的优先行动顺序,并且由此带来了在有限的条件下,那些没有与期限绑定的目标,就会逐步地淡出消费群体的消费。那些我们认为具有很高价值和生活意义的事情,如陪妻子散步、去看场戏、阅读自己想读的书,让位给了限期决定的顺序。

第 五 章

日常生活中的技术人工物

我们今天所处的时代是技术时代，它是现今人类对自身存在状态根本性境遇的描述。人的这种境况缘于技术与人的互为定义。技术不仅是人类赖以存在的生产和生活方式，而且业已成为人类的思维方式，同时，毫无疑问的是，任何技术都是人的内在心境的折射。在当下，技术构成的现象已经成为人类日常生活中的主导现象，更为重要的是，业已成为人类一切现象的本源现象。所以，对技术现象的关注，对技术现象的追问，是技术现象学分析方法的独特优势，在技术哲学和技术社会学领域具有广泛而深刻的影响。

第一节 技术现象学分析方法

伯格尔曼（Albert Borgmann）是目前美国技术哲学界比较活跃的哲学家，是技术现象学的代表人物，他提出的技术装置和聚焦事物理论，对技术哲学的研究具有很深刻的启发性。他的理论是对海德格尔技术本本体论追求的现象学的一种继承和批判，他的观点在《技术与当代生活的特征》一书中有主要的论述，近年来，他又对现代技术下的人的生活进行了深入的探讨。

一　设备范式（device paradigm）

伯格尔曼通过对技术追问的方式对技术进行了定义。他认为，对技术本质的追问必须确定一个正确的视角，即技术作为一种日常生活现象带来了什么，它为什么、如何能够产生这些作用。他注意到人的日常生活是和财富以及自由相关联的，这两个东西是人的生活的主要话题，而当代技术对于上述两个问题的解决具有决定性意义，因为技术能够提供可用性。伯格尔曼认为，技术的可用性就意味着自由和财富。例如暖气技术是可用的，它能提供人之方便，而在以前暖气并不普及时，我们要花费精力伐木、劈断木材生炉，并且在室外设法取暖，所以自由和技术提供的可用性具有内在的一致性。这种内在的一致性表现在两个方面，一方面，技术可以向自然索取人类缺少的财富。例如，化学技术为人类开发了大量新的必需的生活和生产资料，同时也让人类在很短的时间内花费很少的劳动获取了巨大的享受。也就是说，技术改变了人类与自然之间付出与回报的比例关系，从而使人类在其中获得了回报差额意义上的自由。另一方面，技术也提供了人的精神上的自由。新的不同生活意义的技术物品的出现，使得人的生活更具有多样化，也变得更有意义。例如，电视机的出现使人们在有限的空间获取了大量的感性愉悦，扩展了我们对周围生活空间和人的理解，也提供了人与人之间的新的联系方式，所有这些都是对人的自由内涵的新的拓展。

但技术提供的可用性仅仅是从现象学上提供了探讨技术本质的途径，它并不是技术的本质。在伯格尔曼看来，要想追问技术的本质，必须首先考察现代技术与古代技术的有用性在日常生活中的差别。

伯格尔曼认为，古代技术的有用性与现代技术并不一致，它们在具体的可用性的内涵上并不一致。古代技术的可用性反映在物与事件之中，即存在于物与人的直接关系之中。具体地说，古代的人工制品作为一种物有以下几个特点。首先，它具有生活实践性，即事件性。例如斧头是人与自然在取暖生火这一事件中的中介物，因而人对斧头的理解，是这种技术的经验性的具体生活事件的理解，而不是抽象的功能性理解，是功能与结构之间高度一致的社会事件的理解。因而斧头的技术内涵是包括在人与自然、社会、文化活动等多方面之中的，即斧头具有文化精神性。其次，技术的多用性，即斧头不作为一个单一的生活事件而发生，它是多方面的，既可以用来伐树，也可以用来防卫。多元化的空间说明技术物体具有强烈的个体化色彩。再次，技术人工物还是一个焦点，即人们会聚在一起的东西，是一切事件发生的空间性场所。并且在其中，人与人之间的等级关系、分属关系等得到了确定。最后，对个人和个体技能具有很强的确定性。由于对物的使用已在一种感觉经验之上，它不是专业化的流水线分工，因而它的专业性与现代技术流水线的分工并不一样，这种专业性对人的心智机能要求是比较高的。最为关键的是技术是各种人工物与境性关注的焦点，也就是说，人们很容易在技术事件中展示人的自然维度和社会文化维度的内涵。

而现代技术的有用性是在一种新的特有的技术装置中显现出来的，即技术装置作为技术的本质，是人的自由和财富的真正来源。从瓦特蒸汽机发明以来，技术不是作为一个单个人工物，而是作为一个装置系统在影响着我们的日常生活。那么，这种技术装置有什么特点呢？

首先，它仍然是为了实现人的自由性和对财富的追求而存在的，但是对自由和可用性的极端化的追求。也就是说，技术构成的生活世界从多元世界走向了单一世界。这一点实际上和埃吕尔以及西蒙栋的看法一样。

伯格尔曼通过对壁炉的分析来说明这一观点。他认为，像壁炉这样的一个物，它供暖，但也不可避免地提供了构成壁炉之世界的很多其他原因。一个诸如中央供暖站的设备只提供暖气，让我们卸除了所有其他因素的负担。这些其他因素都由该设备的机械功能替代了，机械对我们的技能、力量或者注意力都没有要求，并且它的要求越少，它所造成的被感觉到的在场就越少。在技术的进步中，设备的机械因此具有一种隐蔽和收缩的趋势。在一个设备的所有物理性质中，独独是那附加的因素是关键和突出的。它们构成了该设备实现的用品。也就是说，一个好的技术人工物，特别是现在的电子化技术人工物的最为关键的技术，例如芯片和相关的软件系统，反而是隐藏在其后让我们无法感知的，而那些我们需要的功能性因素，作为显性的东西才展现在我们面前。不甚严谨地说，设备的用品就是"设备之为何"。在中央供暖站的例子中，用品就是暖气；在电话中它就是交流；汽车提供运输；速冻食品解决膳食；立体声装置播放音乐。暂时的"用品"是可变化的。

其次，装置范式为了追求单一性的有用性，而使技术自身处于一种匿名性状态。单一性使得使用技术的人与事件不在场，即与境性消失，由于完成的仅是单一的功能，即作为物理学的装置，手段性的工具物已经不再重要，它可以为了实现自由的目的，与这种有用性隐蔽在目的之后。特别是由于在装置范式中还具有另一个特征，即手段的不断变换与目的的相对稳定性之间的矛盾特征（例如，我们在西蒙栋技术哲学理论中提到的技术人工物的生物进化谱系与功能谱系并不一致现象[①]），就会导致人们对工具性的东西，以及工具性产生的物理空间并不太关心。伯格曼特别强调技术装置范式所具有的物理学装置结构的隐蔽性和多重结构（即缺除负担的隐蔽性），就是它的匿名性特征。也就是说物作为实在的东西匿名在功能空间之中，匿名在自然、文化之中，同时目的的可用性成为一种物化的张扬。

伯格尔曼用电视机的例子说明技术装置范式的匿名性特征。"电视机的发展为这些观点提供了一个例证。第一台电视机的大体积机械与它所实现的用品相比，是极不相称的，它的动态二维黑白画面失真，屏幕尺寸和形状像靶心一样小。渐渐地，显示屏幕变得更大、更平直，画面变得更清晰，甚至出现了彩色。电视机体相应的变小，在整个机械中更不显眼。这样的发展一直持续着，直到一个火柴盒大小的装置可以提供任意大小的而且颗粒最精细的动态彩色画面。"[②]

二 焦点物和面对事物本身

何为焦点物，即应在何种意义上讲述技术会聚之物？伯格曼认为，"焦点"的技术含义恰好和其在日常语言中的原始意义吻合。在象征意义上，它们暗示一个焦点会聚了它所在与境的诸多关联，并且发散和弥漫于其周围。聚焦某物，或者将某物置于焦点，就是令其成为中心。在"焦点"的这些历史和生活意义上论述焦点物和实践才是有意义的。

当然，伯格尔曼论及的技术焦点，还隐含着一般技术物体的磁场功能，即磁场也隐喻着容器空间的连续性与外界的交换性，表现为容器空

[①] 郑雨：《西蒙栋的技术物体分析》，《自然辩证法研究》2009 年第 4 期。
[②] 吴国盛：《技术哲学经典读本》，上海交通大学出版社 2008 年版，第 411 页。

间向外界的广延程度。除此之外,对技术物体的磁场的理解,最为主要的是它的吸引趋势。对吸引的理解,不仅仅在于上述的汇聚,它还有以下二层含义:一个是吸引不是单向度地把外界物纳入技术物体中的,而是技术物体中的某些元素经常被引用到其他技术物体空间中去(工程实践上是作为专利或辅助技术),从而这部分元素在另一物体中在场,并进而形成融合进化,这就是磁场的反向吸引。吸引在于被它者所引用;另一个是磁场的吸引空间,还可以理解为趋势和引诱。磁场的空间本质在于它是一种作为准备接受的状态,也就是说,磁场的吸引不一定就是一种如主体实践活动的主动行为,而可以是一种被动行为,是作为趋势和引诱。例如,工程师发明的主动行为的结果即技术专利是在技术物体空间中已经隐喻的,即发明的空间进化轨道早已经在德绍尔所说的第四王国背景性空间场中存在。发明的主动行为是对已经客观潜在存在的显现。[1]

伯格尔曼对焦点物的具体理解,是从对海德格尔的批判开始的,他认为海德格尔的神殿就是焦点物,"马丁·海德格尔曾深深地被希腊神殿的导向力量所震撼,在他看来,神殿不仅为它的世界提供了意义的中心,而且在开创或构建世界的极端意义上,在揭示世界的基本维度和标准的极端意义上,具有一种导向力量"[2]。从这里可以看出,伯格尔曼的焦点物与库恩的科学范式很类似,他们在具体的作用上都具有一个明显的特点,即范式的强制性,神殿是一种强制的会聚,范式也是。例如电视机作为一个焦点物放置在一个房间里,特别是在它介入普通家庭生活的早期,它被放置在村部或乡村中的小店时,就把村庄的所有事都融合在一起了,这是一种强制性的诱惑。

那么,现代技术最为关键的焦点物是什么呢?伯格尔曼认为,海德格尔将艺术制作理解为现代技术的焦点物:"将艺术作品看作世界之意义的焦点和起源是海德格尔的一项关键性发现。他从西方哲学的近代传统出发,在这上传统中,实在(reality)的意义通过确定前提和控制所有的

---

[1] 王飞:《德绍尔的技术王国》,人民出版社2007年版,第61—70页。
[2] 吴国盛:《技术哲学经典读本》,上海交通大学出版社2008年版,第414页。

存在之条件来加以把握。"① 但伯格尔曼认为，海德格尔的技术聚焦会导致现代技术焦点物的失去，因为现代艺术已经开始技术化，它已经失去了一种聚焦的力量，而技术的出路就在于重新找到现代技术的聚焦物是什么，在何处。所以，伯格尔曼也同时指出，海德格尔把聚焦物指向壶等物是远远不够的，他还应该在壶中想象一个更大的背景空间。"他本应想象一幅乡村场景，在那里，酒壶在其质料、形式以及悠久的当地传统工艺中得到体现；在那里，中午的时候，人们走下酒窖取一壶佐餐酒，他们熟知这壶酒的产量和年份，在那里，午餐时酒被诚心地倒出、感激地接受。在这样的情况下，也许存在这一四重性的会聚和揭示，它就是最大限度的理解，进入背景之中，并且可以在喜庆场合中呈现出来。"②

伯格尔曼认为，在看待海德格尔的聚焦物时，要特别注意两点：第一，如果我们要为焦点和实践留有空间的话，就必须牢记已有的观点，海德格尔宽泛地解释说，只有当技术的规则保持隐形时，简单之物的导向力量才会呈现出来；第二，会聚了四重性的技术物是不显眼的、卑微的，当我们看到他对物的冗长描述时，我们也会看出它们是分散的，桥和犁，树和池塘，小溪和山坡，苍鹭和鹿，马和公牛，镜子和扣子，书和画都是分散的。焦点物和实践是不显眼的，这一点无疑是正确的，它们活跃在公众注意力的边缘。当然，这不是说这些分散的焦点所隐藏的中心就不可能显露出来，而是说它们作用的方式是隐蔽的。

从伯格尔曼的分析中，我们可以看到伯格尔曼关于技术本质进化展现的观点。在具体的实践的创新状态，一些不为人们所关注的如壶、艺术作品等人工物的聚焦状态唤醒技术的东西，这是技术自主性，即伯格尔曼所说的技术装置的具体召唤，呼唤一种主动性行为，但呼唤的力量并不来自唤起者，因为人是其中的召唤者的技术内容。也就是，伯格尔曼的焦点物就是一种技术的能力，例如电视机形成人们会聚的空间场所的能力。

通过对焦点物的分析，我们也可以看到技术的社会本质。因为技术

---

① 吴国盛：《技术哲学经典读本》，上海交通大学出版社2008年版，第414页。
② 吴国盛：《技术哲学经典读本》，上海交通大学出版社2008年版，第415—416页。

焦点物之中就包括了社会境遇。也就是说，焦点物中包括了人。尽管在焦点物中我们看不到人的活动和身体的位置，但是它召唤的是人，聚集的是人的社会活动。所以焦点物又是人的实践。如果一个技术焦点没有人的目的性活动，那它就是一个短暂的焦点，它就不能定位我们的生活。所以技术实践的任务就是保护好焦点物。伯德尔曼认为，古代技术的实践对焦点的汇聚是成功的，它表现在人们的公共的巨大的活动中，也体现了人的真正的实践活动，例如中国的长城、埃及的金字塔，都很好地反映了技术的聚焦活动。但是到了现代，由于身体参与性的减少，实践对聚焦的保护是不成功的，它具有不稳定性和未彻底展开的特征，所以它对技术的目的，即人的财富和自由的实现是不成功的。

第二节　手机与日常生活

作为消费品的手机[①]，在社会学层面上看，是通过打通知觉的新模式来传递一种信息更为丰富的图像。它建立了一种新的社会关系模式，改变了整个社会关系，特别是家庭关系结构。也就是说，对于手机消费者来说，消费有两层含义。第一层含义是手机本身带来的信息传递的方式。它使原来的日常生活产生了空间的汇聚，就如操场上的露天电影，对周围空间的信息辐射把周围空间的人们汇聚在露天电影周围。这样，日常生活形态及其社会关系结构，就发生了改变。同时从日常生活的作息时间上说，它也发生了许多结构性的变化。手机聚焦物的生活结构，改变了人们传统的日常生活方式。

另一层更为本质的含义在于，人们的消费方式发生了变化，人们看似自由、实际别无选择地消费手机生产出来的信息。一旦市场上有什么消费的主题，手机的各种消费软件就会在很短时间内生产出大量雷同的主题，对消费者进行信息轰炸。正如鲍德里亚所说的"信息的景观化、

[①] 在日常生活中，手机可分为功能手机和智能手机。功能手机在日常生活中主要用来进行通信联络，如大多数老年人用的手机。智能手机既可以用来进行日常生活的通信联系，又可以用来进行更为广泛的人际关系交流，并且借助于互联网，实现在移动空间中的信息获取和互动。本节所讨论的手机主要是指智能手机。

自主化和它的商品价值化，把内容作为符合来颂扬"。

一 从文本类叙事过渡到电子图像类叙事

究竟应该选择手机还是收音机，作为一个典型时代的日常生活案例，这真很难说，① 因为收音机是现代科技革命的重要标志物之一，它对于当时日常生活的冲击是巨大、深刻的。收音机是接着电报第二次以光速的电磁波传播方式给我们日常生活带来大量信息的，但电报毕竟是文本格式的信息，它存在信息传输方面的许多缺陷，而收音机却利用听觉技术显现了我们日常生活进入了信息社会的端倪。按照《理解媒介》的理解，技术物是我们身体的延伸，收音机在听觉上延伸了耳朵的高保真信息功能。它为我们打开的是地球这个世界，并且在空间上一下子把一个遥远的闭塞的村落与世界连接起来。记得20世纪70年代初期，我们经常围着收音机收听欧洲的乒乓球赛，仿佛欧洲离我们这个闭塞的小山村并不遥远，至少远隔万里的那个空间活动是与我们日常生活相关的。然而，这里之所以没有选择收音机作为我们分析的对象，主要原因是收音机已远离我们当下的日常生活，它已经被边缘化。而且几十年前的叙事已经过为遥远，对于今天的绝大多数人来说，这种叙事不太可能产生较大的共鸣。同时，收音机相比较于手机存在着很大的不足。手机包含着可见的图像，它所带给日常生活的不是像收音机那样的单向度信息，而是把另外一个生活世界全方位地带到我们原本有限的生活世界之中的技术人工物。手机几乎完成了对所有触觉的扩充，最大限度地使得所有感觉相互作用，改变了文学叙事感受日常生活的抽象性和单一性，手机感知的触觉模式并不分门别类，它是整体地包含所有的感觉种类的新的体验方式。它以一种与文学叙事相对立的精神进入了日常生活世界。

智能手机这一技术人工物清晰地放大和延伸了我们不同感官的感觉，它是电子信息技术影响我们日常生活的最为典型的代表。这里我举一教

---

① 从日常生活发展的历史角度看，不同的时代各种不同的技术人工物对日常生活的影响是不同的。在20世纪六七十年代，收音机在日常生活中的地位可能要比现在的手机在日常生活中的地位重要得多。收音机在当时匮乏的日常生活中是获取外界信息的最主要途径，而今天的手机则同时具备了多种电子产品的功能。

学中的案例来说明数码技术强大的信息传输能力。在我向"90后"的年轻学生描述20世纪70年代中国农村的生活情境时,会明显感觉到语言的乏力,难以把我们在70年代的生活图像用口头文字语言进行转译。这里存在着转译方式之间的不可通约性问题。而如果放一段电视剧《平凡的世界》的开头,学生一下子就能被带入那个特有的场景空间中!这时,如果再加上语言的讲解,学生对20世纪70年代的日常生活就会有立体、全面的了解,而这是用文字难以做到的。

当然这里并不是说手机的图像描述不带有失真性,它甚至缺少一种思考性,但是,手机以从前无法想象的技术用虚假混淆了真实,其方式与其说是由决策人、导演、编剧、技师、演员、手机用户的选择,倒不如说这就是手机本身的自然状态。手机业已创造出一个非常真实的世界,虽然还不够生活化但却比虚拟强得多。

在现代日常生活中,随着手机这种全新类型感觉体验的产生,它已在社会和文化活动中无所不能,甚至不受约束。手机用户常常成为手机信息的奴隶,受制于有着变革力量的传播媒介,这一媒介首先把传播的基础从文字转换为图像,即把单一性的线性文字文化在社会生活的所有层面上都变成了内容丰富的镶嵌式的综合文化。

或者我们可以这样说,手机在日常生活的建构中已经具备了这样一种能力,即通过它能够找到它与主体自身内在一致性的内容,也就是能够相互通约的内容。在主体面前,置放了一个能够与主体内在心灵相互共鸣的舞台,使得主体愿意在其仿真景象中进入沉醉状态。在手机和人之间,手机通过人的自身弱点成了人的代具系统的一部分,[①] 并进而成为日常生活中不可缺少的东西。换句话说,手机作为人生存的一种代具,使人的第二生命的本质意义得以展开。正如斯蒂格勒的观点,人在工具出现之前,处于生理时间的阶段,而人的天然缺陷,即爱比米修斯对赋予人的能力的疏忽,使得人必须借助于普罗米修斯给人类带来的工具系统才能作为人的本质而存在。而手机就是人类进化的一个新的"假肢",

---

① [法] 凡尔纳·斯蒂格勒:《技术与时间:爱比米修斯的过失》,裴程译,译林出版社2000年版,第60页。

是作为人的类本质存在的一个方面。所以从这一点讲，手机这一工具系统是强大的，它在某种程度上已经超越了人的日常生活的表面行为，而成为人的内在本质的东西。

另外，手机在叙事风格上已经超越了旧有的媒体叙事方式，例如口传新闻、评书、集市交谈，这些形式被手机以新闻、电视剧、抖音等形式更加完好地保存下来，尽管这种保存方式变成了更为新奇的一般性，并被改写成更为一般的自然性。

从上述的分析中，我们把手机看成是对家庭安全母体或对社会的现象层面的影响，让我们没有涉及的是，手机实际上是现代技术，而现代技术按照海德格尔的看法，根本就不是单纯的一个技术"物体"，不仅仅是人的活动的工具那么简单，它还是技术自身的主体性的东西，是技术系统的一种主动性的能动，因此手机也是现代技术系统的一种主动性活动。也就是说，手机只是代表着技术在主动地建构世界和社会日常生活的秩序。因为我们已经明确地看到，许多日常生活中的技术人工物或者技术系统，正在规划制定着人们日常生活的不同方式。在日常生活中，不论我们是粗枝大叶还是精心安排，我们都为技术找到了落脚之地，为它安排了一个存在之场所，而这个场所会在非常长的时间里，影响到人们怎样去生活和工作。在这个场所形成的过程中，不同的人会被安排不同的角色和位置，而手机正是构造这一技术系统秩序的一个典型部分。

二 手机是一种速度的安慰剂

在工作、消费、休闲中，人们处理事务的速度经常超过生理能够接受的速度，它的节拍、节律常常处于身体的接受阈值，而这时手机反而成为一种慢速的安慰剂，能够将观众突然带入自然生理节律之中。就如一名马拉松赛跑者，突然在赛跑过程中停下来走几步，就会感到很舒适。同样的，手机是人们处于加速赛跑的日常生活世界中的减速器。

用手机对日常生活减速，主要来自以下几个原因。

其一，从个体层面上看，使用手机减速方式，是一种局部的、暂时的，但却是有目的的减速过程和机制，通过这种方式减速之后，即看完手机之后，人们能够快速地再次进入日常生活的节奏和节律中，适应工作过程的脉动。所以说，看手机和玩手机游戏，是在超生理速度之外找到了一个暂时的休息场所。

在劳累和复杂的工作之余，大脑并不想去进行复杂的思维工作，而看手机要花费的体力和心力是非常少的，因为看手机与看书不太一样，手机的语言就是日常生活的语言，内容多属于流水账，其逻辑线索是使用者能够一看就明白的。手机讲述的故事是主动性供给，几乎不需要像读书那样借助于对语言的抽象逻辑能力才能获得信息。如果看书走神，则不可能从书中读到什么信息，但看手机则不同，手机带来的情感上的生动性、愉悦性，使得手机用户在被动的情况下也可以接受大量的有趣信息。例如，在微信里聊天，由于不需要面对面进行一些比较严肃话题的探讨，并且在聊天过程中可以走神，更不必太在意谈话的效率，说话时的姿态、表情，可以人在心不在，处于在场的不在场，所以聊天的时间是轻松、愉快的。因此手机是一种很好的减速解压平衡工具。

其二，手机是日常生活中的一种习惯性消费，而现代的日常生活和工作常常处于快速变化之中，这给人带来的心理感觉就是一切都是快速流动的、暂时性的，用社会学家齐格蒙特·鲍曼的话说，是处于流动的液态生活之中的，它带来的是对生活的焦虑和不稳定感，而手机消费是文化生活中比较固态的稳定性生活。事实上，快速的变化必须借助于稳定性为依托。这就如现代社会文化的变迁，高度的生活变化状态，必须以其中很多部分的高度稳定性为前提条件。在过分多变的日常生活中，一旦稳定性被过分破坏，导致日常生活系统的失控，就会威胁到日常生活本身。使用手机，作为一种有意识的减速行为，正是主体对现代性中普遍加速的生活的一种反抗行为，也是对自己在平时工作中的态度的反抗行为。但这种反抗也有其不利的方面，因为这种反抗在现代性的日常生活中，从高速运行的压力状态下撤离出来，就会错过许多的外界联系，从而在这支长跑的队伍中脱落下来，而一旦想再回到竞争队伍中去，就会发现自身所具有的经验和知识已经过时，很难再回到主流社会中去。

当然，我们在日常生活中进行的许多生活节奏的减速，实际上是有意识、有选择性的减速，而不是像退休之后那样，让整个生活节奏减速。这种有意识的减速愿望，特别是有选择性的减速愿望，并不代表我们愿意把日常生活速度降下来，因为我们在要求自己有更多的休闲的慢的生活时间的同时，就要求与减速有关的其他人的工作和生活都应该把速度提上来，并利用现代技术工具，例如手机、互联网等，要求各种城市机器部件都快速地运转起来，因此，在我们复杂而又相互联系的日常生活中，有选择性地减速只能在有限的生活范围内象征性地进行一下，以利于我们更快地加速，因为加速毕竟是我们日常生活的主流方向。

所以说下意识地玩手机以便放慢速度，有时候产生的结果反而是为了更好地加速，因为玩手机后，身心得到放松，通过这种方式把身心的焦虑放置一边，使人能够承受更大的心理压力。所以说，这种减速实际上并不是真正反抗现代社会的加速，而是对其加速起功能上的帮助作用。也就是说，这种减速行为实际上是加速进程的内在要素补偿。

其三，用手机减速，在某种程度上也是为了调节社会系统内部发展不同步的需要。如果把日常生活看成是一个整体系统的话，那么，整个系统处于高速运转状态，整个系统的功能在各个部分上是不同步的。而系统又要求这个过程在时间和节奏上保持高速同步，这样系统中的部分与部分之间就会因为不同步性导致许多摩擦。这样，每当事务进程中从快的节点流转到比较慢的节点时，它就不得不停下来，从而给慢的节点的人产生一种巨大的来自群体本身的压力。而手机可能就是这种生活中比较慢的调节器、变速箱。如果这种放慢措施对整个日常生活系统运转产生过分的迟缓效应，例如长时间沉迷于手机之中，那么这个系统就会在整体上处于刹车状态。

正是由于系统整体在日常生活中要求处于高速状态，个体的人就试图在自己的生活中找到一个相对低速的安全岛，或者说是高速公路上的休息区。但在日常生活中，人们总是试图从这一群体中脱离出来，或者如20世纪五六十年代美国的城市居民那样，从高速工业化的市区逃向宁静慢速的郊区。尽管这样做的时间成本相对昂贵，但在越来越加速的社会中却显得非常难得。

三 时间的分配与心理依赖

使用手机在时间分配和心理调节上有以下几个优点。

其一，看手机和手机聊天都是用碎片化时间来完成的。我们每天的时间并不是均匀分配的，从生理学角度来说，人在一天中也不是所有时间都处于生理和智力高峰期，我们会根据事情的重要和紧急程度来安排时间。借助于现代技术，许多日常事务是自动化完成的，这就产生了许多时间间隙，特别是花在一个任务中所要的时间，仅仅是一个时间过程的片段时间，它仅仅在某一时刻或某一时间节点需要进入，但过了这一个节点，主体不需要参与技术体系的自动化运行，但却不能离开，这时，这一巨大的时间空余就需要安排其他任务，即所谓的多任务工作，而在这空闲时间中，将碎片化的时间用在手机游戏中，也就成为可能。这样，我们就会发现一个奇怪的现象，在完成一项工作的总过程中，碎片化的空闲时间合在一起有时会超过工作时间。

时间的碎片化实际上是社会系统运行中的一种编码化的时间形式，相当于片断式数据包，时间数据包内具有个体性、功能性，具有一定的时间刚性，它需要用蒙太奇的编辑方式编辑到整个社会活动中，使得这一时间片断产生新的意义。碎片化时间说明，有许多的事情并不是连续的，它们之间总是有许多时间间断，特别是在一天的工作之后，并不适合再安排工作的时间，但这些碎片式的时间又必须消费。现代工作由于要求履行大量的协调事务，每个人都会感觉到时间的短缺，他必须完成什么。所以一旦他切换到轻松的休闲的场景时总是不适应，总要做什么才能安心。而看手机是即时满足，它不需要在之前花费时间和精力，可以说，在智能手机出现之前，还没有如此高度浓缩的信息是以这种蒙太奇的方式一下子切换到主体面前的。

其二，观看手机的这种鸦片性行为，从另一个方面说，正是在技术进步下的流动生活本身的一种取向，即"因为以高度的不确定性和变化速度为基础的社会结构偏爱短期性，而娱乐工业正确确实实地打开所有的'有吸引力'的体验机会，它们在实惠的投入—产出关系下提供了'即时满足'；对于那些在抽象认知层面被看作是更有价值的和更令人满足但需要长期的时间和能量投入的活动，用在上面的时间资源不断地减少"①。所以不仅仅在游戏、聊天、看新闻中,甚至在洗衣、做饭、吃饭过程中,人们更愿意拿起手机来消费时间。我们经常看到这样一个情景,在地铁里,许多乘客都会埋头沉浸在手机中,使乘地铁的零碎的时间尽量地充满。毕竟,写一篇小说,读一本《纯粹理性批判》,绝不是在任何状态下、任何时间都可以完成的。如果此时仅有 5 分钟,而你必须在下一刻完成下一个排序比较急的工作,这时你会发现用手机游戏填塞这 5 分钟是最合适的。尽管创作小说和绘画能够带来无与伦比的体验,但这些被看作有价值的行为长期来看将会被遗忘和变质,这种任务得到的关注度将越来越少,而且最终会贬值,落入比较不重要的排位。因而时间问题本身就会产生价值秩序的重构,手机作为日常生活内容的最为普通的方式,就成为许多消费者的首选。

其三,从心理学方面来说,在观看手机时,主体的短期体验的满意度相当高,特别是当主体比较投入其中的场景时,其情商和智商都会得到较大的满足感,尽管在用手机之后能够留下来的体验和审美经验并不一定太多,比较强的疲劳感也会使用户有一种浪费时间的感觉,但在下一次的空闲时间中,仿佛是吃了有瘾的鸦片一样,用户仍然会再次重复上次的行动。

人们看手机的更多原因还在于,它能够抓住人的自然的生理性时间节奏。人一旦形成高度紧张的工作习惯后,就总要有事可干才行,这就会成为时间消费上的生理习惯。这是一种矛盾的生理时间和工作时间,由于人的生理节奏与现代技术之间的矛盾,使得人不可能与机器时间处于同一个节律之中。人在工作时间需要全神贯注,对智力的要求也比较高,大脑处于高度紧张状态下所以每当紧张的工作之后,应该休息一下。但是机器的时间惯性仍然在作用着人,使得人必须干什么,否则这一时间对他来说就是浪费,也就是说,工作时间节奏的惯性,使他的休息并不是睡觉,而是做一种低智商的时间消费。时间消费的生理习惯主要是,在一段时间的紧张工作后,让身心在突然间轻松下来,换一种放松方式,

---

① [德]哈尔特穆特·罗萨:《加速:现代社会中时间结构的改变》,董璐译,北京大学出版社 2015 年版,第 164—165 页。

从而不单单地放松身体,更得到心理的放松。这就好像上了一天的课程已经很累,口干舌燥,但还是去进行羽毛球运动,因为更换一种活动正是人放松所需要的。相反,如果仅仅是躺在那里,尽管生理体力明显得到了缓解,但是心理的弹簧反而是一直绷着的,心理上并没有得到充分放松。从这一点我们也应该看出,考察日常生活中的时间及其特征时,必须考虑到人的生理和心理特征,否则有些现象确实是比较难以理解的。总之,技术的生活时间不是一直高速的,而是有一定的节律,有高峰期和低谷期,这就是现代生活的时间节律。看手机是一种在时间节奏上积聚力量的过程,是对更紧张的时间节奏的准备。可以说,用手机来休闲放松,是人们业已形成的时间消费习惯所致。

其四,对手机的心理依赖还有一个重要的原因,可能是主体对每天必须做的工作的一种潜意识回避,即主体在进行正常的工作安排时,并不想做某一工作,而完成这一工作又有较大的时间弹性,这时,主体就会潜意识地通过看手机和玩手机游戏来回避这一工作。

四 手机如何能够造成心理依赖?

那么,到底是什么,使得手机能够成为我们的心理依附呢?手机确实有其独特的地方,这就是作为现代技术人工物,它是声音和图像的复合体,是远方空间和近前空间的复合体,是虚拟空间与现实空间的复合体,这些元素都向主体传达着如母亲、房屋、家具等现实性很强的情感诉求。

首先,手机是持续存在的,尽管有时候我们可以把它关掉,但可以把它放在旁边,当你需要它时,它就可以立即在场,这一事实说明了手机对主体来说是可靠的,可以建立一种信任感。当然除了手机之外,其他的像电视机、收音机和计算机等许多电子人工物,都具有创造一种空间环境,创造某种程度上的依赖、安全感和情感依附的能力,正如卡朋特的一首歌《昔日重现》中提到的,每当打开收音机,就会回到过去,而过去是什么,就是那个时候的安全空间和环境,是主体在那时与收音机构成的安全环境。

其次,手机是在可靠的日常生活时间序列中安排手机节目的。它具有稳定性和安全性，是可控的。它是日常生活提供的一种惯性活动，不需要人们想什么和设计什么就可以正常运行。并且手机作为一种媒介延伸了信息世界中的触及面和安全感，它把我们锁在一个时空网络中——这个网络既是当地的，也是全球的；既是家庭的，也是国家的，它为我们成为一个社群关系中的一员打下了基础。作为一个娱乐者和信息提供者，手机以它的题材与叙事方式刺激并打扰我们，当然它也让我们安宁。

最后，手机带来了传统空间的混淆。在传统的空间中，这里和那里是非常明确无歧义的概念，但手机进入日常生活后，私人空间和社会空间、工作场所与家庭，都被抹去了明晰的边界。今天如果两个人分开并不代表不可能发生关系，因为一般情况下手机是随身而带的。正是因为手机随身而带，因此它在组织今天的公共空间方面更为有效。手机作为公共空间的建筑物便于我们沟通，但应该看到，这种沟通也是一条具有欺骗性的虚幻的平坦大道，其表达方式并不十分丰满，有许多有价值的内容被忽视。其实这种高效的沟通技巧并没有真正地解决人类复杂的日常生活，它只是把日常生活压缩在一个简单的单层结构之中，而实际上日常生活是如此复杂的多层次结构。

也就是说，构成我们日常生活安全性的个体，一般具有惯性和韵律，有自己的律动和稳定性，而现在手机以其特有的属性参与到构建这种律动和稳定性之中，因而它是种安全母体的象征性符号。手机参与了重新建构家庭生活的时间表，并成为一种体制化的形式，正如吉登斯所说的："大多数人对其自我认同之连续性以及对他们行动的社会与物质环境之恒常性所具备的信心。这是一种对人与物的可行性感受，它对信任来说如此重要，以至于它不仅构成了本体性安全感的基础，而且在心理上信任与本体性完全也彼此密切相关。"[1]

五 手机、母体与家的空间延伸

手机实际上已经嵌入我们日常生活的多重话语体系中，它既作为现代技术嵌入日常生活的一种象征，也作为一种技术人工物，以一种不可

---

[1] ［英］安东尼·吉登斯：《现代性的后果》，田禾译，译林出版社2011年版，第80页。

阻挡的趋势构建我们日常生活的内容和意义。

(一) 手机与母体安全

在日常生活中，手机是作为一种媒介渗透到日常生活的每一个毛孔之中的。它是一个焦点物，是勾勒各种日常生活联系的母体：它通过本体的各个层面和个体的心理、家庭以及居住的空间、工业和技术的结构这些既相互依赖又相互制约的关系，以及日常的消费在焦点物之中连接在一起。这些是日常生活中呈现的最为主要的因素，因此手机对日常生活的影响也应该从这些方面去考察。

首先手机具有真正的日常性。手机常会伴随着我们起床、吃早饭，伴随着我们聊天和工作，它在我们独处时伴随着我们，也伴随着我们进入梦乡。所以现在使用手机在日常生活中是相当自然的一件事。手机融入日常生活的表现有以下几个方面。从生活情感上说，它既是一个打扰者又是一个抚慰者，正如一首歌中提到的："在我忧伤的时候，是你给我安慰，在我欢乐的时候，你使我生活充满光辉。"从认知角度讲，我们每天必须接受外界信息，而经过手机的专业过滤传递给我们的大量信息，是我们生活的好帮手，尽管这些信息有时也是一种有意识的误导，但不论怎么样，它是生活的知识好帮手是实至名归的。从日常生活中的时空观念讲，手机参与的时间互动和空间交流无处不在，它本身作为一个时间叙事，就是将外部世界拉到近前的最为方便的工具。它早已植入我们的日常生活的时空之中，参与日常生活的时空叙事。手机就像我们的衣橱、灶台一样，成为我们日常生活的一个组成部分，即如海德格尔所说，是"在……之中的东西"①。

其次，手机已经植根到我们日常生活的最为基本的层面。手机已经作为日常生活的本体，或者更形象地说，作为一个安全性的母体，植入在我们日常生活之中。这里所说的安全性母体，更多的是一种心理学上的依赖，是行动主体对该物体的一种信任。在日常生活中，对手机的信任意味着主体有信心对它进行控制、操作，并认为它对我们的威胁和伤

---

① [德] 马丁·海德格尔：《存在与时间》，陈嘉映、王庆节合译，生活·读书·新知三联书店2006年版，第152页。

害是最小的，这种信心有利于主体在面对外界压力时，消除内心产生的焦虑和恐惧。就如一个婴儿在面对外界压力时，转而投向母体的怀抱，以获得一种安全感一样，手机如果已经成为我们日常生活中的母体，它在某种程度上也能为主体消费者暂时消除生活中的内心焦虑。

最后，手机这一技术人工物母体的产生，是现代技术发展的结果，这与前技术时代母体的内涵具有很大不同。在前技术时代，村落、家庭、特别是母亲生活的空间和场所，是在时空安全中最为合适的母体化安全空间，甚至村落中的亲属关系以及整个村落周围的空间，都能使得长期在外漂泊的游子产生一种空间安全感、归属感。例如，有人在欧洲某个国家成功地开了一个饭店，接下来他就会从家乡村落中带出许多有血缘关系的家庭，后来者也依法炮制，要不了多久我们就会发现，在远离万里的欧洲某个城市，常常会出现众多同样性质的商店和饭店，从而实现空间安全母体的移植。

而在现代社会，由于村落空间的交互关系正在逐步式微，我们越来越少地依赖这种血缘关系构成的本体安全，而更加相信能够在社会活动中充当一般安全母体的东西。我们的安全母体已经从村落和社区开始转向抽象性的技术人工物。而手机就具有这种安全母体的隐喻。例如，手机支付，使得个体在不同的时间和陌生的空间中具有一种可信任的安全感，手机是一个很成功地实现这一安全转换的人工物，它把人们从过去可信任的村落、灶台和母亲，以及大量情感和认知行为转向和聚焦在手机上。手机甚至把以前附着在村落和家庭的愿望和幻想，即家庭式的安全母体关怀，也转而延伸到自身之中。

(二) 手机是安全母体中最重要的基元——家的组成部分

手机是安全母体的隐喻，也意味着主体安全空间的扩张。尽管安全空间可能和儿童时期的成长经历有关，但它是可以变化和转换的，假如一个人的童年与家具、灶台一起相伴长大，即使在他旅外十多年后，回到故里仍然会感受到母体般的安全感，这是来自一种潜意识的安全感。手机现在已经穿透家庭空间，并且成为家庭空间的一员。

至少从现在来看，手机也是我们融入现代消费文化的一种方式，它参与构成了我们的家庭生活，同时也展示了我们家庭生活的重要内容。

我们的日常生活存在内外两个空间和时间，而手机应该是区别这两个空间特点的内容之一。我们把看手机看成是家庭生活的一个部分。

一般来说，在现代技术人工物没有进入我们日常生活之前，房屋作为家的空间概念是比较严格的，房屋是私人空间，房屋之外的不太远处就可能成为公共空间。当然这需要我们首先理解家这一空间概念。家不只是一个地方，家是这样一个场所，它推动、促进视角的不断变化与多元化。这个场所应该是聚集生活回忆和强烈情感的场所。所以家的归属感并不限定为屋子和周围的场所。但家在空间上是一个固定的物理地点，我们从这个位置上"出门"，然后在一定时间中又返回。它构成了一个循环的时间和空间概念。回家的感觉，其实就是回到一个固定的比较具有安全感的地方，回到一个具有紧密情感的地方。

家具有空间的延伸性，它表现在对房屋空间的扩散。在农业社会，家的扩张包括房屋的围墙和菜园，以及房前屋后的树木，它是人在这一空间的延伸，是个体在时空中，在日常活动与正常路线中伸展出的物体的社会性以及想象力的延伸。

而现在家的变化就在于此，即延伸已不再是一种物理空间距离的延伸，手机带来的空间的延伸，使得空间的边界与人的肉体构成的自然物理空间发生了分离。手机通过远程图像的输入，使得居所的房屋延伸到远方，或者正如海德格尔所说的，把远方的空间带到近前，从而去除了两者之间的距离。[①] 这种距离的去除，使得外界深入居所的空间内部，并成为内部空间的组成部分，它在事实上导致了我们家庭结构特征和性质的改变。我们所依附的安全本体的内容可能是来自外部空间的，主体对家的安全本体的依附感就会复杂化。例如我们在家中一起参与手机上的一个联欢晚会互动，天涯共此时，而此时的一个条件就是居住的空间与外界开放的空间是打通的，是一个透明体[②]，肉体的空间可能居于此，而心的感觉空间却在外。

---

① ［德］马丁·海德格尔：《存在与时间》，陈嘉映、王庆节合译，生活·读书·新知三联书店2006年版，第122页。

② ［法］保罗·维利里奥：《解放的速度》，陆元昶译，江苏人民出版社2004年版，第32页。

也就是说，手机通过无线电悄悄地"穿"透家的大门，静静地置放在家中，成为家的核心一员。手机用这种方式为家与身份确认提供了联系的纽带。一方面，手机作为家用物品占据了一席之地；另一方面，手机在不同的家庭生活想象——对象的想象或者含蓄表达的对家的想象——之间进行协调，同时作为一种媒介体进入到我们的家庭生活，它已经在媒介节目与日常生活中建立了意义十足的关系，例如微信和网上支付，使得手机的实践体验比真实经验还更真实。手机节目的内容看上去就像我们日常生活中最真实的经验，所以手机节目还常成为我们的情感中心，手机在隐喻的意义上成为我们家庭的一员，它进入我们的家庭生活模式，也成为我们情感认知的一部分。这样，我们的家庭就成为现代技术人工物手机构造的一个新的家庭。

（三）家、手机、社区

手机在参与社会建构中的一个重要的角色就是双重连接，即它作为家庭消费品是家庭娱乐的工具，同时它作为一种媒介又通过信息的交流，在更为广泛的公共与私人领域中，把家庭中的成员带入社会公共空间。因而手机作为家中一员，与家居以及厨房并不完全一样。手机创造了没有空间限制的新的公共领域。这个领域不一定限制在对话中，它让个体在家里就可以参与到公共领域的空间中，因而从根本上改变了个体参与集体空间的体验。这里涉及一个公共空间界限的问题，手机使人可以在肉身不动的情况下参与到公共空间中，并能够在其中进行互动。

手机的中介角色意味着它把社会中的各种元素与家的空间联结起来，形成了一种新的社会组织关系。消费者作为家空间中的元素，通过手机，通过对节目的需求，形成了对网络生产者的一种制约和需求。

手机的这种双重联结，意味着它把社会中的三个角色都联系起来，形成了一种新的社会组织关系。首先是消费者作为手机实物和功能的消费者，形成了对生产者的一种制约和需求。其次，厂商是手机的生产者，是电子技术这一不断进化的技术系统的承担者，而技术系统进化会导致消费者和软件功能的制作者也发生动态的变化。例如，手机 4G 技术的开发，众多的软件开发商为消费者提供了地图导航、打车、移动支付等许多日常生活中的消费项目。

当然，在手机形成的社会组织关系中，消费者、手机厂商和手机软件程序制作者是整个手机技术体系的内核成员，是手机内核的技术共同体，但这一社会网络还存在着外围保护带技术。单就生产手机节目来说，它涉及手机节目剧本创作相关的制作人员这一庞大的文员网络，以及与用户的互动关系，等等，这些都是在传播中密切联系的行动，否则这一行动就可能是失败的。也就是说，如果只考虑手机的技术核心因素，而没有看到手机社会还涉及次一级外围系统，是不对的。

进一步说，手机不只是一种有限内容的技术品。手机消费还对家庭与社会网络系统之间的双向联结有转换作用，它像一种文化机器一样运转，不断提供一套完全一致的符号和图像，而这些符号和图像是从早期废弃的、过时的产品中提炼出来再加以利用和大规模地生产出来的，而手机是这个过程的中枢。这里最为根本的就是，手机能够把过去的叙事与当下叙事整合起来，从而形成一种新的叙事风格。过去的许多死的东西突然复活了，变成了很有价值的东西，例如我们拍摄了许多新中国成立初期的生活场景，这些生活场景一旦放在手机里的某一个叙事中，就会把我们从现在带入当时。这样，置放在家中的手机就如在家中置放的一个家庭剧场，客厅就是剧场，而背景就是房屋或客厅。所以以家为剧院就是手机作为工具对空间的延伸。

手机也助推了从城市空间向郊区空间的人口扩散。由于大规模的机器化大生产和流水线的出现，我们居住的空间一直在进行着物理空间的汇聚，而且这个过程在今天的许多发展中国家，包括中国仍然在快速进行着，大工厂的聚集要求高效地使用它周围的物理空间，从而导致居住空间的高层化和密集化。但手机等电子产品的出现，使得公共空间中的商店、电影院、图书馆等突破了物理空间的限制而进入家庭空间。因而尽管手机不是转移居住空间的主要原因，但它与其他电子产品一起大大地助推了这一进程。正是由于郊区的每一个家庭成为网络和信息的接受中心，因而城市和郊区居住空间的异质性已大大减少，而郊区空间的松散性，却又是城市空间所不具备的。

六　手机的病垢

其实，手机用户有时会发现，自己将大量的休闲时间用在一些价值较低的事情上，如翻看手机垃圾信息和手机微信群信息，发朵鲜花点个赞，刷一下存在感等，但当他消费了这段时间后，并没有太多的满足感，因为他会感到这就是一个过时就忘的东西。这就好似一些好莱坞大片，看似很有视觉冲击力，但是除了一些价值说教也没有什么深刻内容，更谈不上什么深刻的价值意义。当然，这些影片本来就没想让你得到这些。手机的情形就和这差不多。许多社会行为在现代技术物面前都会陷入喜欢做什么与实际做什么并不完全一致的矛盾境地。

这是手机的佯谬现象。手机这一技术物所能给人带来的佯谬在于及时行乐，但之后却有时间上的巨大损失。这种时间被浪费的感觉在手机和计算机游戏中有更为明显的体现。在看手机或玩手机游戏时，我们之所以不能从中得到比较深刻的体验，甚至转化为具有记忆性的经验，主要的原因应该有以下几条。

第一，手机节目和游戏是去感官化的。也就是说，手机观众或游戏者只需要视觉和听觉，而与此同时，触觉、嗅觉、味觉甚至智力都是缺席的。这就是现代技术物品的一个特征，它只是单向度地取用人的某一器官功能，并让这一功能很好地与技术人工物结合在一起形成一种特定的功能，由于这种功能只是按照技术自身的逻辑和优化需要创造的，因而它对消费者的考虑并不是全面的，它只调动观众的某一方面感官，并且这一单一的感官也只是有限地参与手机所设置的情境。主体的体验看似是强制刺激的，但却是外界来的，不像看小说，能加入读者的思考和对原有经验的突起，能够得到深层次的感化和升华，因而是低强度的一般性的短暂瞬时的强刺激体验。

第二，手机内容是去情境化的。智能手机给我们带来的海量信息，大多属于蒙太奇化的碎片叙事。智能手机一个最大的特点就是能够对片段故事进行组装，加上背景情节就能够形成一个客观的故事。所以蒙太奇方法的一个关键点就是能够从特殊的片段中抽取一般的公式化、数字化的片段，以利于剪辑和取用，这是手机这一现代技术比较通用的生产方式。因而故事数据包是具有一般抽象性的，由于要和其他数据包相连接，因而切口就不能过分特殊化，这将为后期的剪接带来许多的方便。所以在许多手机剧中，公式雷同的桥段会经常出现。当一个故事的切口不太好使，后期制作人员就只好比较频繁地切换到另一个故事情境之中，这就要求观众必须记住前一个故事，再看另外一个故事，最后这个故事与前一个故事交叉，这一记忆任务才算完成，而这很显然是观众不适应的，因为观众在进行休闲活动时并不愿意挑战自己的智商。

手机摄像技术是把时间错位和空间错位的东西带到观众的面前，在从物理空间和时间的实体叙事转化为手机的虚拟叙事的过程中，失缺的信息是非常多的。因为它只要其中的故事的叙事空间，因而无论是导演还是观众，都会有意无意地忽略非故事空间，叙事中的许多穿帮的片段也并不一定影响手机用户的观赏，因为观众实际上并不关心真实的物。

第三，手机上发生的事情与我们自身的经历、情绪、需求、愿望等都没有太多联系，我们是在看别人怎么生活。手机与我们的生活背景之间并无多大关系，它无法改变我们的身份和生活经验。

在手机的叙事中，有时为了突出某一点，会用一个特写镜头把观众带到现实场景中没有特别注意过的故事发展线索中，于是观众就不可能看到其他不太重要的画面。去情景化，实际上就是对有机的生活空间进行单一化、功能化的抽取，以突出主题。更何况，单是出于制作成本的考虑，也不可能把有机化情境完全复制。其实这种去情境化是去结构化的，即事物如果成为片状故事，以数字串连接在一起，那么结构自身的意义和价值就不复存在。例如一个老汉在田间地头休息，抽旱烟解乏，而如若在前一个镜头中加入女儿出嫁前的争吵，后一个镜头是家庭的贫困场景，那么这个老汉休息的场景意义就会被抽出，失去原本的意义。

七　手机的前身——电视机与家庭生活

在没有手机的时代，其实与手机带给我们的日常生活相似的内容已经开始出现，这就是现在仍然还在延续的电视机生活。应该说，对电视机的适当描述是对手机这一技术人工物的补充描述，同时也可以加深我们对技术人工物与日常生活关系的理解。

电视机在日常生活不同时代对人们生活方式的影响程度和影响内容是不一样的，这不仅因为电视机是作为技术人工物的一种谱系参与到人们的日常生活的，同时社会的日常生活也在不断地发生变化。在起初的电视机生活中，由于并不是每一个家庭都能购买它，电视机变成了社区居民的聚集地，特别是在晚上的黄金时间，居民们在节目播放前进行一些交流，谈论一些生活和工作方面的事情，也就是说，电视机成为社区生活的汇聚地，它把社区的结合度提高了，并且人们通过看电视过程中的交流，会形成一些共同的人生观、价值观。但随着20世纪80年代中期小尺寸彩电的普及，看电视变成了家庭私人化行为，过去能够将大家汇聚在一起的焦点物变成了社区分离的推手，社区变得越来越私人化，当然社区的私人化也不仅仅是这一个原因造成的，但在以家庭为单位的活动增加方面，电视机确实起到了一定推动作用。人们将他们的精力、时间和关注度，从社区组织的公关活动，转向了家庭的自我活动。

在电视机并不普及的20世纪70年代末，对于一般家庭来说，大部分人会选择在晚上8点后就寝。而对于比较年轻的人来说，由于当时收音机已经普及，并且有的广播节目的结束时间是8：30左右，因此城市里的年轻人要比农村里的年轻人就寝晚一点，但不论怎么说，对于绝大多数人来说，晚上休息的时间与自然时间具有很强的相关性，人的生理时间也基本上和人的活动相合拍。电视机普及之后，人们的作息时间发生了很大的改变。电视机是一个机器时间，它的节目是有固定的时间表的，一方面它确实也考虑到了观众的生理时间以及自然时间的特点，但它也有自己的时间秩序，它把它的黄金时间安排在晚上7：30到9：30，这样对于绝大多数人来说，睡眠的时间被大大地推迟了。这一点特别是在农村表现得尤为明显。原来对于上了年纪的农村妇女来说，她们大部分都是在日落后一个小时开始睡眠，第二天，天刚刚露出一点亮光，就起来劳动。但现在由于就寝时间的大大推迟，他们第二天起床的时间也被大幅度地推迟了。

第三节　铁路与日常生活

一　铁路与时间消灭空间

首先，铁路通过时间消灭了空间。马克思在1857年写的《资本论》手稿中，看到了资本有一种空间转移的需求，而这种空间转移不同于以往的日常生活空间的转移，资本提出了一种新的空间要求，"资本按其本性来说，力求超越一切空间界限。因此，创造交换的物质条件——交通运输工具——对资本来说是极其必要的：用时间去消灭空间"。"资本一方面要力求摧毁交往即交换的一切地方限制，夺得整个地球作为它的市场，另一方面，它又力求用时间消灭空间，就是说，把商品从一个地方转移到另一个地方所花费的时间缩减到最低限度。资本越发展，从而资本借以流通的市场，构成资本空间流通道路的市场越大，资本同时也就越是力求在空间中更加扩大市场，力求用时间去更多地消灭空间。"①

把马克思的观点用在铁路上，就是在资本的推动下，铁路通过时间消灭了空间。铁路为资本创造交换的物质条件，因为资本的实现是要在实际的生产流通过程中跨越空间障碍的，来自工厂空间的产品只有在空间中移动才能进入市场空间，即资本的无形形态需要在实体空间中转移来实现。同时生产的连续性也需要原料在空间中转移，所有这些都是早期资本对铁路这一技术工具的最大需求动力。

从生产的视角看，铁路给一般的消费者带来了一种新的生产含义，也就是现代工业体验的开始。一般来说，工厂和消费者是生活在不同的空间之中的，他们需要铁路、公路的转换，才能实现生产的连接。然而，如果把铁路看成是一种新的生产，那么它生产的就是运输，即用一个小的火车空间完成从甲到乙的空间位置的变化。而它的消费者就是运输本身。也就是说，生产者和消费者达到了现代工业的最标准的同时性，旅客和运输工具一起运行，而运输工具的运行，它的场所变动，也就是它所进行的生产过程。这种产品的效用只能在生产中完成消费，它不是一

---

① 《马克思恩格斯全集》第46卷下册，人民出版社1980年版，第16、33页。

种存在于这个过程之外的使用价值。①

火车在生产过程中创造的运输这种产品,创造出来的商品的使用价值,同时被个体消费者消费,所以对于旅客来说,铁路的技术体系是一种标准的工业制造,这种工业制造,应该说是把人纳入景观的技术展现过程之中,包容在运行过程中得到的各种新的感受和变化,实际上,从本质上说,都是铁路技术系统自身带来的和决定的。这样,铁路技术体系实际上是一种以前没有过的方式,它把生产者和消费者之间有机的、具体的联系摧毁了。

同时,通过铁路进行的个体旅行,即身体在空间中的移动,也需要时间消灭空间。因为铁路是那个时代最好的时空收敛体验。特别是与船和马车、牛车相比,这是一种全新的景观社会的体验。

铁路的本质在于,它是一种新的技术体系的开端,它是通过动力来开拓一个全新的空间的。铁路空间的内涵就在于蒸汽火车能够从外界自然的力量中独立出来,从而战胜物理空间。当然这是相较于马车来说的,拉马车的马会筋疲力尽,而新的动力机车在铁路上可以永不停息不知疲倦地运动。这样,物理空间的绝对距离在机器体系的移动下已不再是自然空间的距离。

其次,铁路创造了新的时空收敛空间。铁路使旧的空间感开始消失,空间开始收缩。铁路带来的空间收缩,一方面来自马克思所表述的生产的空间收缩,资本的运行速度加快了,各种生产资料的运转速度加快了;另一方面来自心理空间感觉,也是心理体验上的空间收缩。在这一点上我有过深刻的体验。在 30 多年前我上大学期间,每次开学都要从徐州到天津,乘坐"K"字头的火车,有时候为了让车,必须走二十多个小时,其间的乘车环境大大地增加了乘车人的心理时间,因为车厢中充满的汗味,还有拥挤的人群,使二十多个小时中的每一个小时都是一种极限式的痛苦。而现在高铁 350 公里的时速和宽敞的舒适空间,大大缩短了人们的心理时间。

---

① [德]马克思:《资本论》第 2 卷,中共中央马克思恩格斯列宁斯大林著作编译局译,人民出版社 2004 年版,第 65 页。

铁路给日常生活的数字化、抽象化空间带来了可能，机械的运输是可靠的，凭借固定、稳定的速度，以及毫无差异的路质，只要进行简单的计算，就可以预测一个事件将如何发展。在这里既不需要考虑严寒和干燥的天气，也不需要考虑能量因素，因为铁路以蒸汽动力消除了畜力之不可靠和不能预测的属性。事实上，铁路在我们的日常生活世界是第一个单向度的生活事件，它在前进的道路上占着一条直线，不像马车和其他速度工具需要主体考虑许多因素，它第一次开辟和创立了一个新的空间，即可移动的空间。在火车上，大家汇聚起来，形成一个巨型移动空间。并且是匀速的。马车可能会失控，驱车人可能要吃饭，路面忐忑不平。而铁路是牢固的、可靠的，铁路按照一种客观的规律在运行，以一种绝对的强迫力形成了铁一样的社会组织和观念，这个组织和铁路上的机器的规律是一致的，或者说就是由这个规律建构的。铁路和铁路组织以一种铁的可计算的思想进入我们的日常生活世界。每一个不按这一规律生活的人，都会被这个组织拒之门外。例如，错过开车时间就无法乘车。

铁路是一种普遍的交通工具，许多人在日常生活世界中终于开始接受机器所带来的准时的要求，也就是说，机器产生的抽象时间开始统治着以自然的生理时间为主的日常生活。由于铁路以及其他现代技术工具的出现，当然也包括资本对时间的抽象化计算方法，相较于旧技术时代，机械的匀速性成了事物的自然状态，而其他旧技术构成的自然生活空间反而是不自然的了。

二 铁路的本质与日常生活

这里说的铁路，实际是指轨道以及轨道上运行的火车组成的技术体系，轨道和火车只不过是这一技术体系的核心要素，这一技术体系还包括车站和其他辅助技术设备，这些因素是相互和谐地作用的，一部分的变化必然会导致另外一个部分的变化，例如把一列机车从时速80公里提高到时速350公里，轨道的供电设备和车站调度系统都会发生质的改变。

铁路是按照机器的性质建造的，它的技术原理比较特殊，它通过平滑的车轮在平滑的轨道上产生摩擦力，通过蒸汽发动机产生匀速的机械运动。通过这一套组合机械系统，把原来的两地静态空间转化为移动的空间。

铁路的霸权，主要表现在时间的定时性和轨道的平稳性和直线性上。在一般情况下，自然地貌不可能都是平原，而是高低起伏的，但铁路在低处和河流处架起桥梁，在山区开凿隧道，于是它创造了一个人工的轨道空间和平稳而舒适的车厢空间。正是火车的平稳空间，使得那种自然的空间感有时候反而消失了。旧的道路上能够知觉到的不规则地形，被铁路的直线性取代，旅客即与自然失去了联系。

这里，再论述一下铁路技术体系的一个核心聚焦物火车站对日常生活的影响。首先，火车站具有一种符号象征意义。在人们日常生活中，火车站代表着一个快节奏的东西，代表着一种现代化生活方式。其次，从城市发展看，火车站是城市空间中的一块磁铁，在它的周围形成了一个容器空间，正是由于这个空间节点上的大量汇聚和扩散，导致火车站具有磁场一样的功能。这种汇聚和扩散不单是针对旅客来说的，还包括商店、集市、运输中转车队、旅店等，于是许多派生性的空间形成了，或者也可以这样说，这些辅助空间也是铁路空间之类的东西，这样火车站就成为这个城市空间中的一个比较重要的内核部分。可以这样说，火车站的空间是最为紧凑的，它的结合度，即各种内涵因素的内敛度常常仅次于一个城市的市中心。

铁路给旅客一种全新的感受，而这种感受是经过铁路这个机器过滤过的景观。铁路作为一个技术体系，是轨道技术原理的一种表现形式，在自然风景与车厢中的人之间，加上了机器体系这一层过滤，使人靠速度和移动的空间来感受自然景观。这样就产生了一种新时空感受。当人们没有乘坐火车时，人们对外界景观的认知是身体自身的动物式感受，各种景观的连接是比较松散的。而新空间留给旅客的一切都是紧凑的，是精确的、限制性的，因为轨道空间是具有独立性的，不可驾驭的。

铁路带来了新的景观空间。事实上，人们对空间的实体感受离不开大小、形状、数量和运动，这是人的感知的基本要素，铁路乘客在穿越景观时，也只能观察和感知这四种性质。但是，这些现在都消失了。由于速度提高，所有的景观就如一个接一个的画面，像一部快放的电影，使得景观在人的生理感受中失去真实空间的连续性。这样的景观是不适宜观察的，因为画面来得太快，去得也快，生理的反应速度跟不上火车的速度。所以说，旅途中只剩下火车站是实物景观，其他景观都飞快掠过。新空间带来对神经刺激的强化，来自外部空间的快速不断地刺激使得人的感官已无法消化。铁路带来了新的景观，也让感官得到一种新的感受。

这里也有一种反常的现象，即当火车的速度比较慢时，例如，宝成铁路线上有一列站站都停得慢的火车，它产生的新景观就是一种画面式的，特别是当火车穿过一个个隧道时，嘉陵江边的景观不断变换，几乎每穿过一个隧道都会展现出一幅不同的水墨画。在一天之内，你几乎可以看到整个嘉陵江的全景，就如画家画的风景长卷，整幅长长的画卷都浓缩在你的眼前，给旅行者提供了丰富的感受。但唯一遗憾的就是，这些景色是在窗外的。正是窗户这一透明而不可跨越的墙，使他从自己看见的景观中分离出来，火车的空间也仿佛就像在另外一个空间中穿行，它并不改变窗外的景观，也就是说，火车空间和窗外空间不是同一个空间。

三 铁路网与空间的发展

铁路拓开的空间是铁路技术系统的扩张和技术原理的展开。问题的本质并不在于轨道原理，因为在轨道上也曾经有过马车，轨道是先于铁路体系而存在的，并且这一原理已经存在几百年了，而正是蒸汽机的技术原理才促进了现代铁路技术体系的形成。

首先，铁路在人们的日常生活中加强了以城市为中心的磁场和容器功能，城市的生活空间急速扩张，引收了大量郊区和周边地区的人。因为铁路的网络结构大部分都是辐射状的，在能够连接边远地区的快捷而又稳定的交通网络中，边远空间收敛是向心的。其次，铁路仿佛在寂静的乡村空间中划下一道口子，不论居住者是否乐意，乡村仿佛成为城市空间之中的冷空间，一个缓冲的中继站，空间活动的低点，它把两个城市连接起来，使得两个空间互为虚拟的在场，让两个城市的容量更为广阔，整个国家和地区的松散空间都变成了一个有机整体。最后，铁路带来了人们思想的一致化，不仅体现在网络上的相互渗透，更体现在日常生活的价值观念上。

四 铁路与时空收缩

在今天的日常生活中，时空收缩现象比较明显也随处可见，但在铁路出现之前，很少存在时空收缩现象。帆船时代，尽管已经奏响了时空收缩的前奏，但它是不稳定的和带有技术炫耀式的。铁路出现之后，这种现象才成为普通人能够感受到的事实。铁路技术系统所能达到的速度使以往需要很长时间才能走完的路，现在只需要很短时间就可以完成。平稳的速度使得地理空间大大延伸，每个人的空间领域都不再是以前的固定空间，他可以频繁地进入另外一个空间之中，而这空间在之前可能是他一生都不会进入的。

当然，这一过程是二元的，空间的缩小只在速度上带来时间的缩短，通过把新的空间纳入已有的空间之中，从而实现运输空间的扩展。即如果一个城市的环线数目不断增加，它的内在空间反而会更加紧凑。

实际上，铁路已经彻底粉碎了空间有生命的实体特征。当火车在穿越空间时，空间和时间给主体的感觉，已经逐步从主体的自然心理感觉变成了数字化的心理感觉。它只是证明了社会空间中的事物的节奏变化，一切的一切都在被链接，同时一切的一切都在按照一个节奏进行，这个节奏，就是铁路技术系统的节奏，即铁路技术体系中的原理的展开形式。这种技术系统变成了上帝的言语，"要有光，于是便有了光"，它要有节奏，社会空间的运行便有了节奏，要有新的时间，便有了新的时间。我们日常生活中原有的自然生理的时间习惯被一种纯粹的数字计算度量所取代。这会产生怎样的效果呢？如果我们要用一种纯粹的量化时间来取代社会文化的时间，时间就被夺去了生命。它失去了实体（其实它不是失去了实体，而是转移到了另外一个实体，一个根本不同于自然的实体之中），我们会发现，我们要努力适应这个时间进程。

按照芒福德的说法，蒸汽机是一种古生代技术，每一个空间其实基本上是封闭和独立的，在点到点的空间中，如果借助于低速工具，如身体或者牛车或船，一切的景观都会融入主体感受之中。而现代铁路使我们丧失了对旧有空间的认同感。在旅途去，景观正在消逝，只剩下目的地和出发地，它们实际上制造了一种空间胶囊，这个空间胶囊用地铁或者飞机来描述比较好理解。例如我从一个校区到达郊区的一个分校区，我在校门口进入地铁，而地铁如果足够快，使我失去了对时间的感觉，就会像进入了一个空间胶囊一样，突然在极短的时间从这个校区到达了那个校区，而在这中间，如果我看一份报纸，好让时间感觉过得更快些，这时，我就会发现，我好像是从一个教室下课后直接去了另一个教室上课，因为地铁已经快到让我忘记了周围的景观空间，这样我就看到或者说感受到了空间胶囊。郊区分校的空间从功能效果上就好像是接在本校区周围的一个空间。

这种空间使我们失去了对空间的深度了解，旅途变成了一种说走就走、走马观花的行为，我们只能接触到现象生活世界，而本质深层次的世界对我们开始遮蔽。

例如，通过火车将一个地方空间的特产运送至各地，这时产品的许多地方性信息就已失去。在产地空间，消费者具有对产品的知觉属性的体验，例如木材是与当地的森林，与它们生长的环境相关的。在江苏徐州沛县一带，有许多从俄罗斯进口松木的家具生产商，将松木销往全国各地。于是作为松木的东西，在新的空间中，仅仅是作为家具，松木与森林之间的空间已经隐退到空间之后。那些被铁道连接并接入大都市的区域的东西，被现代运输技术从自身的地方关系中抽出来的产品，都面临一个共同的命运，那就是失去它们的承传之地，失去它们传统的空间一时间存在，失去了物体本来的灵魂，或者说灵气。

另外，铁路对它延伸的那个空间来说，也是破坏这一空间独特性的工具。为什么这样说呢？因为，首先，每一个空间都存在独特的地方，这一独特性在于它的地理特征和特有的历史文化，但是当铁路来临时，首先要破坏的就是这个空间独特的地方，这些原本是外界难以触及的地方。在我们的日常生活中，我们已经习惯了将独特的东西加以复制，特别典型的就是铁路导致的人造景区的复制，因为有了更多的人，从而导致景区都在扩大，都在进行深度的挖掘。

同时铁路也使其延伸之地的时间节奏发生了很大的改变。在每一个空间中都有其时间节奏和节律，人们的日常生活节奏并不一样，例如在大城市、小城市和乡村，就存在着明显的差别。在铁路没有到达的空间，更具有自然性节奏，生理规律在决定着空间的律动，而在铁路到达的地方，空间中的许多律动都被铁路构建的机器时间干扰，因为铁路要求的是标准化抽象时间，整个铁路体系的各个部门都处在同一个时间节奏下。

总之，铁路系统的形成，意味着我们在日常生活中已经习惯传统的时空观和消费观的改变。我们开始形成一种新的时空感知和消费观念，包括一种精确而抽象的时间更新观念。

结　　论

从研究一般性的技术哲学转向对日常生活的技术批判，其间确实存在一个逻辑进路，即在研究技术本质时，技术的本体论研究十分困难，如果试图像科学哲学研究那样，从规范的元科学概念出发来建构技术哲学，实际上是不可能的，因为技术哲学中的技术本体的表现方式很特别，它在本质上对我们是遮蔽的，而解蔽的方式却不是单单的哲学思辨，这样我们就会深陷海德格尔的困境，无法认识技术本质，因为我们在解蔽的过程中会更加被遮蔽，陷入遮蔽的循环当中。所以对技术的解读，只有走向一种悬置，将本体论的思辨暂时搁置起来，通过对技术的现象研究，开拓一种新的技术哲学的研究路径，即技术现象学方法。

其实，技术哲学研究的困境，用马克思的实践理论是很好解决的。正如马克思所说，哲学家不仅解释世界，更重要的是改造世界。马克思正是看到了传统的哲学研究存在的问题，即过分抽象的理论推演脱离了我们的日常生活世界，而当技术哲学的研究面对日常生活世界时，抽象的思辨就会在许多问题面前束手无策。实践是连接我们日常生活与技术哲学的中介，正如马克思在《关于费尔巴哈的提纲》里说的：全部社会生活在本质上是实践的。凡是把理论引向神秘主义的神秘东西，都能在人的实践中以及对这个实践的理解中得到合理的解决。所以，技术哲学的研究应该直接面向社会时空和社会消费等具体社会实践问题，或者对技术人工物，如手机、铁路等生活物品加以考察。

日常生活问题是人类的生态学问题。其中一个不可忽视的观点是，生态环境不仅仅是人的生存地理环境，它还包含人类的社会生态环境，当然，社会生态环境里确实也存在着大量的地理环境元素，例如人的性格和气候，现代城市空间中人的劳动环境与劳动心情，等等，但人类的生态环境是一个独立发展的有机体。

有一种观点认为，人类成为自然的破坏者，不是因为人类远离了自然的自然性和纯洁性，变成了一种非自然的自我进步的力量，而是恰恰相反，是因为在某些专门的人与自然关系范围内，人类的行为就像自然的自然力一样的不负责任和草率。这个观点很显然把人与自然的关系看得太简单了，人从自然中发微以降，人与自然之间的关系就是复杂的，人与自然是相互交织在一起进化的。

我们在考察日常生活的许多问题时发现，在日常生活中，每当我们谈论这些问题时，都以为对它再熟悉不过，认为我们理解了其中的丰富内涵，然而当我们试图对一个发问者解释这些生活问题的内涵时，却往往会陷入无法解释清楚的境地。其实这也正常，这些问题，例如时空、消费、手机和铁路，都是我们日常生活中最为基本的底色，它们面向日常生活的各个方面，并且都展示了自己不同方面的内容，它们就如古希腊人说的"偶性"，遇到任何事物，都能与其结缘，并嵌入在这一事物之中。于是我们对它们的不同种存在形态，并形成的观念都会照单全收，把它们理解成理所当然，本该如此。就如笛卡尔和伽利略悄悄地把纯粹的抽象的时空观带入我们的科学世界一样，社会问题的许多内涵也被理解成为理所当然，不经人们深入思索地进入我们的世界，而一旦我们对其进行深入的反思，才会发现被我们当成理所当然的东西，是难以跨越地难以理解。

参考文献

［奥地利］赫尔嘉·诺沃特尼：《时间：现代与后现代经验》，金梦兰、张网成译，北京师范大学出版社2011年版。

［德］埃德蒙德·胡塞尔：《内时间意识现象学》，倪梁康译，商务印书馆2017年版。

［德］埃德蒙德·胡塞尔：《欧洲科学危机和超验现象学》，张庆熊译，上海译文出版社1988年版。

［德］冈特·绍伊博尔德：《海德格尔分析新时代的科技》，宋祖良译，中国社会科学出版社1993年版。

［德］哈尔特穆特·罗萨：《加速：现代社会中时间结构的改变》，董璐译，北京大学出版社2015年版。

［德］海德格尔：《海德格尔选集》下卷，孙周兴选编，上海三联书店1996年版。

［德］胡塞尔：《欧洲科学的危机与超越论的现象学》，王炳文译，商务印书馆2001年版。

［德］马丁·海德格尔：《存在与时间》，陈嘉映、王庆节合译，生活·读书·新知三联书店2006年版。

［德］马克思：《机器。自然力和科学的应用》，中国科学院自然科学史研究所译，人民出版社1978年版。

［德］马克思：《资本论》第2卷，中共中央马克思恩格斯列宁斯大林著作编译局译，人民出版社2004年版。

［德］尤尔根·哈贝马斯：《交往行为理论》第一卷，曹卫东译，上海人

民出版社 2018 年版。

[德] 于尔根·哈贝马斯：《后形而上学思想》，曹卫东、付德根译，译林出版社 2012 年版。

[俄] B·M·罗津：《技术哲学：从埃及金字塔到虚拟现实》，张艺芳译，上海科技教育出版社 2018 年版。

[法] 保罗·维利里奥：《解放的速度》，陆元昶译，江苏人民出版社 2004 年版。

[法] 贝尔纳·斯蒂格勒：《技术与时间：2. 迷失方向》，赵和平、印螺译，译林出版社 2010 年版。

[法] 贝尔纳·斯蒂格勒：《技术与时间：爱比米修斯的过失》，裴程译，译林出版社 2000 年版。

[法] 居伊·德波：《景观社会》，张新木译，南京大学出版社 2017 年版。

[法] 列维－布留尔：《原始思维》，丁由译，商务印书馆 2007 年版。

[法] 让·鲍德里亚：《物体系》，林志译，上海人民出版 2019 年版。

[法] 让·波德里亚：《象征交换与死亡》，车槿山译，译林出版社 2006 年版。

[古希腊] 亚里士多德：《形而上学》，吴寿彭译，商务印书馆 1997 年版。

景天魁：《时空社会学：理论和方法》，北京师范大学出版社 2012 年版。

《马克思恩格斯全集》第 46 卷下册，人民出版社 1980 年版。

《马克思恩格斯文集》第 1 卷，人民出版社 2009 年版。

[美] 安德鲁·芬伯格：《技术批判理论》，韩连庆、曹观法译，北京大学出版社 2005 年版。

[美] 布莱恩·阿瑟：《技术的本质：技术是什么，它是如何进化的》，曹东溟、王健译，浙江人民出版社 2014 年版。

[美] 刘易斯·芒福德：《技术与文明》，陈允明、王克仁、李华山译，中国建筑工业出版社 2009 年版。

[美] 唐·伊德：《让"事物"说话：后现象学与技术科学》，韩连庆译，北京大学出版社 2008 年版。

潘恩荣：《工程设计哲学》，中国社会科学出版社 2011 年版。

钱锺书：《人·兽·鬼》，生活·读书·新知三联书店 2002 年版。

王飞：《德绍尔的技术王国》，人民出版社2007年版。

吴国盛：《技术哲学经典读本》，上海交通大学出版社2008年版。

吴国盛：《时间的观念》，商务印书馆2019年版。

［匈牙利］阿格妮丝·赫勒：《日常生活》，衣俊卿译，黑龙江大学出版社2010年版。

许煜：《论数码物的存在》，李婉楠译，上海人民出版社2019年版。

衣俊卿：《现代化与日常生活批判》，人民出版社2005年版。

［英］安东尼·吉登斯：《现代性的后果》，田禾译，译林出版社2011年版。

［英］芭芭拉·亚当：《时间与社会理论》，金梦兰译，北京师范大学出版社2009年版。

［英］德雷克·格利高里、约翰·厄里编：《社会关系与空间结构》，谢礼圣、吕增奎等译，北京师范大学出版社2011年版。

［英］理查德·惠普、芭芭拉·亚当、艾达·萨伯里斯编：《建构时间：现代组织中的时间与管理》，冯周卓译，北京师范大学出版社2009年版。

［英］帕特里克·贝尔特：《时间、自我与社会存在》，陈生梅、摆玉萍译，北京师范大学出版社2009年版。

［英］齐格蒙特·鲍曼：《流动的生活》，徐朝友译，江苏人民出版社2012年版。

［英］齐格蒙特·鲍曼：《流动的现代性》，欧阳景根译，中国人民大学出版社2018年版。

后 记

　　2015年的夏天，在一个工地上看到两台挖土机在连续地工作，旁边有几台渣土车在排队等待。巨大的抓斗每次都把成吨重的泥土轻而易举地搬运到车上，没用多久，几十吨的泥土就已装满车厢。看到这一幕，我又联想到小时候看到的河工劳动场景，那时候，民工自带口粮和劳动工具，在冬季干涸的河床上，用铁锹费力地一锹一锹挖开泥土，然后装满小车，把泥土费力地拉到很高的堤岸上，一天下来，拉车的和挖土的都已经身心疲惫。今天，这一场景已很难看到，到底是什么在改变着他们的日常生活呢，技术真的有这样的魔力吗？这个问题的答案现在已不证自明。随着现代技术的进一步发展，技术对我们日常生活的影响更为深化了。

　　于是，我从2015年开始对技术在日常生活的影响进行哲学反思，这成为我近几年来主要的研究内容。从2016年开始撰写书稿，到2017年课题立项，其间的研究曲曲折折，最后一直到2020年夏天才完成书稿。感觉时间确实有点长了。

　　主要的问题是我当初抱着一股热情，对这个问题的认识简单化了。在研究日常生活期间，我发现社会时间的许多问题必须解决，于是被迫转向了对社会时间的研究，在接下来的一年半，我主要是撰写社会时间方面研究的书稿，并且完成了书稿的主要内容。但在研究社会时间问题时又必然涉及许多社会空间问题，因为两者在逻辑上是关联的，有必要对社会空间进行深入的研究，这样才能有一个比较清晰的逻辑线索，于是我又不得不进行大量的社会空间研究，导致对本书的写作进度产生了很大的影响。在基本完成社会时间那本书的撰写后，在 2019 年春天我又回过头来继续撰写这本书！这也导致了我的科研项目的超期完成。但这也带来一个意外的收获，那就是我同时进行着既有一定独立性又相互关联的两本半书稿的写作。

我在写作本书期间，为不打断思路，书中的许多内容是手写在稿纸上的，其中有许多的字很难辨认，但我的妻子在帮我将手稿输入电脑时，都认真仔细地辨认，对此我是相当感谢和感动的，其间她在日常生活中对我的帮助和鼓励就更不用说了。我的一位球友还提供了大量的帮助，帮我解决了许多疑难的 Word 文档排版问题，为我节约了大量的时间。

也感谢南京航空航天大学研究院的王鹏飞老师。这本书的出版得到了南京航空航天大学基本科研基金的资助，在我的书稿已经超过课题预定结项时间时，他仍然能够理解课题本身的困难，按照科研规律办事，给我充裕的时间来完成书稿。

由于学术水平的限制，本书对日常生活的思考只是建立了初步的研究框架，有许多问题，如社会时间和社会空间的来源等还有待进一步挖掘，因此今后相关几本书的写作将是一个漫长的求索过程。特别是当今中国社会正在发生着巨大的变化，人们的日常生活也在发生剧烈的变化，日常生活理论还存在很大的研究空间，这是一场看不到尽头的探索。